Economy · Easy · Enjoy

경제가 쉽다 경제학이 즐겁다

경제가 쉽다
경제학이 즐겁다

초판 1쇄 펴낸날 : 2007년 3월 28일

지은이 : 장동학
펴낸이 : 이금석

마케팅 : 곽순식 · 김선곤
기획 · 편집 : 김애리
디자인 : 박상순
물류지원 : 한순옥

펴낸곳 : 도서출판 무한
등록일 : 1993년 4월 2일
등록번호 : 제3-468호

주 소 : 서울시 마포구 서교동 469-19
전 화 : (02)322-6144
팩 스 : (02)325-6143
홈페이지 : www.muhan-book.co.kr
e-mail : muhan7@muhan-book.co.kr

값 : 8,900원
ISBN : 978-89-5601-171-4 (13320)

경제가 쉽다
경제학이 즐겁다

둘만 모이면 경제이야기! 신문·뉴스가 재밌어진다!

장동학 지음

무한

흔히 오늘날 사회를 매우 복잡한 사회라고 말을 한다. 그러다보니 오늘날 사회를 살아가는 우리가 알아야 할 것도 참으로 많다. 그 중에서도 빼놓을 수 없는 것이 역시 경제일 것이다. 어떤 면으로 보면 가장 중요한 것인지도 모른다.

어차피 이 시대는 정당성의 여부를 떠나 돈의 가치가 인간의 가치를 좌우하는 척도가 되고 있다. 따라서 최소한의 가치를 유지하며 살아가기 위해서는 경제문제만큼은 남에게 뒤떨어지지 않는 것이 중요하게 되었다. 이 시대를 경제전쟁의 시대라고 하는 것도 그 때문이다.

사실 IMF 체제 이전까지만 하더라도 일반인들은 IMF라는 용어 자체가 생소하였다. 더구나 무디스 등 신용평가회사라는 기관이 있는지조차도 몰랐다. 은행들이 왜 퇴출되어야 하고, 어떤 기준에 의해 퇴출되는지도 전혀 모르고 있었다. 어떤 면으로 보면 알 필요도 없었고, 모르는 것이 어찌 보면 당연한 것이었다.

하지만 요즘에는 일반인들도 경제전문가 못지않게 과거에 들어보지 못했던 경제용어나 경제지식을 많이 알고 있다. IMF가 국민들에게 많은 것을 알게 해 준 계기가 되었던 것이다. 이제 경제문제, 나아가 경제지식을 모르는 무지함으로는 살아가기 힘든 세상이 되고 있다. 경제메커니즘을 모르면 제대로 살아갈 수 없는 환경이 되어 버린 것이다.

이런 시대적 흐름에 따라 경제와 관련된 지침서들도 많이 등장하였고, 또한 꾸준히 쏟아져 나오고 있다. 과거에는 전혀 보지 못한 현상이다. 뿐만 아니라 이런 책들이 과거와는 달리 독자들의 관심을 많이 끌고 있다. 여간 고무적인 현상이 아닐 수 없다. 하지만 안타까운 사실이 있다. 이 책들이 독자들의 눈높이를 제대로 반영하지 못하고 있다는 점이다.

사실 경제와 관련된 책들이 일반 독자들의 눈높이를 맞춘다는 것은 매우 어려운 일일 수 있다. 경제학 자체가 쉬운 학문이 아니기 때문이다. 때로는 경제전문가들도 당황하는 경제문제가 발생하는 경우도 있다. 따라서 전혀 경제학을 접하지 않은 일반인들의 수요에 맞춘 경제지침서를 만든다는 것이 쉬운 일이 아닌 것이다. 뿐만 아니라 경제이론과 실제를 접목시킨다는 것도 여간 어려운 일이 아니다.

필자는 이런 여러 가지 점을 고려하여 집필하고자 하였다. 따라서 경제학을 전혀 접하지 않은 일반인들에게 초점을 맞추는 데 주안점

을 두었다. 가능하면 일반인들이 부담이 없으면서도 재미있게 접할 수 있도록 이야기 형식을 빌리고자 하였다. 때로는 필자 본인이 경험한 내용을 첨가함으로써 더욱 재미있고 이해하기 쉽도록 하였다.

아무쪼록 이 한 권의 책이 독자 여러분이 경제의 문을 두드리는 데 조금이나마 보탬이 되었으면 하는 바람이다. 끝으로 이 책이 완성되기까지 협조해 주신 도서출판 무한 사장님과 편집진 여러분에게 감사의 말씀을 드린다.

안서동 연구실에서 **장 동 학**

경제, 알아야 산다

누가 인간을 사회적 동물이라 했는가?

우리가 만약 인간사회에서 멀리 떨어져 혼자 산다면 어떻게 될까? 아마도 누구나 한번쯤 생각해 봄직한 의문일 것이다.

태어나면서부터 시작되는 공부, 공부가 끝나면 취직 걱정, 취직하고 나면 이어지는 퇴출 걱정, 퇴출되고 난 후의 노후 걱정 등 살아가는 것 자체가 스트레스뿐이다. 그러다 보니 아무도 없는 혼자만의 세계를 동경해 보지 않은 사람이 없을 것이다.

그렇다면 혼자만의 세상이란 과연 가능한 일이겠는가. 얼핏 보기에는 아무런 간섭도 받지 않고 스트레스도 없는 정말 신나는 세상이라는 생각이 들지도 모른다. 공부도 할 필요가 없고, 취직 걱정도 할 필요가 없고, 노후 걱정도 할 필요가 없으니 얼마나 신나는 일이겠는가. 하지만 하루하루가 반복되는 생활, 그것이 얼마나 지속될 수 있을까 하는 점이 문제다. 아마 얼마 못가 싫증을 느낄 것이다. 아마도 우리는 무엇인가 새로운 것을 그리워할 것이다.

그러나 무엇보다 중요한 것이 있다. 우리가 혼자 살아갈 경우 모든 문제를 스스로 해결해야 한다는 점이다. 그런데 이것이 마냥 쉬운 문제만은 아니다. 단순히 먹는 문제 하나만 보더라도 그렇게 쉬운 일이 아니다. 그렇다고 먹는 문제가 해결된다고 해서 그것으로 끝나는가? 아니다. 인간이 인간답게 살아가려면 그밖에 여러 가지 문제를 해결해야 한다. 때로는 기차를 타고 여행을 가고 싶거나, 아니면 영화관에 간다든지, 혹은 노래방에 가서 노래를 부르고 싶은 경우가 있을 수 있다.

그런데 이 세상에 나 혼자만 존재한다면 과연 이런 것들이 가능하겠느냐는 점이다. 혼자 기차를 만들고 영화관도 짓고, 노래방도 꾸며야 할 것이다. 한마디로 만능 스타가 되어야 한다. 이것이 가능하겠는가. 나 혼자 산다면 기껏해야 나무열매나 따먹고 사는 기본적인 생활밖에는 아무것도 하지 못할 것이다.

 경제가 쉽다
경제학이 즐겁다

우리 인간은 동물과 다르다고 한다. 그 다른 점이 무엇인가? 동물과 달리 인간답게 산다는 점이 크게 다를 것이다. 나무열매나 따먹고 산다면 동물과 하등 다를 바가 없다.

정글북에 나오는 소년 모글리의 이야기를 보자. 모글리는 아주 어릴 적 갓난아기 때 늑대에게 물려가 늑대의 젖을 먹고 자랐다. 늑대를 자기 엄마인 줄 알고 자랐고 늑대의 소리만 낼 뿐이지 말은 물론 아무것도 할 줄 몰랐다. 모습은 사람이었지만 하는 행동은 짐승과 똑같았다.

그렇다. 사람도 마찬가지이다. 우리도 인간사회에서 떨어져 혼자만 남게 되면 동물과 전혀 다를 바가 없다. 나무열매나 따먹거나 혹은 약한 다른 짐승을 잡아먹는 동물에 지나지 않는다. 그것은 바로 인간사회를 떠나 혼자의 힘으로는 도저히 인간답게 살아갈 수 없다는 것을 말해 준다. 즉 사람이 사람답게 살아가기 위해서는 다른 사람들의 도움이 필요한 것이다.

사람들을 사회적 동물이라 하는 것도 바로 그 때문이다. 다른 사람들과 떨어져 혼자 산다는 것이 불가능하다는 의미이다. 서로 도움을 주고받으면서 살아가는 것이 바로 인간이다. 우리가 인간답게 살아가려면 다른 사람의 도움이 절대적으로 필요하다. 우리가 사회를 구성하고 그 구성원의 일원으로서 살아가는 이유가 바로 여기에 있다.

우리가 살아가는 데 반드시 필요한 몇 가지가 있다. 우선 우리가 살아가려면 기본적으로 밥을 먹어야 한다. 밥을 먹으려면 쌀도 있어야 하고 그릇도 필요하다. 마찬가지로 우리는 옷을 입어야 한다. 쌀이나 그릇, 그리고 옷은 모두 모양이나 형체가 있다. 우리 눈에 잘 보이는 것들이다. 이들처럼 모양이나 형체가 있는 것들을 우리는 재화라고 부른다.

하지만 우리가 살아가는 데에는 눈에 보이는 것들만 필요한 것이 아니다. 우리가 사람답게 살아가려면 눈에 보이는 재화뿐만 아니라 눈에 보이지 않는 재화도 필요하다. 예를 들어보자.

우리가 지식을 쌓으려면 공부를 해야 한다. 그렇다면 선생님이 필요하다. 마찬가지로 우리가 몸이 아플 때는 어떻게 하는가? 문명의 혜택을 받지 못하던 옛날에는 그냥 참고 지냈을 것이다. 아니 기껏해야 나무줄기 등에 의존했을 것이다. 그렇지만 요즘에는 병원을 찾아 의사의 진찰을 받곤 한다. 토요일 오후나 일요일은 어떻게 보내는가? 집에서 TV나 보는 사람도 있지만 가족끼리 가까운 공원에 가거나 아니면 재미있는 공연장을 찾아 즐거운 하루를 보낸다. 이와 같은 선생님의 강의나 의사의 진찰, 노래 그 자체는 분명 보이지 않는 재화이다. 이처럼 눈에 보이지 않는 재화를 용역(서비스)이라고 한다.

이처럼 인간이 살아가려면 모양이나 형체가 있는 재화뿐만 아니라 모양이나 형체가 없는 용역도 필요하다. 하지만 우리들이 원한다고 해서 이들 재화나 용역을 쉽게 얻어 쓸 수가 있는 것은 아니다. 이들 재화나 용역을 얻어 쓰려면 돈을 주고 사야 한다. 따라서 재화를 만들어 팔아 돈을 버는 사람들이 있는가 하면, 용역을 제공하고 그 대가로 돈을 벌어 살아가는 사람들이 있다. 이와 같은 활동들을 우리는 경제활동이라고 부른다.

우리 인간들은 부족한 재화나 용역을 얻기 위해 끊임없이 경제활동을 하고 있다. 지금 이 순간에도 우리들의 경제활동은 계속되고 있다. 어떻게 생각하면 우리들의 생활 자체가 경제활동이라고 할 수 있다.

경제는 영원하다

우리들이 생활을 해 나가려면 여러 가지 재화나 용역이 필요하다고 하였다. 그렇다면 재화나 용역은 우리들이 필요로 하는 만큼 충분히 존재하는가? 한마디로 얘기하면, 절대 그렇지 않다.

우리들은 항상 무엇인가 부족함을 느끼며 살아가고 있다. 나 자신도 그렇고 여러분도 마찬가지이다. 그것이 인간의 삶이다. 끊임없이 무엇인가를 채우고자 하는 것이 인간의 욕심이다. 예를 들어보자.

어떤 사람이 자신이 가장 갖고 싶어 했던 물건을 마침내 소유하게 되었다고 가정해 보자. 결국 그 사람은 그것으로 만족할 수 있을까?

결코 아니라고 본다. 그 사람은 그보다 더 나은 또 다른 무엇인가를 찾고자 할 것이다. 인간은 절대로 만족을 하지 못하는 존재이다. 항상 무엇인가 부족함을 느끼는 존재가 바로 우리 인간이다.

학창시절 '희소성의 원칙(Law of Scarcity)'이라는 것을 배운 기억이 있을 것이다. 희소성의 원칙이란 인간의 욕망은 끝이 없는데 그 욕망을 채워줄 수 있는 재화는 한정되어 있다는 의미이다. 그렇다. 인간의 욕심은 한이 없다. 그러나 유감스럽게도 그 욕망을 채워줄 수 있는 재화는 한정되어 있다. 그렇기 때문에 인간은 조금이나마 만족을 채우기 위해 부족한 재화를 필요한 만큼 생산하고자 하고, 그것을 서로 교환하고, 소비하는 행위를 하게 되는 것이다. 이러한 경제활동 내지 경제행위를 통틀어서 우리는 '경제'라고 부르고 있다.

결국 인간의 욕망을 채워줄 수 있을 만큼 재화나 용역이 충분하다면 경제활동, 나아가 경제는 필요 없을지 모른다. 즉 우리 자신이 원하는 재화나 용역이 충분하다면 구태여 돈을 주고받으면서 사고파는 행위를 할 필요가 없는 것이다.

그렇다면 경제사회가 발전하면 어떻게 될 것인가? 경제사회가 발전한다고 해서 크게 달라질 것은 없다. 오히려 경제사회가 발전하면 할수록 그에 비례하여 우리 욕망은 더 커질 수 있다. 따라서 경제사회가 발전하거나 혹은 발전하지 않거나 인간의 욕망에 비해 재화는 항상 부족할 수밖에 없다. 그렇기 때문에 우리는 부족한 재화를 얼마만큼 생산할 것인가, 또 그것을 어떻게 생산할 것인가, 어떻게 나눌 것인가 하는 문제로 고민을 하고, 그 부족한 재화를 얻기 위해 돈을 주고받으면서 물건을 사고파는 경제활동을 하는 것이다.

이 지구상에 인간의 욕망을 채워줄 수 있을 만큼 충분히 존재하는 재화는 없을까? 물론 있다. 우리가 쉽게 생각할 수 있는 것이 바로 물과 공기이다. 물과 공기는 무한히 존재한다. 우리가 돈을 지불하지 않고도 얼마든지 얻을 수 있다. 그런 의미에서 자유재라고 부른다. 물과 공기에는 가격이 형성되어 있지 않다. 무한히 존재하는 재화이기 때문에 얼마만큼 생산할 것인가 혹은 어떻게 생산할 것인가 하는 문제로 고민을 하지 않는다. 모든 재화가 물과 공기처럼 충분히 존재한다면 돈을 지불하면서 사고파는 경제활동이 필요 없다.

그러나 근래에 오면서 이런 재화에도 변화가 나타나고 있다. 환경파괴 등 각종 오염으로 그냥 마실 수 있는 깨끗한 물이 점점 줄어들고 있다. 아무 데서나 수도꼭지를 틀고 물을 마시는 시대는 지나가고 있다. 우리가 깨끗한 물을 마시고자 한다면 돈을 주고 가게에서 생수를 사 먹어야 한다. 물에도 이제 가격이 형성되고 있는 것이다. 아마도 현재와 같은 상태가 지속된다면 앞으로 물을 얼마만큼 생산할 것인가, 또 그것을 어떻게 생산할 것인가 하는 문제로 고민을 하는 경제 행위의 대상이 될 것이다.

공기도 마찬가지이다. 지금처럼 환경오염이 지속된다면 공기도 그냥 마실 수 없고 깨끗한 공기를 마시기 위해 돈을 주고 사 마시는 시대가 올 것이다. 그렇게 되면 우리가 생수 병을 들고 다니듯이 공기 주머니를 들고 다녀야 하는 해프닝도 발생할 것이다. 뿐만 아니라 비용을 줄이기 위해 호흡의 횟수를 줄이려 하는 웃지 못할 경우도 생길 것이다.

이처럼 지구상에는 인간이 필요로 하는 만큼 충분한 재화가 존재하지 않는다. 또한 이같은 상황은 앞으로도 계속된다고 볼 수 있다. 결국 필요로 하는 재화를 얻기 위해 돈을 주고 사고파는 경제활동은 계속될 것이며, 경제활동이 계속되는 한 경제도 영원하다고 볼 수 있다.

 ## 경제는 인생의 필수과목

우리가 사회라는 한 조직의 구성원으로 살아가는 한 경제를 떠나서는 살 수 없다. 즉 우리가 살아가려면 여러 가지 재화나 용역이 필요하고, 그러한 재화나 용역을 얻기 위해 경제활동을 하는 것이다. 인간의 삶 자체가 곧 경제활동이라 할 수 있다.

그런데 경제활동에서 보다 중요한 것이 있다. 그것은 경제활동을 합리적으로 할 수 있어야 한다는 점이다. 재화를 만드는 데 있어서나 혹은 서로 교환하는 데 있어서, 그리고 소비하는 데 있어서 얼마만큼 합리적으로 할 수 있느냐 하는 점이 매우 중요한 것이다. 우리가 합리적으로 경제활동을 했을 때 자신은 물론 사회, 국가적으로 보탬이 된다.

우리가 필요로 하는 재화나 용역이 얼마만큼이나 되는지 제대로 파악을 못해 생산에 차질을 가져온다든지, 생산방법이 합리적이지 못할 경우라든지 혹은 소비자가 합리적으로 소비를 못한다든지 할 경우에는 개인은 물론 국가적으로도 큰 손해가 아닐 수 없다. 따라서 한 가정 안에서 이루어지는 경제활동, 한 지역 안에서 이루어지는 경제활동, 국가 전체적으로 이루어지는 경제활동, 외국과의 거래에서 이루어지는 경제활동이 서로 합리적으로 잘 이루어질 때 개인은 물론 국가적으로 큰 이익이 되는 것이다.

그렇다면 합리적인 경제활동을 하고자 한다면 어떻게 해야 하는가. 우선 중요한 것이 경제활동과 관련된 경제문제와 경제 질서, 나아가 경제의 흐름을 제대로 알아야 한다는 점이다. 이러한 경제 질서 혹은 흐름을 제대로 파악할 때 개인적으로 합리적인 경제활동이 가능한 것이다. 따라서 가능한 한 경제문제 혹은 경제흐름에 자주 접하는 것이 중요하다.

사실 우리의 생활 자체가 경제를 축으로 하고 있다고 해도 과언이 아니다. 우리 생활 속에서 접하는 문제 중 경제와 관련되지 않는 것은 거의 없다. 그만큼 우리 생활과 경제는 떼려야 뗄 수 없을 만큼 밀접한 관계이다. 경제를 알아야 하는 이유가 바로 여기에 있다. 재테크를 하는 데 있어서도 경제를 알고 하는 것과 모르고 하는 것은 하늘과 땅 차이만큼이나 차이가 크다. 재테크의 대표 격인 주식이나 부동산 모두 경제흐름과 맥을 같이 하고 있기 때문이다.

우리도 이제 1인당 국민소득 2만 달러 시대에 접어들고 있다. 생활수준이 그만큼 향상되고 있는 것이다. 생활수준이 향상됨에 따라 우리의 지적수준도 함께 향상될 필요가 있다. 생활수준이 향상되는데도 불구하고 우리의 지적 수준이 그에 따라 주지 못한다면 국가의 발전도 한계에 부딪힐 수 있다. 우리나라가 이만큼 경제발전을 이룬 배경에는 국민들의 지적 수준도 한몫했다는 점을 인식할 필요가 있다.

 ## 경제를 즐기는 국민, 진짜 일등 국민

우선 철저한 자기반성을 해 보자!

신문을 받아들면 가장 먼저 어느 면이 눈에 들어오는가를 생각해 보자. 아마 누구랄 것 없이 스포츠 면이 우선 눈에 들어올 것이다. 그 다음으로 사회 면, 그리고 경제 면이 맨 나중을 차지할 것이다. 오히려 경제 면을 보는 것 자체만도 다행한 일인지 모른다.

가끔 지하철을 타게 되면 경제신문을 펴든 사람을 찾아보기가 매우 힘들다. 온통 스포츠신문뿐이다. 특히 젊은이들이 그렇다. 젊은이들 중에 경제신문을 보는 사람은 거의 없다. 아니 아주 없다고 해도 과언이 아니다. 가끔 경제신문을 펴든 사람을 보면 주로 직장인들이다. 그들도 경제지식을 위해서라기보다는 주로 주식 면이나 주식정보 면에 눈길이 가 있다.

외국 선진국의 경우에는 경제신문이 잘 팔린다고 한다. 경제성장에 따라 국민의 의식수준도 향상되고 있는 것이다. 그렇지만 우리나라는 사정이 다르다. 경제신문이 거의 팔리지 않고 있다. 그러다 보니 일부의 경우 경제신문이 일반신문에 끼워 넣기 용으로 이용되는 경우도 있다. 그런 측면에서 본다면 우리는 아직 멀었다는 생각이 든다. 지나치게 경제를 멀리하고 있는 것이다. 물론 이해를 못하는 것은 아니다. 경제만큼 딱딱하고 재미없는 학문도 없다. 재미가 없다보니 멀리하는 것도 당연한 현상이다.

우리 주변에는 두 부류의 사람들이 있다. 경제를 몰라도 생활하는데 전혀 불편이 없다고 말하는 사람이 있는가 하면, 다른 한편에는 경제를 모르니까 답답하고 생활하는 데 불편이 이만저만이 아니라는 사람이 있다. 물론이다. 경제를 모른다고 해서 반드시 생활하기 불편한 것은 아니다. 그렇지만 경제를 알고 생활하는 것과 모르고 생활하는 것과는 분명 차이가 있다.

앞서 언급한 재테크 이야기만 하더라도 그렇다. 흔한 이야기로 주식의 앞날은 누구도 모른다고들 한다. 하지만 주식도 역시 경제와 동떨어져 움직일 수는 없다. 따라서 경제를 아는 사람은 주식시장의 움직임을 대충 짐작할 수 있다. 그렇기 때문에 경제를 아는 사람은 이익은 보다 크게, 손해는 보다 적게 기록할 가능성이 높다고 할 수 있다.

이제 우리도 이렇게 경제발전을 이룩한 만큼 경제기사 혹은 경제신문을 즐기는 국민이 되어야 하겠다. 물론 최근에 와서 우리 국민들이 경제기사에 많은 관심을 갖는 것은 사실이다. 이에 맞추어 각 신문들도 경제 면을 확충하거나 보다 충실하게 기사화하고 있는 것도 사실이다. 하지만 이것으로는 부족하다. 전공자든 혹은 비전공자든 모든 국민들이 경제의식으로 무장하고 있을 때, 국가의 발전도 한 단계 더 기대할 수 있는 것이다.

요즘은 경제를 접할 수 있는 기회가 얼마든지 있다. 일간신문의 경제 면, 경제신문 혹은 경제 관련 교양서적들이 쏟아져 나오고 있다. 이제 우리 국민들도 일등 국민이 되어야 한다. 외국학자들은 한국의 놀라운 발전은 그 저변에 훌륭한 교육을 받은 국민들이 있기 때문이라고 지적한다. 우리 국민이 일등 국민임을 인정하고 있는 것이다. 이제 우리는 경제지식 면에서도 일등 국민이 되어야 하겠다.

2장

경제성장,
만병통치약만은 아니다

경제성장의 허와 실

한국의 악덕 기업주들을 고발한다!

이게 무슨 이야기인가 하고 의아해 하는 사람도 있을 것이다.

이는 몇 년 전 한 일간신문에서 기사화한 내용이다. 내용인 즉,
주한 필리핀 대사관에 근무하였던 한 직원이 한국에서 일하고

있는 많은 자국의 근로자들이 한국의 악덕 기업주들로부터 인권유린을 당하고 있다면서 그들을 상대로 소송을 제기하는 등 자국근로자 보호에 나섰다는 보도였다. 그뿐만이 아니다. 우리나라에 와 있는 많은 동남아시아 근로자들이 임금을 제대로 받지 못하고 이리저리 쫓겨 다니고 있다는 기사도 심심치 않게 등장하고 있다. 때로는 기업주로부터 폭행을 당하는 부끄러운 모습도 종종 보게 된다.

이런 뉴스를 접할 때마다 국내 기업주들의 부도덕성에 부끄러움을 금할 수 없으면서도, 또 한편으로는 감개무량함을 느끼지 않을 수 없다. 왜 이런 말을 하게 되는가를 생각해 보자. 30~40년 전만 하더라도 필리핀 등 동남아시아 국가들과 우리나라는 그야말로 도토리 키 재기였다. 경제수준이 그저 비슷한 수준이었다. 그런데 이들 국가의 근로자들이 잘 사는 나라, 한국을 동경하면서 몰려오고 있다니 얼마나 기분 좋은 일인가.

이런 일들은 우리나라가 그동안 고도성장을 한 덕분이다. 고도성장 덕분에 1인당 국민소득 2만 달러 시대를 바라보게 되었고, 선진국 클럽이라는 OECD에도 이미 가입하였다. 과거 미국 등 선진국으로부터 원조를 받던 신세에서 원조를 하는 입장으로 바뀌었다. 우리와 적대 관계를 유지하던 공산권 국가들이 관계개선은 물론 경제를 배워가겠다고 혈안이다. 이 모든 것이 경제성장이 아니고서는 상상도 할 수 없는 일들이다.

그렇다면 경제성장이란 무엇인가? 한마디로 경제성장이란 경제규모가 지속적으로 커지는 것을 말한다. 즉 국민들이 경제활동을 하는 과정에서 경제규모가 커질 때 우리는 "경제가 성장한다"라고 말한다. 그리고 경제가 성장하는 것은 경제성장률로 알 수 있다. 경제가 얼마만큼 성장했는가를 알려주는 경제성장률은 GDP(국내총생산)를 이용하여 구할 수 있다.

GDP는 한 국가 내에서 생산된 생산물을 시장가격으로 환산한 것이다. 따라서 국내에서 생산된 물건이라면 자국인이 생산했든 외국인이 생산했든 다 포함하는 개념이다. 이와 유사한 개념으로 GNP(국민총생산)라는 것이 있다. 후자가 어찌 보면 우리에게 더 익숙한 개념이라고 할 수 있다.

GNP는 한 국가의 국민 전체가 생산한 생산물을 시장가격으로 환산한 것이다. 따라서 그 나라 국민이 생산한 것이라면 국내에서 생산했든 외국에 나가 생산했든 다 포함하는 개념이다. 결국 GDP가 국내냐 혹은 국외냐 하는 국경을 기준으로 한 것이라면 GNP는 국내인이냐 혹은 외국인이냐 하는 사람을 기준으로 한 것이라고 볼 수 있다.

과거에는 경제성장률을 구하고자 할 때 GDP보다는 GNP라는 개념이 주로 쓰였었다. 하지만 1990년대 중반 이후 GDP라는 개념이 주로 이용되고 있다. 국제적 환경의 변화 등 우리나라의 총체적 경제활동 수준을 나타내는 데 GDP가 더 적합하다고 보기 때문이다.

$$경제성장률 = \frac{\bigcirc\bigcirc년도\ 실질국내총생산 - 전년도\ 실질국내총생산}{전년도\ 실질국내총생산} \times 100$$

그런데 여기서 주의해야 할 것이 있다. 이 공식에 나와 있는 실질국내총생산의 '실질'이라는 개념이다. 이는 물가요인을 제거해야 함을 의미하는 것이다. 물가요인을 제거하는 이유는 물가상승분을 제거하지 않고 계산할 경우 경제성장률이 실제보다 과도하게 부풀려질 위험성이 있기 때문이다.

예를 들면 전년도에 생산량이 100개였는데 올해에도 역시 생산량이 100개라면 실질적으로 생산량에 전혀 변화가 없다. 따라서 경제성장률도 0%가 되어야 한다. 그런데 물가가 전년보다 10% 상승하였다면 생산량의 변화가 전혀 없음에도 불구하고 총생산(생산량×가격)은 10%만큼 증가하게 된다. 즉 경제성장률이 10%가 되는 것이다.

결국 생산량에는 전혀 변화가 없어 경제규모가 그대로인데도 가격만 올라감으로써 총생산이 증가하고 나아가 경제성장률도 높아진 것이다. 이런 폐단을 없애기 위해 물가상승분을 제외시키는 것이다. 즉, 경제성장이란 전년도에 비해 실질적으로 생산이 얼마만큼 증가했는가를 알아보고자 하는 것이기 때문에 물가상승분은 제외시켜야 하는 것이다.

어떤 나라든 경제성장은 매우 중요한 의미를 갖는다. 경제가 성장해야만 국민의 소득도 증가하고 그에 따라 소비가 늘어난다. 마찬가지로 기업의 생산과 투자가 늘어나 새로운 일자리도 많이 생겨난다. 반면 경제가 성장하지 못하면 국민의 소득이 증가하지 않고 소비도 늘어나지 않는다. 마찬가지로 기업의 생산과 투자가 늘어나지 않아 새로운 일자리도 생겨날 수 없다.

 경제가 쉽다
경제학이 즐겁다

1960년대 이후 우리나라는 눈부신 경제성장을 지속해 왔다. 세계에 유례가 없는 성장률을 기록해 왔다. 우리나라가 얼마만큼 빠른 경제성장을 해 왔는가는 소위 '70의 법칙'에 대입해 보면 여실히 증명된다. '70의 법칙'이란 어떤 변수의 값이 매년 $x\%$씩 커질 때 그 변수가 원래 값의 두 배가 될 때까지 과연 얼마나 걸리겠는가를 구해내는 공식이다(이준구 외, 경제학원론 참조).

이 법칙에 의하면 우리나라는 지난 30~40여 년간 평균적으로 8~9년마다 경제규모가 두 배씩 커져 왔다. 실로 놀라운 일이 아닐 수 없다. 참고로 미국의 경우에는 경제규모가 두 배로 커지는 데 약 20여 년이 소요된 것으로 나타나고 있다. 현재 급격한 고도성장을 하고 있는 중국도 과거 우리의 성장에는 미치지 못한다는 의견이 많다. 이같은 경제성장 덕분에 1인당 국민소득 2만 달러 시대를 바라보게 되었고 선진국클럽이라는 OECD에도 가입한 바 있다. 40여 년 전 1인당 국민소득이 100달러에도 미치지 못하던 시절을 생각하면 여간 대견스러운 일이 아니다.

앞으로도 경제성장은 지속되어야 한다. 그래야만 우리 국민들의 생활수준도 더욱 향상될 수 있다. 하지만 분명히 짚고 넘어가야 할 일이 있다. 성장의 혜택이 모든 사람이 아닌 일부에게만 돌아가서는 안 된다는 사실이다. 성장의 혜택이 모든 계층에 골고루 돌아갈 때 성장에 의미가 있는 것이다. 최근 들어 사회의 양극화니 경제의 양극화니, 많은 말들이 있다. 일부에서는 흥청망청하는데 다른 한편에서는 살아가기가 어렵다고 아우성이다. 이래서는 진정한 의미에서의 선진국으로 갈 수가 없다.

역사적으로 빈부의 격차가 큰 나라가 선진국이 된 예는 거의 찾아볼 수 없다. 마찬가지로 빈부의 격차가 큰 나라 가운데 사회경제적으로 안정된 나라도 거의 찾아볼 수 없다. 이런 관점에서 성장도 좋지만 그 성장의 과실이 사회 각계각층에 고르게 돌아가게 하는 정책적 배려도 필요하다고 볼 수 있다.

 경제는 성장한다는데 나는 왜 아닐까?

과거 김대중 전 대통령이 취임 후 가진 '국민과의 대화'에서 이런 말을 한 기억이 있다. "지금 우리나라 경제는 분명 좋아지고 있다. 현재 아랫목만 따뜻하기 때문에 전 국민이 피부로 느끼지 못할 수도 있다. 언젠가는 윗목도 따뜻해질 것이다."

그렇다. 경제가 좋아진다고 해서 그것이 모든 계층에게 골고루 돌아갈 수는 없다. 그 과정에는 많은 노력과 시간이 요구되는 것이다. 마찬가지로 경제가 성장했다고 해서 모든 국민들이 다 잘 사는 것은 아니다.

이는 나무와 숲의 관계에서 그 이치를 터득할 수 있다. 우리가 먼발치에서 숲을 바라보면 초록색으로 물들어 아름답기 그지없다. 나무 한 그루 한 그루가 그렇게 튼튼해 보일 수가 없다. 그 숲 속에 병들어 시드는 나무가 있으리라고는 상상할 수도 없다. 그러나 숲에 가까이

가면 상황은 확 달라진다. 막상 그 숲에 가까이 다가가 들여다보면 시들어가는 나무, 썩어가는 나무, 쓰러진 나무 등 여러 종류의 나무가 있음을 발견하게 된다.

경제학에서는 이처럼 숲이라는 전체적인 관점에서 조망하는 것을 거시 경제적 접근이라 한다. 반면 그 숲을 이루는 나무 한 그루 한 그루를 개별적으로 조망하는 것을 미시 경제적 접근이라 부른다.

경제도 이 숲과 나무의 경우와 하등 다를 바가 없다. 거시 경제적 접근에서 보면, 경제성장이 이루어지면 모든 국민들의 소득이 늘어나 행복한 생활을 영위할 것처럼 보인다. 그러나 미시 경제적 접근에 따라 개별적으로 살펴보면 가난에 허덕이는 등 예상 밖의 비밀이 숨어 있음을 발견하게 된다. 결국 푸르른 숲 속에 시들어 가는 나무가 있는 것처럼 거시적인 성장 속에도 개별적으로는 어려움을 맛보는 사람들이 있는 것이다.

비단 이와 같은 현상이 우리나라에만 존재하는 것은 아니다. 미국과 같은 선진국에서도 나타나는 현상이다. 다만 그 정도의 차이일 뿐인 것이다. 특히 후진국에서는 흔히 볼 수 있는 현상이다. 최근 전 세계적으로 유례없는 고도성장을 하고 있는 중국의 경우에도 이 같은 양극화 문제로 골머리를 앓는 것으로 알려지고 있다. 일부에서는 중국이 앞으로 선진국으로 진입하는 과정에서 이와 같은 양극화가 발목을 잡을 것이라는 견해를 피력하기도 한다. 이처럼 빈부의 격차 내지 사회경제적 양극화가 심할 경우에는 그것이 큰 사회적 문제로 비화될 수가 있다.

특히 여기서 한 가지 짚고 넘어가야 할 것은 시들거나 썩어가는 나무가 늘어날수록 숲은 더 이상 푸름을 간직할 수 없다는 사실이다. 이것이 무엇을 의미하는가? 사회경제적으로 어려움을 겪는 사람들이 늘어날수록 국가경제는 더 이상 장밋빛을 유지하기 어렵다는 의미이다. 다시 말하면 시들거나 썩어가는 나무가 적을수록 푸름이 더욱 짙어지듯이 어려움을 겪는 가정이나 개인 주체들이 적을수록 국가경제는 더욱 튼튼해지고 공고해지는 것이다.

따라서 모든 경제주체들을 하나로 아우르면서 더욱 더 튼튼한 경제기반을 구축하기 위해서는 미시적 경제접근과 거시적 경제접근이 적절히 조화를 이루도록 해야 한다. 즉 앞에서도 언급했듯이 경제성장이라는 전체적인 결과에 안주하는 것이 아니라 소외되고 어려운 사람이 없는가 하는 점을 항상 염두에 두는 정책이 필요한 것이다.

남이 배부른 것은 못 참아

1960년대 초반으로 돌아가 보자. 당시 우리나라의 1인당 국민소득이 얼마나 되었는가 생각해 본 사람은 그리 많지 않을 것이다. 1960년대 초 경제개발5개년 계획을 추진할 당시 1인당 국민소득은 80달러 수준으로 알려지고 있다. 그로부터 어언 40여 년이 지난 지금 1인당 국민소득은 거의 2만 달러에 접어들고 있다. 단순히 수치상으로만 보아도 그 당시보다 약 200여 배 이상 소득수준이 향상되었다고 볼 수 있다.

 그렇다면 우리 국민들의 생활수준도 그 정도 수준을 누려야 할 것이며, 또한 실제로 느껴야 할 것이다. 과연 그럴까? 다시 말하면, 그만큼 만족하고 있는가? 이에 대한 대답은 아마 'NO' 일 것이다. 왜 그럴까? 분명 소득수준이 200여 배 이상 증가했으므로 그만큼 만족해야 하는 것이 아니냐는 생각을 할 것이다. 그러나 이는 인간의 심리를 간과하는 데서 오는 오산이다.

 옛말에 "사촌이 땅을 사면 배가 아프다" 혹은 "남의 떡이 커 보인다"라는 속담이 있다. 맞는 말이다. 자신의 것보다는 남의 것에 관심이 많은 것이 사람의 심리이다. 따라서 자신의 소득이 늘어나는 데는 관심이 별로 없다. 비교대상이 되는 다른 사람의 소득이 얼마인가에 더 관심이 간다.

 여기 좋은 예가 있다. 조사에 의하면 미국인들의 경우 1990년대에 유례없는 호황으로 국민소득이 크게 증가했는데도 오히려 1940년대보다 행복하지 않다고 답변하는 사람이 많았다고 한다. 마찬가지로 일본인들도 한창 호황을 누렸던 1980년대가 패전 직후인 30년 전보다 오히려 행복하지 않다고 답변하는 사람이 많았다는 것이다. 재미있는 결과가 아닐 수 없다. 물론 우리나라도 이런 조사를 할 경우 이들 나라와 마찬가지인 결과가 나올 것이다. 실제로 IMF 당시 공무원들이, 봉급이 삭감되었는데도 다른 어느 때보다도 만족하고 있었다는 조사결과를 본 적이 있다.

 이런 결과만을 놓고 보더라도 절대적인 소득수준과 만족과는 큰 상관관계가 없는 것으로 볼 수 있다. 앞에서도 언급했듯이 IMF 당시 봉급생활자들은 자신의 소득이 평균적으로 10% 이상 감소했는데도 큰 불만을 가지지 않았었다. 오히려 그때가 지금보다 만족수준이 더 높았을 것이다. 왜 그럴까? 바로 남과 비교해 상대적으로 자신의 위치가 높았다고 판단하기 때문이다. 그 당시 부도니 퇴출이니 하여 거리로 내몰리는 근로자들이 수없이 많았다. 따라서 비록 봉급은 깎였을지언정 내몰리는 근로자들에 비하면 자신은 너무나 행복한 위치에 있음을 느낀 것이다.

물론 절대소득도 중요하다. 실질적으로 호주머니에 들어오는 돈이 두둑해야 좋은 것은 당연하다. 그러나 개인의 만족이란 자신의 절대소득보다는 오히려 남과 비교되는 상대소득에 더 비례하는 것이다. 따라서 자신의 소득이 비록 늘지 않았더라도 다른 사람과 비교하여 조금이라도 나아졌다면 그것만으로도 만족하는 것이다. 경제가 성장하면 그만큼 불만을 털어놓는 사람도 줄어들 것이다. 그런데도 불구하고 오히려 사람들의 불만이 늘어나는 것도 바로 이 때문이다. 마찬가지로 경제가 성장할수록 사회 각 계층의 요구수준이 높아지는 것도 바로 이 때문이다.

그렇다면 공동으로 생산하고 공동 분배하는 사회주의 사회가 가장 이상적인 사회라고 생각해야 할 것이다. 또한 이런 사회에서는 모두가 만족해야 할 것이다. 하지만 그렇지 않다. 그들 사회에서는 그들 나름대로 또 다른 불만이 있다. 왜냐하면 그 사회에서는 노력하는 자가 오히려 손해를 보기 때문이다. 따라서 이 지구상에는 모든 사람을 만족시키는 이상적인 사회란 존재하지 않는다.

배고픈 자의 고통

우리는 TV를 통해 충격적인 뉴스를 종종 보게 된다. 예를 들어 한 가장이 관리비를 내지 못하는 등 생활고를 비관, 자녀들과 함께 목숨을 끊었다는 등 여러 가지 안타까운 사연들을 보게 된다. 비단 이런 경우만이 아니다. 우리 주위에는 춥고 배고파하는 사람들이 부지기수이다. 서울역 등에는 이리저리 배회하는 노숙자들이 넘쳐나고 있다. 국민소득 2만 달러 시대를 무색케 하는 광경이 여기저기서 벌어지고 있는 것이다.

경제성장은 순조롭게 이어지고 있다고 하는데도, 정작 가진 것이 없는 사람들은 별반 나아지는 것이 없다. 왜 이런 현상이 벌어지는 것일까?

이것은 양극화 내지 빈부의 차가 점점 커지고 있는 데에서 그 원인을 찾을 수 있다. 과거 우리나라는 너무 가난했기 때문에 우선 먹고사는 문제부터 해결하는 것이 시급한 과제였다. 그러다 보니 성장우선 정책에 가려 분배문제는 뒷전으로 밀리기 일쑤였다. 그 덕분인지는 몰라도 국민들의 절대소득은 크게 향상되었다. 이제 국제사회에서도 뒤질 것이 없는 소득수준까지 이르렀다. 선진국 클럽이라는 OECD에도 이미 가입한 지 오래되었다. 그뿐인가. 교역규모가 세계

12대 강국에 속할 만큼 성장하였다.

하지만 분배문제는 영 개선될 기미를 보이지 않고 있다. 개선되기는 커녕 오히려 악화만 되어가고 있다. 특히 IMF 이후 들어 정리해고, 조기퇴직 등이 정착되면서 노동시장이 극히 불안해지고 있다. 기업들의 정규직 기피로 임시직, 일용직 등 비정규직 근로자가 크게 늘고 있다. 전체 근로자에서 비정규직이 차지하는 비중이 50%를 훨씬 상회하고 있다. 이들의 임금은 정규직에 비해 극히 낮을 뿐만 아니라 매우 불규칙하다. 앞으로도 양극화 내지 빈부의 격차가 개선되기는 어려울 것임을 예고하는 현상이다.

양극화 내지 빈부의 격차가 커질 경우 국가적으로나 사회적으로 어떠한 영향을 주는가는 주변국들에서 늘 목격한 바 있다. 양극화 내지 빈부의 격차가 커질 경우 불평과 불만이 늘어나고 이는 사회불안으로 비화될 수 있다. 빈부의 격차에 의한 사회불안이 정권붕괴로 연결된 좋은 본보기가 바로 인도네시아의 수하르토 정권이다.

수하르토 정권 당시 인도네시아의 빈부격차는 가히 충격적일 정도였다. 상위 3% 계층이 인도네시아 전체 자산의 90%를 훨씬 상회하는 비중을 차지하고 있었다. 결국 가난과 배고픔을 견디지 못한 국민들의 대규모 시위로 수하르토 정권은 장기집권의 막을 내리게 된 것이다. 이뿐만이 아니다. 필리핀의 마르코스 정권도 결국 장기집권에 따른 부패와 사회적인 빈부격차로 쫓겨난 케이스라고 볼 수 있다.

우리는 어떤가? 소득분배 정도를 나타내는 지표인 지니계수를 보면 우리나라의 경우 사회적인 인식과는 달리 아주 심각한 정도는 아닌

 경제가 쉽다
경제학이 즐겁다

것으로 밝혀지고는 있다. IMF 구제금융에 밥 먹듯이 원조를 신청한 남미나 동남아 국가들에 비하면 아직은 양호한 수준으로 밝혀지고 있다.

하지만 경제개발 초기에 모두 함께 가난했던 역사적 사실 등이 있었기 때문에 현재의 빈부격차를 수용하기에 아직 국민의 인식이 덜 성숙되어 있다고 볼 수 있다. 다시 말하면 과거에는 우리 국민 모두가 함께 어려웠는데 오늘날 일부 사람이 잘 사는 모습을 보면서 회의감을 갖는 사람들이 많다는 것이다. 뿐만 아니라 IMF 이후에 정리해고나 조기퇴직 등으로 생계가 곤란한 극빈계층이 크게 늘어났다. 이 모든 사실들이 결국 국민들이 체감하는 소득 불평등 정도를 더욱 크게 하는 원인이 되고 있는 것이다. 따라서 수치상으로 나타나는 소득분배 상태도 물론 중요하지만 국민들이 피부로 느끼는 체감도가 더욱 중요하다는 사실을 인식해야 한다.

어쨌든 경제가 아무리 고성장을 보인다 하더라도 잘 사는 사람과 못 사는 사람 간에 격차가 커진다면, 국민의 입장에서 볼 때 차라리 성장하지 않느니만 못하다는 생각을 갖게 할지도 모르는 것이다.

 경제성장이 곧 경제발전?

과거 1970~80년대 중동건설 붐이 한창일 때 건설기술자로 중동에 다녀왔던 한 지인으로부터 들은 이야기가 기억난다. 자신이 근무했

던 나라의 사람들은 얼마나 기술수준이 낙후되어 있는지 마을의 다리조차도 만들지 못하는 수준이라는 것이었다.

물론 세월이 20~30여 년 넘게 지났고, 어느 정도 과장된 면도 있었을 것이다. 하지만 중동 국가들의 기술수준이 낮고 문맹률이 높다는 것은 일반적으로 알려진 사실이었다. 따라서 이들 국가들은 엄청난 오일달러 수입을 바탕으로 사회 간접자본 등 기초시설 건설을 외국에 주로 의존하였다. 우리나라도 이들 나라의 건설 붐으로 많은 외화를 벌어들이고, 이것이 경제발전에 큰 도움이 되었던 것은 누구나 아는 사실이다.

중동 산유국들 중 몇몇 나라는 1인당 국민소득이 세계 최상위권에 속한다. 하지만 이들 국가들을 경제발전 국가라고 부르는 경우는 흔치 않다. 왜 그럴까? 이는 경제성장과 경제발전이라는 개념의 차이에서 찾을 수 있다.

흔히 경제발전과 경제성장을 혼동해 쓰는 경우가 많다. 하지만 두 용어 간에는 분명한 차이가 있다. 경제성장(economic growth)은 앞에서 이미 언급한 바와 같이 경제규모(생산량)가 커지는 것이다. 예를 들면 GDP(GNP)가 증가하는 경우 등이 바로 경제성장이다. 따라서 경제성장은 양적인 개념이다. 반면 경제발전(economic development)은 생산량이 증가하는 것뿐만 아니라 인간자원, 생산구조, 사회구조 등 전반적인 변화를 의미한다. 즉 문맹률이라든가 기술수준, 국민들의 의식수준, 나아가 전반적인 사회구조 등을 포함하는 폭넓은 질적 개념이다. 따라서 경제발전은 양적 개념과 질적 개념을 모두 포함하는 의미이면서도 오히려 질적 개념에 더욱 가깝다고 볼 수 있다.

경제성장은 양적 개념이기 때문에 그 크기를 경제성장률 등으로 나타낸다. 반면 경제발전은 질적 개념에 가깝기 때문에 문맹률이나 기술수준, 사회복지수준 등 전반적인 질적 지표에 의해 측정한다. 경제성장과 경제발전은 측정하는 척도가 다르기 때문에 1인당 소득이 높다고 해서 반드시 경제발전 국가라고 말할 수 없는 것이다. 비록 1인당 소득이 높다고 하더라도 그 외에 문맹률이나 기술수준, 사회복지수준 등 질적 지표가 부진하다면 경제발전 측면에서는 뒤떨어진 국가로 분류된다.

그러나 한 가지 분명한 사실이 있다. 양자의 차이에도 불구하고 경제성장은 경제발전의 필요조건이라는 점이다. 즉 경제성장이 이루어질 때 기술수준을 향상시킬 수 있고, 사회복지수준도 향상시킬 수 있는 것이다. 즉 경제성장이 이루어져야만 경제발전도 더욱 가속화할 수 있다. 그런 측면에서 경제발전도 중요하지만 경제성장의 중요성을 알 수 있다.

일반적으로 미국과 일본 같은 선진국은 경제성장국은 물론 경제발전 국가로 분류할 수 있을 것이다. 그렇다면 우리나라의 경우는 어떠한가? 각자의 주관적인 판단에 따라 다를 수 있지만 역시 경제성장과 경제발전을 어느 정도 이룬 국가로 분류할 수 있지 않을까 하는 생각을 해 본다.

높은 성장률, 만사형통인가?

"한국 땅을 팔면 미국 땅의 40%를 살 수 있고, 일본 땅을 팔면 미국 땅을 4개나 산다."

어느 부동산업자의 광고판이 아니다. 1980년대 말, 한창 부동산 가격이 폭등할 때 떠돌던 루머이다. 분명 우리나라 땅 크기는 미국의 땅덩어리에 비할 수가 없다. 거의 100분의 1 수준이다. 일본도 마찬가지이다. 일본도 미국 땅덩어리의 거의 25분의 1 수준으로 알려지고 있다. 그런데 한국 땅을 팔면 미국 땅의 40%를 살 수 있고, 일본 땅을 팔면 미국 땅을 4개나 살 수 있단다. 한국과 일본 모두 가히 거품이 어느 정도였는지를 짐작할 수 있는 대목이다. 당시 주식이나 부동산 가격은 하늘 높은 줄 모르고 치솟기만 하였다. 모든 사람들이 온통 주식과 부동산에 파묻혀 있었다. 주식과 부동산을 모르면 바보취급을 당하기 일쑤였다. 주식과 부동산투자를 하지 않으면 하는 척이라도 해야 할 정도였다. 그래야만 이야기상대로 대해 줬기 때문이다. 한두 사람이 모이기라도 할 경우에는 온통 주식, 부동산 이야기뿐이었다.

일부에서는 우리나라가 IMF에 간 것도 1980년대 말 거품 경제의 후유증이라고 말하고 있다. 일본도 마찬가지이다. 일본이 1990년대 이후 장장 15년이라는 장기불황에 허덕인 이유도 역시 거품경제의 후유증이라는 지적이 있다. 전혀 틀린 말이 아니라고 본다. 좋은 예로 과거 세계경제를 공황으로 몰고 갔던 미국 대공황도 거품이 급격히 꺼지면서 촉발됐던 사실을 잘 기억할 필요가 있다.

경제성장은 어느 나라를 불문하고 매우 중요한 이슈임에는 틀림이 없다. 특히 근래 세계경제의 불확실성이 증대되면서 국가마다 경제성장을 위한 대책마련에 분주한 모습을 보이고 있다. 성장률이 높아야만 소득도 늘어나고 일자리도 창출되어 국민의 생활수준이 향상된다. 성장률이 낮아지면 기존 일자리도 없어지고 실업자만 늘어나게 된다. 따라서 경제안정, 나아가 국민생활수준의 향상이라는 측면에서 일정수준의 경제성장률은 필수적이다. 일부 학자들은 국민경제에 있어서 경제성장을 최우선 목표로 삼아야 한다고 주장하기도 한다. 그렇다면 경제성장률은 높을수록 좋은 것인가?

경제성장이 높아지는 것은 앞에서도 언급했듯이 분명 좋은 일이다. 하지만 지나치면 무슨 일이든 부작용이 있게 마련이다. 예를 들어 밥을 지나치게 많이 먹으면 배탈이 난다. 경제도 마찬가지이다. 경제가 지나치게 성장하면 필연적으로 물가상승 압력, 즉 인플레이션이 발생한다. 인플레이션이란 다 아는 바와 같이 자산의 시장가치는 올라가는 반면 화폐가치가 떨어지는 현상이다. 인플레이션이 과도할 경우에는 반드시 그 후유증이 따른다. 그 후유증이란 다름 아닌 '버블'(bubble)이다. '버블'은 거품이란 뜻이다.

우리가 알고 있듯이 거품은 기초가 튼튼하지 못하다. 쉽사리 허물어지고 결국에는 사라져 버린다. 거품이 사라지지 않게 하기 위해서는 계속 거품현상을 일으켜야 하지만, 그것도 한계가 있다. 거품이 어느 정도 크기로 형성되면 더 이상 커지지 않는다. 그리고 언젠가는 사라진다.

그런데 우리가 알아야 할 것은 거품이 사라질 때의 허무함이다. 거품이 사라지면 그 밑에 아무것도 남지 않는다. 경제도 역시 마찬가지이다. 경제에 거품이 형성되면 자산의 실제 가치는 변동이 없는데도 시장가치는 자꾸 올라간다. 예를 들어 어느 아파트의 실제 가치는 1억 원인데 인플레이션에 의해 2억 원으로 상승하였다면, 차액 1억 원은 분명 거품이라고 할 수 있다. 문제는 모든 자산에 거품이 끼어 있는 상태에서 일시에 그 거품이 제거될 경우 큰 후유증이 발생한다는 점이다. 특히 거품이 꺼지는 현상은 대개 경기가 하강하는 과정에서 나타나기 때문에 경기를 더욱 침체 속으로 빠져들게 할 수 있다.

자산에 거품이 낄 경우 어떤 후유증이 있는지를 예를 들어 보기로 하자. 앞에서 언급했던 1억 원짜리 아파트가 2억 원으로 상승하였다고 하자. 아파트를 소유한 집주인은 이 아파트를 담보로 대략 80% 수준인 약 1억 6천만 원을 은행으로부터 대출받을 수 있다. 그러나 대출받은 자금을 잘못 운영해 이 아파트가 경매에 넘어갔다고 하자. 그런데 설상가상으로 자산에 거품이 꺼져 아파트 가격이 원래의 1억 원으로 다시 하락하였다면 어떻게 될 것인가? 이 경우 은행은 1억 6천만 원을 대출해 주고 나중에 1억 원도 회수하지 못하는 상황이 발생할 수 있다. 경제 전반에 걸쳐 이런 현상이 발생한다고 가정해 보자. 그 후유증은 이루 말할 수 없는 것이다. 일본이 그 좋은 예가 되었다. 일본의 경우 부동산 담보대출이 시장가격 대비 최고 120%까지

 경제가 쉽다
경제학이 즐겁다

가능했던 것으로 알려지고 있다. 이러한 상황에서 거품이 꺼지면서 담보부족으로 은행이 부실해지고, 은행이 부실해지자 다시 기업의 부실로 연결되면서 잃어버린 15여 년이 되었던 것이다.

결국 경제성장이 무작정 높아진다고 해서 좋은 것은 아니다. 과도한 인플레이션을 수반하지 않는 적정한 성장률이 바람직한 것이다.

거품이란 없다, 잠재성장률

버블을 조심하라!

과거 IMF 다음 해인 1998년에 우리 경제는 마이너스 5.6%라는 초라한 성장률을 기록했다. 경제개발을 추진한 이래 처음 겪는 부끄러운 성적표였다. 성장률이 마이너스라는 것은 경제가 전년도에 비해 오히려 후퇴했음을 의미하는 것이다.

그런데 그 다음 해에 사정이 확 바뀌었다. 다음 해인 1999년에는 오히려 반대로 10%에 가까운 높은 경제성장률을 기록하였다. 이쯤 되자 경제성장률을 놓고 전문가들 사이에 뜨거운 논쟁이 시작되었다. 일부에서는 경제가 지나치게 과열되었다며 경기 진정책을 써야 한다는 주장을 제기하였다. 그러나 다른 한편에서는 전년도의 마이너스 성장에 대한 반등의 성격이 강하기 때문에 결코 과열이 아니며, 따라서 일부에서 제기하는 경기 진정책은 필요가 없다고 반박하였다.

이처럼 당시 경제성장률을 놓고 양측이 열띤 버블논쟁을 벌였다.

그 다음 해부터 경제성장률이 다시 정상으로 내려가면서 이 논쟁은 자연스럽게 수그러들었지만 어쨌든 버블은 경제에 부정적으로 작용한다.

경제성장이 과도할 경우에는 물가가 급등하여 필연적으로 버블을 가져올 수 있다. 따라서 차후에 큰 후유증을 가져온다. 거품론을 처음 제기한 사람은 미츠비시 종합연구소 회장인 마키노 노부루 박사이다. 노부루 박사는 일본경제를 거품에 비유한 바 있다. 그는 2차 대전 후 일본이 근면하고 성실한 노동력과 높은 저축을 배경으로 고도성장을 지속해 왔으나 1980년대 말 이후 물거품과 같은 허상을 노출하였다고 지적하였다.

무엇이든 물의 거품처럼 과대 포장되면 부작용이 나게 마련이다. 버블경제가 바로 그것이다. 물론 거품이 낄 때 겉으로 드러나는 경제지표에는 별 문제가 없어 보인다. 예를 들어 거품에 의해 주식이나 부동산 등과 같은 자산의 시장가격이 상승하면 개인들은 자신이 부유해진 양 예전보다 소비를 늘리게 된다. 그렇게 되면 기업들도 생산을 증가시킴으로써 실업을 흡수하게 된다. 여기까지는 좋다. 그러나 문제는 이와 같은 과정이 반복되면서 자산의 내재가치에 실질적인 변화가 없는데도 불구하고 자산의 시장가격 상승이 반복적으로 이루어짐으로써 거품이 더욱더 짙게 된다는 점이다.

하지만 자산의 시장가격이 상승하는 데에는 한계가 있기 때문에 어느 시점에 이르면 하락으로 반전되고, 이 때 경기둔화와 맞물리면서 폭락으로 이어진다. 자산의 시장가격이 폭락하면 소비의 둔화를 가져와 전반적인 경제 붕괴로 연결된다. 버블이 없는 경제성장이 무엇보다 중요하다는 이유가 바로 여기에 있는 것이다.

그렇다면 버블, 다시 말해서 물가상승 압력이 없는 경제성장이란 과연 어떻게 설명할 수 있을 것인가. 이는 잠재성장률과 실제성장률로 설명이 가능하다. 여기서 잠재성장률이란 한 경제 내에 존재하는 모든 생산자원과 기술수준을 총동원하여 달성 가능한 최대성장률을 말한다. 따라서 물가압력 등 부작용을 초래하지 않으면서 달성할 수 있는 최대치가 된다. 반면 실제성장률이란 실제로 달성한 성장률을 의미한다.

잠재성장률과 실제성장률의 의미를 알았으므로 해답은 나온 것이다. 여기서 버블이 없는 바람직한 성장률은 실제성장률이 잠재성장률을 크게 초과하지 않는 범위, 즉 잠재성장률에 근접한 수준에서 성장이 이루어질 때가 된다. 예를 들면 잠재성장률이 5% 수준이라면 실제성장률도 5%를 크게 초과해서는 안 된다는 의미이다.

그렇다면 경제성장률을 높이려고 한다면 어떻게 하면 되는 것인가? 결국 경제성장률이 높아지자면 우선 잠재성장률을 끌어올리는 것이 무엇보다 중요하다. 잠재성장률을 증가시키려면 생산능력을 확충할 수 있는 기술수준 향상이나 설비투자 증대 등이 뒤따라야 한다. 과거 IMF 당시 한때 잠재성장률이 2% 대까지 급락한 경우가 있었다. 여기에는 기업들의 설비투자 감소가 결정적으로 작용하였다. 잠재성장률이 2% 수준이라면 경제성장률도 2% 안팎을 유지해야 한다는 결론이다.

경제성장률이 2% 수준이라면 우리의 현실은 심한 경기침체라고 할 수밖에 없다. 이 정도의 경제성장 속에서는 고용창출이란 생각할 수도 없다. 따라서 실업자를 구제하고 물가안정을 통해 적정 수준의 국민생활을 유지할 수 있는 경제성장률을 달성하려면 우선 잠재성장률을 끌어올리는 것이 무엇보다 중요하다고 할 수 있다.

3장

경기지표, 이대로 좋은가

경기, 우리 몸과 다를 바 없다

생활수준이 나아지면서 사람들의 관심은 온통 건강에 모아지고 있다. 따라서 웰빙이니 뭐니 하면서 온갖 건강식품과 운동기구들이 등장하고 있다. 뿐만 아니라 한가한 저녁에 공원으로 산책이라도 나가노라면 온통 운동하는 사람들로 북적거린다.

우리 몸이 건강하기 위해서는 무엇보다 조직 내의 모든 기능이 원활히 돌아가야 한다. 따라서 운동이나 적당한 식사 등 규칙적인 생활이 무엇보다 중요하다. 그리고 사람에 따라서는 건강을 유지하기 위해 보약 등 적당한 영양식으로 보충을 해야 한다. 이러한 노력이 이루어질 때 비로소 건강을 유지할 수 있다.

물론 부모님으로부터 물려받은 유전적인 요인으로 별다른 노력 없이 건강한 사람도 있다. 반면 이러한 노력에도 불구하고 조직 내의 이상 혹은 스트레스 등 외부적인 요인에 의해 건강에 이상이 생기는 사람도 있다. 이런 경우 약국에서 약을 지어 먹거나 혹은 병원에서 치료를 받아야 건강을 다시 회복할 수 있다. 그러나 때로는 그대로 방치해 둠으로써 병이 악화되어 죽음에 이르는 경우도 발생할 수 있다.

경제도 이와 크게 다르지 않다. 경기가 좋은 경우가 있고, 때로는 나쁜 경우가 있다. 그리고 경기가 좋은 상태에 있다가도 나쁜 상태로 전환하기도 하고, 나쁜 상태에 있다가도 다시 좋은 상태로 전환하기도 한다. 이 같은 일련의 과정을 우리는 '경기순환(business cycle)'이라고 한다.

경기가 좋은 상태를 호황이라 하고 경기가 나쁜 상태를 불황이라고 한다. 호황이 지나칠 때를 경기과열이라 하고, 불황이 지나칠 때를 경기침체라고 한다. 경기가 호황일 때는 경제활동이 활발하여 투자와 소비가 늘어나고 생산과 고용이 증대된다. 경기가 불황일 때는 경제활동이 활기를 잃어 소비와 투자가 감소하고 생산과 고용이 줄어

 경제가 쉽다
경제학이 즐겁다

든다. 마찬가지로 기업이윤과 소득도 감소한다.

그런데 경기가 호황일 때는 그것이 과열되지 않도록 유지하는 것이 중요하다. 왜냐하면 호황이 지나쳐 경기가 과열되면 병이 발생할 수 있기 때문이다. 예를 들면 버블(거품)같은 경우가 바로 그것이다. 버블(거품)의 피해가 어떤 결과를 가져오는지는 이미 앞에서 언급한 바가 있다. 마찬가지로 경기가 불황일 때는 그것이 지나쳐 경기침체로 연결되지 않도록 대책을 세워야 한다. 몸이 아프면 병원에 가서 치료를 받듯이 경제도 치료를 받아야 한다.

경기과열을 치료하는 대책으로는 재정·금융 긴축정책을 사용한다. 쉽게 말하면 정부지출을 억제하고 시중의 돈을 흡수하는 정책이다. 예를 들어 정부지출을 줄이기 위해 공공사업을 축소하고 세금을 많이 부과하는 정책 등이 있다. 경기과열을 우려하여 도로신설 등 정부사업을 축소하는 경우 등이 좋은 예이다. 또한 시중의 돈을 줄이기 위해 한국은행으로 하여금 통화 공급량을 줄이도록 한다.

반면, 경기침체를 회복시킬 수 있는 대책으로는 재정·금융 확대정책이 있다. 일명 경기부양책이라고도 한다. 재정·금융 확대정책은 긴축정책과 반대되는 개념이다. 따라서 정부지출을 늘리고 시중의 돈을 풍부하게 한다. 예를 들면 정부지출을 늘리기 위해 새로운 공공사업을 벌인다든지 혹은 세금을 깎아 주는 것 등이 있다. 또한 시중에 돈을 풍부하도록 하기 위해 통화 공급량을 늘린다.

이처럼 몸이 아플 때 치료하듯이 경기가 정도(正道)를 벗어날 경우에는 그에 맞는 정책을 실시함으로써 경제의 병을 고쳐야 한다. 그래

야만 적정 수준의 성장률을 유지하면서 경제안정을 도모할 수 있는
것이다.

동병상련?

해마다 여름이면 연례행사처럼 치르는 것이 있다. 바로 태풍피해이
다. 지난 여름에도 어김없이 태풍은 찾아왔다. 강원도 일부 지역에서는
최악의 홍수피해가 있었다. 농경지는 물론 집마저 모두 떠내려가 많은
인명피해와 이재민이 발생했다. 물론 재산피해액도 적지 않았다.

저자는 특히 수해의 피해가 컸던 2002년을 잊을 수가 없다. 당시
피해액은 근래 유례가 없는 일이었다. 저자는 수해를 입은 수재민과
고통을 함께 한다는 의미에서 학생들과 함께 강원도 강릉 일대의 수
재민 봉사활동에 참여했었다. 수해를 입은 현장은 말 그대로 천재(天
災)였다. 사람의 힘으로는 도저히 있을 수 없는 참혹 그대로였다. 하
늘의 힘이었기에 이런 일도 일어날 수 있는 것이구나 하는 생각이 들
었다. 그들이 몸이나마 빠져나올 수 있었다는 것 자체가 신기할 정도
였다.

당시 많은 사람들은 기상대를 원망했다. 도대체 기상대는 무엇하
고 있었느냐는 질책이었다. 하지만 그들은 대답이 없었다. 단지 기
상이변에 따른 천재였기 때문에 자신들도 어쩔 수 없었다는 변명뿐
이었다. 하지만 그것을 있는 그대로 이해하는 사람들은 과연 얼마나

되었을까?

 아마 경제를 연구하는 학자들은 어느 정도 그들과 동병상련을 느꼈으리라. 사실 경기예측도 날씨예측만큼이나 어렵다. 각 연구기관마다 경기를 예측하는 것을 보면 제각각인 경우가 많다. 경제성장률만 보더라도 그렇다. 연구기관에 따라 1% 이상 차이가 나는 경우도 있다. 그렇다면 왜 이런 현상이 나타나는 것일까?

 결론적으로 말하면 예측 그 자체에서 우선 답을 찾을 수 있다. 예측이란 무엇인가? 예측이란 바로 미래를 예견하는 것이다. 아직 일어나지 않은 상황을 미리 안다는 이야기이다. 만약 우리가 미래를 정확히 알 수 있다면 세상은 너무나 단순해질 것이다. 뿐만 아니라 너무나 재미없는 세상이 될 것이다.

 항상 무엇인가 기대하면서 살아가는 것이 인간사회이다. 미래를 정확히 예측할 수 있다면 이런 기대 자체가 무의미해지는 것이다. 어떤 사람들은 미래를 알기 위해 무당집을 찾아다닌다곤 하지만, 그들도 정확히 맞추길 기대하기보다는 오히려 마음의 위안을 얻고자 하는 생각이 클 것이다.

 또한 경기예측을 어렵게 하는 것은 바로 경제에 미치는 변수가 너무나 많다는 점이다. 그 많은 변수를 다 고려한다는 것 자체가 무리인 것이다. 그 중에서 가장 중요하다고 판단하는 변수만을 선택할 수밖에 없다. 뿐만 아니라 연구자의 관점에 따라 어느 변수가 더 중요한가 하는 점이 다를 수도 있다.

 특히 최근에는 국제사회의 불확실성에 따라 경제 외적 변수가 크게 작용하고 있다. 예를 들면 이라크 사태나 북한의 핵 문제 등이 바로 그것이다. 경제예측 시점에서는 전혀 나타나지 않던 일들이 갑자기 돌출하면 예측과는 전혀 다른 결과를 가져올 수 있다.

북한의 핵 문제만을 놓고 보더라도 그렇다. 북한의 핵 문제가 불거지기 전까지만 하더라도 정부는 국내경제를 어느 정도 낙관하고 있었다. 그러나 북한의 핵 문제가 터지자 정부는 경제의 불확실성이 커졌다며 경제성장률 달성이 쉽지 않을 것이라는 반응을 보였다. 이처럼 경제는 경제 외적인 변수가 많이 작용한다.

최근에는 경기예측의 어려움을 반영하여 다양한 종류의 경기예측 지표들이 나오고 있다. 지수지표뿐만이 아니라 기업가나 소비자의 체감경기를 나타내는 체감지표, 그 외에 속보지표 등 다양한 종류가 있다. 하지만 아무리 다양한 지표들이 나온다 하더라도 경기를 정확히 예측한다는 것은 영원히 해결할 수 없는 문제라고 볼 수 있다.

 ## 경기예측, 이렇게 다양할 수 있나

일기예보의 목적은 내일의 날씨를 정확히 예측하여 국민들로 하여금 미리 대비토록 하는 데 있을 것이다. 마찬가지로 경기예측도 경기의 움직임을 사전에 정확히 포착하여 적절한 대책을 세우도록 하는 데 있다.

하지만 앞에서도 언급했듯이 유감스럽게도 일기예측이나 경기예측

모두 정확하게 안다는 것이 쉽지 않다. 그러나 그 결과에 대한 책임 한도는 천양지차이다.

만일 일기예보가 정확하지 않을 경우에는 여기저기에서 비난의 목소리가 거세게 일어난다. 반면 경기예측이 빗나갈 경우에는 비난의 강도가 그리 세지 않다. 기껏해야 전문가들 사이에 입방아놀음으로 그치는 경우가 많다. 이와 같은 차이는 일반인들의 경우 경기예측이 빗나갔는지 여부조차 제대로 알 수가 없으며, 자신의 재산에 직접적인 영향을 미치느냐 혹은 간접적인 영향을 미치느냐에 따른 결과가 아닌가 하는 생각이 든다.

어쨌든 경제가 안정적인 성장을 지속하기 위해서는 현재의 경기 동향은 물론 장래의 경기를 정확히 예측하여 적절한 정책을 수행할 수 있어야 한다. 그만큼 경기예측이 중요한 것이다. 그러나 누차 지적했듯이 경기예측은 정확하지 않은 것이 현실이다. 더욱이 최근에는 경기순환 주기가 빨라짐으로써 경기예측을 더욱 더 어렵게 하고 있다.

우리나라의 경우 과거 경기가 좋아지기 시작해서 가장 나빠질 때까지 소요되는 기간이 대략 4년 정도인 것으로 밝혀지고 있다. 이것이 바로 경기순환이다. 이론적으로도 경기순환은 3~4년 정도로 알려지고 있다. 그런데 최근에는 이 순환주기가 2년도 채 안 되는 것으로 밝혀지고 있다. 뿐만 아니라 과거에는 경기가 좋은 상태인 호황과 경기가 나쁜 상태인 불황이 확연히 구분이 되었다. 그런데 요즘에는 호황과 불황의 구분이 쉽지 않다. 쉽게 표현하여 과거에는 냉탕과 온탕이 확실히 구분되었지만 요즘에는 경기가 냉탕도 온탕도 아닌 미지근한 상태가 지속되고 있는 것이다. 이럴 경우 경기대책을 세우기가 여간 어렵지 않다.

즉, 부양정책을 써야 할지 아니면 긴축정책을 써야 할지 난감한 상황이 발생하는 것이다. 더구나 순환주기가 빨라지다 보니 경기대책을 실시하여 효과를 보기도 전에 다른 경제상황으로 바뀌어 경기대책을 무색케 만드는 경우가 허다하다.

그런 상황이긴 하지만, 조금이나마 정확성을 기하기 위해 다양한 방식으로 경기예측이 이루어지고 있다. 여기에는 우선 경기종합지수라는 것이 있다. 이것은 경기의 움직임을 반영하는 각종 통계자료를 적절한 통계적 분석방법에 따라 종합한 것이다. 여기에는 선행지수, 동행지수, 후행지수가 있다.

선행지수는 사전에 경기움직임을 예측하는 지표로, 이 지수를 보면 앞으로 경기가 좋을 것인지 아니면 좋지 않을 것인지를 예측할 수 있다. 동행지수는 현재의 경기상태를 나타내는 지표로, 이 지수를 보면 현재의 경기가 어떠한 상황인지를 짐작할 수 있다. 후행지수는 경기의 상황을 사후에 확인하는 지표로, 도시가계 소비지출 등이 여기에 속한다.

경기종합지수가 기존 경제관련 자료들을 이용하는 방법이라면, 또 다른 방법으로 설문조사 방법 등이 있다. 여기에는 기업가들을 대상으로 하는 기업실사지수(BSI)와 소비자를 대상으로 하는 소비자 태도지수(CSI) 등 여러 가지가 있다. 이들 지수는 기업가와 소비자가 느끼는 경기상황을 종합적으로 판단할 수 있는 기초를 제공해 준다.

따라서 경기 예측력을 그만큼 향상시킬 수 있다.

이 밖에 우리 주변에서 흔히 볼 수 있는 지표로도 경기흐름을 대충 짐작할 수 있다. 예를 들어 고속도로가 덜 막힌다면 경기불황임을 알 수 있다는 것이다. 실제로 과거 IMF 당시 고속도로 통행량이 크게 줄었다는 통계가 있다. 또한 백화점이 덜 붐빈다든지 혹은 더 붐빈다든지, 에너지 소비량이 늘었다든지 혹은 줄었다든지, 수돗물 사용량이 늘었다든지 혹은 줄었다든지 하는 현상으로 경기를 진단할 수 있다. 이들 지표를 우리는 '경기속보지표'라고 부른다. 속보지표라고 부르는 이유는 통계청이 공식적으로 발표하는 실물지표보다 일찍(15일 정도) 집계할 수 있기 때문이다.

하지만 속보지표의 경우 한계가 있을 수밖에 없다. 예를 들면 세일 기간에는 백화점이 당연히 붐빌 수 있다. 여름 휴가철에는 당연히 고속도로가 붐빈다. 이와 같은 현상은 경기에 관계없이 일어날 수 있는 일인 것이다. 따라서 속보지표는 경기를 정확하게 진단한다고 하기보다는 참고용 정도로만 이용되고 있다.

 경기지표, 왜 불신하나

얼마 전 어느 상갓집에서 고향친구를 만난 적이 있다. 그 친구는 서울에서 의류상점을 운영하고 있다고 하였다. 요즘 경기가 어떠냐고 물었더니 말도 하지 말라면서 손을 내저었다. 비단 그 친구만이 아니

다. 근래 사업을 하는 사람이나 장사를 하는 사람 할 것 없이 먹고 살기 힘들다고 아우성이다.

그런데 수출은 그런 대로 잘 되고 있다. 경제성장률도 5% 수준 가까이 되는 등 크게 만족스럽지는 않지만 그럭저럭 괜찮게 돌아가고 있다. 분명 외부로 드러나는 경제지표는 괜찮다고 진단할 수 있다. 그런데도 일부에서는 생활하기가 힘들다고 난리이다. 왜 이런 현상이 나타나는 것일까?

정부가 발표하는 지표경기와 국민들이 느끼는 체감경기는 분명 차이가 있다. 어떤 면으로 보면 차이가 나는 것은 당연하다. 문제는 그 차이가 지나치게 크다는 데 있다. 왜 그럴까?

우선 시간적인 시차를 생각해 볼 수 있다. 어느 기간 동안의 실적치를 집계하는 과정에는 시간이 소요되므로 집계결과가 지표로 발표될 때에는 이미 기업가나 소비자가 느끼는 체감지표와 다를 수 있다. 또한 지표경기는 국민경제 전체를 대상으로 작성한다는 점을 지적할 수 있다. 그러므로 개인에 따라서 체감경기가 다를 수 있다. 즉 어떤 부문은 경기가 호황인 반면, 다른 부문은 경기가 불황일 수 있다는 것이다. 지표경기는 양 부문을 모두 종합한 지표이다. 따라서 불황산업에 종사하고 있는 사람의 체감경기는 그만큼 싸늘할 것이다.

또한 경제성장을 수출이 떠받치고 있느냐 아니면 내수가 떠받치고 있느냐에 따라 지표경기와 체감경기가 다를 것이다. 예를 들어 수출이 경제성장을 주도하고 있다면 기업들의 체감경기는 좋을 것이다. 반면, 자영업자 등 국내 소비자들이 느끼는 체감경기는 낮을 것이다.

최근의 경기는 분명 수출이 주도하는 형국이다. 따라서 기업들의 실적은 괜찮은 편이다. 반면, 소비 등 내수는 부진한 편이다. 그렇기 때문에 내수에 의존하는 자영업자들이 고전하는 것이다. 물론 기업들도 다 좋은 것이 아니라 대기업 등 수출을 기반으로 하는 기업만이 잘 나가고 있다. 국내소비에 주로 의존하는 중소기업의 경우에는 영세 자영업자 못지않게 고전하고 있다. 따라서 이런 모든 것들이 기업 간 혹은 부문 간 양극화를 초래하고, 나아가 지표경기와 체감경기의 차이를 가져오는 하나의 요인이 된다.

이 밖에 지표경기와 체감경기가 차이가 나는 것은 경제에 예기치 않은 충격적인 요인이 발생했을 경우이다. 과거 이라크 사태에 따른 국제유가의 급등은 분명 경제에 큰 충격을 주는 요인이었다. 최근 북한의 핵 문제도 마찬가지이다. 이런 충격적인 사건들이 발생할 때마다 기업가나 소비자가 느끼는 심리적 불안은 적지 않다. 특히 국제유가의 급등은 전적으로 수입에 의존하는 국내경제에 큰 부담이 될 수 있다. 더구나 수입물가의 급등은 소득의 실질 구매력을 떨어뜨려 성장을 어렵게 할 수 있다. 아무리 소득이 증가했다 하더라도 물가의 상승으로 실질적인 구매력이 떨어졌다면 소득의 증가는 별 의미가 없는 것이다.

이 같은 상황을 고려해 기존의 GDP와 다른 GDI(국내총소득), GNI(국민총소득)라는 개념이 도입되어 이용되고 있다. 이들 지표는 생산 활동을 통해 얼마만큼 생산물을 얻었느냐 하는 차원을 넘어 생산 활동을 통해 얻어진 소득이 얼마만큼의 구매력을 가지고 있느냐 하는 것을 측정한다. 예를 들어 보기로 하자.

기존에는 자동차 100대를 판매한 돈으로 마늘 100톤을 수입할 수 있었는데, 최근에는 마늘가격이 상승함으로써 자동차 200대를 팔아야 마늘 100톤을 수입할 수 있다고 해 보자. 분명히 GDP는 자동차 100대에서 200대로 늘어났다. 하지만 구매력 측면에서 보면 수입되는 마늘가격이 상승함으로써 오히려 자동차 100대만큼 감소한 결과를 가져온다. 결국 GDP는 늘어났지만 실질적인 구매력을 반영했을 때는 오히려 감소한 것이다.

생산 활동을 통해 벌어들인 소득으로 실질적으로 얼마만큼 구매할 수 있느냐 하는 것이 바로 체감경기라 할 수 있다. 따라서 단순히 GDP가 얼마만큼 증가했느냐 하는 것으로 대변되는 지표경기와 실질적인 구매력으로 대변되는 체감경기는 다를 수밖에 없다.

그런데 더욱 우려스러운 일이 있다. 그것은 체감경기의 하락이 지속될 경우 실제 경기둔화로 이어질 수 있다는 점이다. 왜냐하면 기업가든 소비자든 앞으로 경기가 좋지 않을 것이라고 판단하면 즉각 투자나 소비를 기피하기 때문이다. 기업가는 투자했을 경우 수익을 낼 수 있을지가 불확실하기 때문에 투자를 기피하고, 소비자는 소득감소나 고용불안 등 앞날이 불투명하기 때문에 소비를 줄이는 것이다.

투자나 소비의 기피는 결과적으로 경기침체를 초래하여 지표경기의 악화로 이어질 수 있다. 특히 기업가나 소비자들이 느끼는 체감경기는 지표경기를 선행(先行)하는 경향이 있다. 그렇기 때문에 자칫 지표경기의 결과만을 놓고 자만하거나 방심하는 우를 범하지 않도록 주의해야겠다.

 경제가 쉽다
경제학이 즐겁다

우리는 IMF를 어떻게 기억하고 있는가!

누구나 할 것 없이 두 번 다시 생각하고 싶지 않은 치욕적인 사건으로 기억할 것이다. 어떤 사람은 일제 식민지 이후 가장 치욕적인 사건이라고 말하기도 한다. 마찬가지로 IMF에 손을 내밀기까지의 과정은 어떠했는가? 밀고 당기는 그 과정에서의 긴박하면서도 아찔했던 그 순간들. 그 과정을 보면서 미국이 진정 우리의 우방인가 하는 의구심이 생기는 것은 물론 서운한 감정도 없지 않았다.

물론 얻은 것도 많다. 거칠 것 없이 앞만 보고 달려온 우리도 실패할 수 있다는 좋은 경험을 하였다. 사실 우리 앞에는 장밋빛 희망만 있는 줄 알았다. 대마불사(大馬不死)란 신화도 이때 깨졌다. 막상 어려운 처지에 놓이게 되면 친구도 우방도 없다는 사실도 알게 되었다. IMF 구제금융이 우리에게 여러 가지를 가르쳐 주었던 것이다.

하지만 우리 국민은 역시 위대한 힘을 가지고 있었다. 어려운 때일수록 빛을 발하는 우리의 국민성을 다시 한 번 확인할 수 있었다. 마찬가지로 분명한 사실이 있다. 다시는 이런 일이 있어서는 안 된다는 점이다.

사실 당시만 하더라도 우리가 IMF까지 갈 것이라고는 그 누구도 상상하지 못했다. 경상수지 적자가 눈덩이처럼 불어나고 한보철강, 기아자동차 등의 연쇄부도가 이어지는 등 경제가 어렵다는 것은 대충 짐작하고 있었다. 하지만 국민들은 크게 위기의식을 갖지 않았다. 당시 경제 총책임자라 할 수 있는 강경식 씨나 김인호 씨 등이 연일 "펀더멘탈이 튼튼하다"느니 "경제지표가 양호하다"느니 하는 바람에 국민들은 전혀 낌새를 느끼지 못했던 것이다. 물론 낌새를 느낄 필요도 없었다. 경제 총책임자들이 하는 말을 믿는 것은 당연했다.

당시 거시경제지표는 그리 나쁜 상태가 아니었다. 하지만 우리는 IMF에 갔다. 결국 경제지표가 양호하다고 해서 외환위기를 비켜가는 것은 아님이 증명된 셈이다.

실제로 경제지표와 외환위기 사이에 절대적인 관계가 있지는 않다는 것이 멕시코, 태국, 인도네시아, 필리핀 등에서 이미 입증된 바도 있다. 1994~97년 연방 준비제도 이사회(FRB) 뉴욕 조사국장과 FRB 금리정책 결정기구인 공개시장위원회(FOMC) 연구위원을 역임한 바 있는 프레드릭 미시킨 교수도 "양호한 경제지표와 금융위기 사이에는 절대적인 관계가 거의 없다"라고 단언하고 있다.

외환위기 해법으로 통용되던 3개월 치 수입금액만큼의 외환보유고라는 개념도 의미가 없어진 지 오래이다. 즉 과거에는 3개월 치 수입금액을 결제할 수 있을 정도의 외환보유고만 있으면 외환위기에서 자유로울 수 있다는 견해가 지배적이었다. 하지만 이런 견해는 오늘날 전혀 통용되고 있지 않다. 따라서 드러나는 경제지표만을 보고 외환위기에서 자유로울 수 있다는 사고방식을 갖는 것은 위험천만하다.

특히 과거와는 달리 지구촌이 하나의 단일시장 혹은 단일경제권화되다시피 하고 있다. 그렇기 때문에 어느 한 지역에서 일어난 사건이

 경제가 쉽다
경제학이 즐겁다

그 지역만의 문제로 끝나지 않는다. 다른 전 지역에 영향을 주고 있다. 경제가 그만큼 복잡하면서도 불확실성이 커진 것이다. 단순히 경제지표만을 가지고 경제의 안정성 여부를 성급히 판단하는 것이 무리라는 이유가 바로 여기에 있다.

IMF 당시 "펀더멘탈이 튼튼하다"느니 "경제지표가 양호하다"느니 방심했다가 큰일을 당했던 사실을 타산지석으로 삼을 일이다.

4장

인플레이션은 심리다

보이지 않는 손의 작용

　요즘 우리 사회에서 '보이지 않는 손(invisible hand)' 이란 표현을 심심치 않게 쓰는 것을 볼 수 있다. 몇 년 전에는 모 정당 대선후보 경선 때 한 후보가 청와대의 '보이지 않는 손' 이 작용했다며, 불공정 경선이라고 반발하기도 했다.

왜 이렇게 '보이지 않는 손'이란 표현이 유행할까? 그만큼 우리 사회에 부조리, 차별 등이 만연하고 공정한 게임 룰이 정착되지 못했다는 증거이다. 하지만 원래 '보이지 않는 손'이란 용어는 그런 비판적인 의미보다는 오히려 공정한 게임 룰을 표현한 것이었다고 볼 수 있다.

물건가격은 누가 결정하는가. 얼핏 보기에는 생산자라고 생각하는 사람이 많을 것이다. 물론 생산자가 가격을 매긴다. 하지만 가격을 결정하는 것은 소비자와 생산자의 상호조정에 의해서 이루어진다. 수요공급법칙이 바로 가격의 결정원리이다.

수요법칙에 의하면, 소비자는 가격이 올라가면 수요를 줄이고 가격이 내려가면 수요를 늘린다. 공급법칙에 의하면, 생산자는 가격이 올라가면 공급을 늘리고 가격이 내려가면 공급을 줄인다. 이처럼 가격에 대해 수요자와 공급자는 서로 다르게 반응한다. 따라서 수요자와 공급자가 서로 조정과정을 거쳐 가격이 결정된다.

결국 가격이란 소비자와 생산자 간의 상호조정 결과 이루어지는 것이다. 이때 서로의 의도가 일치하는 과정은 누가 시켜서 하는 것이 아니다. 자연스럽게 이루어지는 것이다. 이는 마치 보이지 않는 마법의 손에 의해서 이루어지는 것과 같다고 해서 애덤 스미스는 이를 '보이지 않는 손'이라고 표현했던 것이다. 애덤 스미스가 '보이지 않는 손'이라고 표현한 것은 어떤 면으로 보면 공정한 게임 룰을 의미하는 것이었다. 가격조정의 자연스러운 과정을 의미 있는 표현으로 나타낸 것이다.

그런데 최근 경제이론과는 상반되는 현상이 많이 나타나고 있다. 우선 수요법칙이 무너지고 있다. 수요법칙이란 가격이 싸면 소비량은 늘어나고 가격이 비싸면 소비량은 감소하는 것이다. 하지만 가격이 비싼 것이 더 많이 팔리고 있다. 사람들이 수요법칙과 반대되는 소비행위를 하고 있다. 수요법칙과 반대되는 행동을 한다는 것은 그만큼 비합리적으로 행동하고 있다는 이야기이다. 이와 관련하여 언젠가 동료로부터 이런 질문을 받은 기억이 있다. 자신이 경제원론에서 배운 이론과 현실이 맞지 않는 경우가 너무 많다는 것이다. 수요법칙과 상반되는 소비행위도 그중 하나라 할 수 있다. 하지만 이러한 소비행위는 특수한 일부에 해당하는 경우이다. 이 같은 특수한 경우를 일반화하는 것이 이론은 아니다. 어쨌든 비합리적인 사람들이 많기 때문에 과소비 현상도 발생하고 있다. 1인당 국민소득은 2만 달러도 채 안 되는데 소비수준은 3만~4만 달러 수준이라는 것이다.

물론 일부에서는 우리 국민들의 소비형태가 IMF를 조기 졸업하는 데에 어느 정도 도움이 됐다고 말하는 사람도 있다. 다시 말하면 IMF라는 그 어려운 상황에서도 국민들이 소비를 많이 해 줬기 때문에 그나마 위기극복에 다소 도움이 됐다는 것이다. 물론 전혀 근거 없는 말은 아니다. 경제가 어려울수록 소비를 해 줘야만 경제가 회복되기 때문이다. 특히 경제가 일정수준에 도달할수록 투자와 더불어 소비가 중요하다. 더구나 소비는 체감경기에 많은 영향을 준다. 최근 고령화 사회의 문제점이 집중 조명되는 이유 중에는 물론 생산인력 확충 등 여러 가지 이유가 있지만 소비의 심각성도 무시 못하는 요인이다. 다만 그것이 지나쳐 과소비로 흐른다면 분명 문제가 있다. 더구나 비싼 외국제품이 많이 팔린다는 것은 더욱 문제가 있다.

요즘 소비가 양극화되고 있다는 말을 자주 한다. 백화점의 고급매장은 북적이는데 재래시장은 썰렁하다는 것이다. 우리 모두 반성해 볼 문제가 아닌가 생각한다.

 ## 누구나 자유롭게 경쟁할 권리가 있다

어쩌다 시간을 할애하여 놀이공원이나 유원지를 찾다 보면 외부보다 비싼 물건가격에 놀라는 경우가 있다. 또한 여름휴가철이 되면 해수욕장 등 유원지에서 '바가지 상혼'의 극성에 대해 전하는 TV 뉴스도 심심치 않게 볼 수 있다. 그뿐인가? 해마다 대학입학시험이 치러질 때면 너도나도 의대 아니면 법대를 가겠다고 난리들이다. 의대나 법대를 가기 위해 일찍부터 입시를 포기하고 재수를 택하는 학생들도 해마다 늘고 있다.

왜 이런 현상이 나타나는 것일까? 여기에는 분명한 이유가 있다. 한마디로 경쟁이 제한되어 있어 독점을 누리기 때문이다. 예를 들어 놀이공원을 찾는 사람은 많으나 물건을 파는 가게는 그 수가 극히 적다. 여름 바캉스 시즌이 되면 바다나 유원지 등을 찾는 사람은 무척 많은 데 비해 음료 등 물건을 파는 사람은 많지 않다. 또한 의대를 졸업하고 의사가 되는 사람은 그리 많지 않다. 반면 진료를 받고자 하는 의료 수요자는 의사에 비해 훨씬 많다. 법대도 마찬가지이다. 법대를 졸업하는 학생 수는 많으나 판·검사, 변호사 등 법조인이 되기 위해서는 사법시험에 합격해야 한고, 그 수는 엄격히 제한되어 있다. 따라서 법률 서비스를 받고자 하는 수요자에 비해 그 공급자 수가 턱없이 부족하다.

이제 왜 놀이공원이나 피서지에서 파는 물건 값이 비싸고, 의사나 변호사의 수입이 많은지 이해할 수 있을 것이다. 그런데 문제가 있다. 이들의 독점적 지위가 소비자의 부담으로 전가된다는 점이다. 당장 놀이공원에서 비싼 가격을 지불하고 사는 사람은 소비자이다. 진찰을 받는 환자도 비싼 진료비를 부담해야 한다. 법률 서비스를 받고자 해도 비싼 가격을 지불해야 한다. 이뿐만이 아니다. 비싼 부담과 아울러 질 낮은 서비스를 받게 된다.

독점의 문제점이 바로 여기에 있다. 따라서 독점에 따른 소비자의 피해를 줄이기 위해서는 누구든지 시장에서 쉽게 경제활동을 할 수 있도록 가능한 진입장벽을 낮춰야 한다.

우리나라의 경우 정부 주도하의 경제성장을 하는 과정에서 인위적으로 시장진입을 막는 규제가 많았다. 물론 산업화 초기에는 신생기업을 보호하고 기업 활동을 적극 권장하기 위해 독점적인 지위를 보장하는 여러 가지 규제들이 불가피하게 이용되었다. 하지만 지금은 상황이 다르다.

일단 규제가 많고 복잡하면 시장경제의 핵심인 경쟁이 활발하게 전개될 수 없다. "규제완화가 필요하다"느니 "시장경제가 활성화되어야 한다"느니 하는 말들은 모두 자유로운 시장경쟁을 보장해야 한다는 의미이다. 따라서 이를 위해서는 시장경쟁을 막는 장벽이 제거되어야 한다. 문제는 이에 대항하는 기득권자들의 저항이다.

일단 독점을 누리는 기득권자들은 그들의 독점적 지위를 유지하기 위해 온갖 수단과 방법을 가리지 않는다. 그들은 독점을 유지하기 위해 정부에 압력을 가하고 로비를 하기도 하며, 때로는 격렬한 시위로 맞서기도 한다. 실례로 과거 의약분업과정에서 환자의 생명을 담보로 했던 의사들의 파업도 결국 기득권을 유지하고자 하는 행동의 일환이었던 것이다.

다만, 최근 사회 전반에 걸쳐 경쟁적인 분위기가 감지되고 있는 것은 그나마 다행한 일이 아닐 수 없다. 시장경제체제의 기본은 경쟁이다. 모든 시장에서 원하는 사람들이 자유롭게 경쟁할 권리가 있는 것이다.

 **누가 독점을 막으라!**

경제학 강의시간에 독점의 폐해에 대해 강의하는 도중 한 학생이 이런 질문을 했다.

"독점이 나쁘다면서 전기, 가스, 도로, 철도 등은 공기업이 맡고 있지 않습니까? 그렇다면 결국 정부가 독점을 조장하는 것이 아닙니까?"

얼핏 보기에는 그렇다. 전기나 가스, 수도 등은 분명 독점이다. 그리고 한결같이 공기업들이다. 그렇다면 학생이 질문하는 것처럼 정부가 조장하는 것일까? 이것은 좀 차원이 다른 문제라고 볼 수 있다.

이것은 일반적인 독점과는 다른 각도에서 생각해야 한다. 예를 들어 만일 전기공급을 민간기업에게 맡긴다고 생각해 보자. 전기시설을 갖추는 데는 엄청난 비용이 든다. 따라서 민간기업들은 투입된 비용이 있기 때문에 나중에 비싼 전기료를 부과할 것이다. 결국 소비자인 국민들의 부담이 된다. 뿐만 아니라 전기공급을 민간기업들의 경쟁에 맡긴다고 하자. 시장이 협소한 우리나라 현실에서 기업 모두가 살아남을 수 있겠는가? 아니다. 결국 경쟁력이 없는 기업은 도태되고 만다. 막대한 돈을 투자하고 망한다면 국민 경제적으로 자원의 낭비요, 결국 국가의 부담 혹은 국민의 부담으로 돌아가고 마는 것이다.

또한 전기나 가스, 수도 등 대부분의 공공부문은 대량생산할수록 생산단가가 낮아지는 특성이 있다. 경제학에서는 이를 '규모의 경제'라고 부른다. 따라서 규모의 경제가 작용하는 산업에서는 어느 한 기업이 전체 생산을 담당함으로써 오히려 싼 값으로 공급할 수 있게 되는 것이다.

다만, 민간기업이 독점하는 경우 자신의 독점적 지위를 이용하여 가격을 과다하게 인상할 우려가 있다. 따라서 이런 산업의 경우에는 민간업자에게 맡기기보다는 소비자인 국민을 보호하는 차원에서 공기업 형태로 운영하는 것이다. 과거 미국에서는 규모가 큰 기업이 낮은 생산단가를 무기로 경쟁기업을 몰아낸 후 독점적 지위를 이용하여 전기료를 대폭 올려 소비자에게 큰 부담이 된 경우가 있다.

이처럼 국민의 생활과 밀접한 재화나 서비스의 경우에는 정부가 직접 관리함으로써 좀 더 낮은 가격에 좀 더 나은 서비스를 제공할 수 있다. 이 경우에는 독점이 오히려 유리하고 불가피한 것이다. 따라서 독점이 무조건 나쁜 것처럼 비춰져서는 곤란하다. 소비자에게 높은 가격을 부담하면서 국가경제에도 별 도움이 되지 않는 독점이 문제인 것이다.

일각에서 공기업의 민영화 이야기가 계속 흘러나오고 또한 상당히 진척된 경우도 있다. 공기업 스스로 비용절감 노력이나 경쟁력을 확보하려는 노력을 하지 않는다는 이유에서이다. 더 이상 국민의 세금을 쏟아 부어서는 안 된다는 논리이다. 따라서 공기업을 민영화하여 시장경쟁에 맡기자는 것이다. 물론 쉽지 않은 일이기는 하지만 결과가 어떨지 주목된다.

그런데 최근에 와서 공기업의 민영화 이야기가 슬그머니 수그러들고 있다. 정치적으로 부담을 떠안지 않겠다는 의도이다. 하지만 분명한 사실이 있다. 누구든지 스스로 경쟁력을 확보하고자 하는 노력을 하지 않는다면 언젠가는 반드시 도태되고 만다는 사실이다.

가격차별, 누이 좋고 매부 좋다고?

얼마 전 같은 동료와 점심식사를 할 기회가 있었다. 그는 방학을 이용해 미국을 자주 오고가는 사람이었다. 미국에 부인과 자녀들이 가 있기 때문이다. 흔히 말하는 '기러기 아빠'인 셈이다. 대화 도중 그는 방학 때마다 비행기표를 싼 값으로 구입해 미국을 아주 저렴한 가격으로 다녀온다고 자랑했다.

그렇다. 같은 비행기표라 하더라도 출발날짜나 시간, 항공사에 따라 가격이 다르다. 예를 들어 미국에 가는 비행기표를 인터넷으로 검색해 보면 항공사마다 출발 날짜에 따라 가격이 천차만별이다. 따라서 자신에게 맞는 비행기표를 싼 값으로 구입할 수 있다. 마찬가지로 한국에 귀국할 때에도 이와 같은 방법을 이용하면 저렴하게 올 수 있다. 동료의 경우에도 이 같은 방법을 이용한 것이다.

경제학에서는 이처럼 동일한 재화나 서비스인데도 불구하고 서로 다른 가격을 부과하는 것을 '가격차별'이라고 한다. 그런데 이러한 가격차별은 비행기표뿐만이 아니라 전기, 전화, 극장 등 우리 주변에서 흔히 볼 수 있다. 전기의 경우 심야에는 요금을 할인해 준다. 전화도 심야에는 요금이 저렴하다. 극장은 아침에 상영하는 영화는 관람자에게 요금을 할인해 준다. 일명 조조할인이다. 이처럼 가격차별은 우리 주위에 매우 흔하다.

그렇다면 같은 재화나 서비스에 대해서 가격차별을 하는 이유가 어디에 있는가? 소비자에 대한 서비스인가? 그렇다면 얼마나 좋으련만 유감스럽게도 그 목적은 다른 데에 있다. 가격차별을 함으로써 공급자(생산자)는 이윤을 극대화할 수 있다. 예를 들면 전기나 전화의 경우 한낮에 폭주하는 수요를 한가한 야간으로 흡수할 수 있어 좋다. 마찬가지로 극장의 경우 오전에는 손님이 적기 때문에 요금을 할인해서라도 비어 있는 자리를 채우는 것이 이익이 된다. 이처럼 수요가 폭주하는 시간과 한가한 시간을 구분하여 요금을 달리하는 것이 공급자(생산자)에게 유리한 것이다. 물론 소비자도 재화나 서비스를 저렴한 가격으로 이용할 수 있기 때문에 이득이 된다. 결국 누이 좋고 매부 좋은 격이다.

그런데 가격차별을 하는 데 있어서 주의해야 할 것이 있다. 무조건 가격을 달리한다고 해서 이익이 되는 것이 아니다. 오히려 손해가 될 수도 있다. 따라서 가격을 달리했을 경우 수요가 충분히 늘어날 수 있느냐 하는 것이 무엇보다 중요하다. 만약 가격차별을 해도 수요자가 별 반응이 없다면 가격차별을 할 필요가 없다. 그렇기 때문에 재화나 서비스의 성격 등 여러 가지를 고려해서 가격차별을 해야 한다. 아무런 검증 없이 가격차별에 나설 경우 이익은 고사하고 자칫 가격 인하에 따른 손해만 감수하는 경우도 있을 수 있다.

사실 가격차별은 마케팅전략으로서 매우 중시되고, 또한 널리 이용되고 있다. 소비자의 취향에 맞게 마케팅전략을 세운다면 어느 정도 성공을 거둘 수 있다. 요즘 시대를 '맞춤시대'라고 한다. 가격차별도 결국 맞춤서비스라 할 수 있다. 가격차별을 잘 이용할 경우 공급자는 물론 소비자도 이익이 되는 것이다.

세일, 당신을 위한 이벤트?

필자가 아침에 일어나 제일 먼저 하는 일이 있다. 우선 시원한 물 한

잔을 마신 후에 신문을 뒤적이는 일이다. 아마 보통의 한국인 남자라면 누구나 그럴 것이다.

그런데 짜증나는 일이 있다. 현관문을 열고 새벽에 배달된 신문을 집노라면 신문뭉치가 왜 그리 두툼하고 무거운지 모르겠다. 무슨 기삿거리라도 많아서일까 하고 신문을 펴노라면 광고지가 수북이 쏟아진다. 신문의 면수보다 광고지가 오히려 더 많다. 어떤 경우에는 광고지가 10장이 넘는 경우도 있다.

광고지의 면면을 보면 우리나라의 교육현실을 말해주듯 학원을 선전하는 광고지가 많다. 그리고 각종 음식점 개업 광고도 빠지지 않는다. 그런데 유독 눈길을 끄는 것이 있다. 바로 백화점이나 할인점 등에서 벌이는 세일 광고지이다. 최근에는 경기가 좋지 않아서인지 몰라도 세일 행사가 부쩍 늘어난 느낌이다. 과거에는 간혹 벌이던 세일행사가 근래에는 너무 자주 등장하고 있다. 세일행사가 매달 열리는 것 같은 기분이다. 언젠가 백화점 세일이 지나치게 많다는 지적이 신문에 기삿거리로 등장했던 기억도 있다.

그렇다면 왜 이렇게 자주 세일행사를 갖는 것일까? 소비자를 위한 서비스인가? 그것은 다름이 아니라 세일을 함으로써 판매고를 늘리고 나아가 이윤을 극대화하고자 하는 그들의 전략이다. 앞에서 설명했듯이 세일은 가격차별의 하나이다. 즉, 똑같은 물건을 행사기간 동안에 가격을 깎아 줌으로써 판매량을 늘리고 나아가 이윤을 극대화하고자 하는 것이다.

여기서 한 가지 주의해 볼 것이 있다. 세일하는 품목의 면면을 보면 고급의류나 구두 등 평소 구입하기 어려운 사치품 종류가 많다. 우리가 꼭 필요로 하는 생필품 같은 종류는 거의 세일을 하지 않는다. 기껏해야 손님을 끌기 위한 한정판매 같은 미끼상품이 고작이다. 세일은 소비자를 위한 것이라기보다는 자신들의 이익을 챙기기 위한 행사이기 때문이다. 따라서 생필품 같은 경우에는 소비자들이 반드시 사야 하는 품목이기 때문에 가격을 인하하면서까지 팔 이유가 없다. 뿐만 아니라 이들 생필품 같은 경우에는 가격을 인하해 판매한다 하더라도 특별히 판매량이 늘지 않는다.

 예를 들어 보자. 쌀은 우리들의 대표적인 생활필수품이다. 세일기간 중에 쌀 가격을 10% 할인하여 판매한다고 해서 특별히 판매량이 대폭 늘어날 리 없다. 즉 쌀 가격을 10% 할인해 판매한다고 해서 수요도 그 이상 큰 폭으로 늘어나리라고 기대할 수 없다. 왜냐하면 쌀 가격이 하락했다고 해서 소비자들이 한 끼 먹던 밥을 두 끼로 늘리는 것은 아니기 때문이다. 물론 10% 이상 쌀 판매가 증가하더라도 세일이 끝나면 한참 동안 쌀을 찾는 사람이 줄어들 것이다. 그렇기 때문에 쌀을 세일 판매하는 것은 의미가 없다. 따라서 생필품은 다른 제품을 팔기 위한 하나의 미끼용으로 이용하고 있는 것이다.

 이처럼 쌀, 채소 등 생활필수품은 수요탄력성이 작은 것으로 알려지고 있다. 물론 이론적으로도 그렇다. 여기서 탄력성이란 가격에 대한 소비자들의 민감도를 나타낸다. 따라서 수요탄력성이 작다는 것은 소비자들이 가격의 변화에 대해 크게 반응을 보이지 않는다는 의미이다. 즉, 가격을 내린다고 해서 특별히 수요가 늘어나지 않는다는 이야기이다. 따라서 특별한 경우를 제외하곤 생필품들은 세일품목에 포함하지 않는다.

고급 의류나 전자제품 등 사치품은 수요탄력성이 크다고 알려지고 있다. 따라서 가격을 인하할 경우 수요가 크게 늘어난다. 그러므로 세일을 자주 할 뿐만 아니라 세일품목의 단골메뉴가 된다. 백화점을 자주 이용하는 사람이라면 이런 내용을 유심히 살펴 볼 필요가 있다. 물론 전단지의 광고내용을 보더라도 이런 사실을 쉽게 알 수 있을 것이다. 이런 내용들을 알고 쇼핑한다면 그 기쁨이 두 배가 되지 않을까 하는 생각이 든다.

수요법칙을 무시하라

우리의 민족성을 딱히 "이런 민족이다"라고 정의하기는 매우 어렵다. 경우에 따라서는 절약성이 매우 강한 민족으로 비쳐지면서 또 다른 측면에서는 과소비가 심한 면을 보여주기 때문이다.

몇 년 전의 일이다. 버스를 타고 경주에 간 일이 있다. 경주에 가는 과정에서 버스기사와도 친하게 되었다. 이런 저런 대화를 하는 중에, 그 기사아저씨가 "우리나라 사람들은 참 이상하다"라고 말했다. 사연인 즉 기사아저씨의 큰 딸이 서울 명동에서 의류가게를 하는데 어쩐 일인지 옷이 잘 팔리지 않더라는 것이다. 그러다 혹시나 해서 정가표를 떼어내고 가격을 두 배로 올렸다. 그랬더니 손님이 없던 가게가 사람들로 북새통을 이루어 장사가 잘 되고 있다. 그러니 이상한 민족이 아니냐는 이야기였다.

예전이나 지금이나 우리나라 사람들의 소비행태를 보면 일부이긴 하나 이해가 가지 않는 면이 많이 있는 것이 사실이다. 경제이론으로는 도저히 설명하기 힘든 면이 있다.

경제이론 중에 수요법칙이라는 것이 있다. 그런데 이미 언급했듯이 우리나라 사람들은 수요법칙과 반대로 소비행위를 하는 경우가 많이 있다. 수요법칙과 반대로 행동하는 비합리적인 사람이 많다는 의미이다. 그러다 보니 과소비 문제가 대두되고 있다. 재래시장은 썰렁한데 백화점 등 고급상점은 사람들로 북적인다. 경기가 좋거나 좋지 않거나 이것이 일상적인 생활이 되고 있다.

가격이 비싸야 더 잘 팔리기 때문에 생산자들도 여러 가지로 상술을 부린다. 내용물은 변변치 않으면서 겉모양만 요란하게 치장하고, 가격은 높게 매겨 놓는다. 그러다 보니 가끔 물건을 사거나 선물을 받곤 할 때 겉치장에 비해 내용물이 보잘 것 없어 실망하는 경우가 많다.

소비자들이 비싼 것을 좋아하고 물건을 파는 사람들도 물건 값을 경쟁적으로 올리다 보니 물가가 오른다. 가끔 TV 등에서 가정주부들이 물가가 너무 올랐다고 불만을 터뜨리는 것을 볼 수 있다. 어떤 면으로 보면 자업자득이라고도 볼 수 있다. 우리 이웃들의 허영심의 영향쯤으로, 가벼우면서도 마음 편하게 생각하자.

일본 사람들이 한국에 관광 오면서 놀라는 일이 두 가지가 있다고 한다. 하나는 거리가 너무 지저분해서 놀란다고 한다. 그리고 아파트

평수가 너무 커 놀란다고 한다. 한국이 이렇게 잘 사느냐고 되묻는다는 것이다. 그러나 속 빈 강정이다. 우리는 겨우 국민 1인당 소득 2만 달러 시대에도 미치지 못하고 있다. 1990년대 중반에 달성한 1만 달러 시대를 아직도 벗어나지 못하고 있다. 과거 일본 등 선진국들의 예를 보면 1만 달러 시대를 연 후 몇 년 안에 2만 달러 시대를 맞이했다. 일단 1만 달러를 달성하게 되면 성장에 가속도가 붙어 2만 달러 시대는 가볍게 돌파할 수 있다는 것이다. 그런데도 우리는 10년이 넘도록 1만 달러 시대에서 머물고 있다. 일본은 우리보다 몇 배 더 잘산다. 그런데 소비행태는 우리와 일본이 뒤바뀐 느낌이다.

물론 소비가 무조건 악덕은 아니다. 일본이 1990년대 이후 장장 10년이 넘어 15년에 가깝게 장기불황에 허덕인 이유 중에는 거품경제의 후유증과 더불어 고령화 사회에 따른 소비부진에도 그 원인이 있었다. 일본이 제로금리 정책을 유지한 이유도 바로 소비를 진작시키기 위한 고육지책에서 나온 것이다.

마찬가지로 우리의 소비행태가 장점으로 작용한 경우도 많이 있다. 수출이 막혀 경제가 불안할 때 국민들의 소비에 따른 내수의 뒷받침으로 경제를 그런대로 유지하는 경우가 많이 있었다. 그러나 소비와 과소비는 분명 다르다. 소비는 경제에 보탬이 될망정 허영에 따른 과소비는 경제에 별 도움이 되지 않는다. 과소비는 개인의 파산은 물론 자칫 거품을 조장할 수도 있다.

거품이 경제에 얼마만큼 해악이 되는지는 앞에서 여러 차례 강조한 바 있다. 거품은 투기를 조장해 경제를 파국으로 몰고 갈 수 있다. 우리는 1980년대 말 심각한 거품의 후유증을 겪은 바 있다. 그 고통은 결국 우리가 겪는 것이다. 타산지석으로 삼을 일이다.

 ## 기대심리, 역으로 이용하는 지혜

가까운 친척 중에 다니던 직장을 그만두고 고향에 내려가 소와 돼지를 키우는 큰 가축농장을 경영하는 사람이 있다.

수 년 전 전 세계적으로 광우병이 크게 유행한 적이 있다. 물론 우리나라도 그 영향에서 벗어나지 못하던 때였다. 그 당시 너도나도 소를 팔고자 내놓는 바람에 가격이 폭락하는 등 소 파동이 있었다. 친척은 이 기회를 역으로 생각하였다. 가격이 폭락한 기회를 이용하여 그는 많은 수의 소를 사들였다. 그 후 광우병이 잠잠해지면서 소가격도 회복되기 시작하였고, 얼마 되지 않아 폭등하였다. 그는 이때 큰돈을 벌었다.

여기에서 그는 사람들의 기대심리를 역으로 이용했음을 알 수 있다. 일반적으로 생각할 때 사람들은 광우병이 발생하면 가격이 폭락할 것으로 기대하게 된다. 그러한 기대심리 때문에 사람들은 소를 내다 팔기 시작한 것이다. 결국 소의 수는 급격하게 줄어들기 시작하였고, 광우병이 잠잠해지고 얼마 되지 않아 가격이 폭등한 것이다.

이처럼 사람들의 심리현상이 상품의 가격에 영향을 미치는 경우가 많이 있다. 소 파동 외에도 배추 파동, 고추 파동, 마늘 파동 등 농산물 파동은 해마다 겪는 현상이다.

배추 파동의 경우를 보자. 어느 해에 배추가격이 높을 경우 다음 해에 농사를 짓는 사람들은 지난해의 높은 배추가격을 보고 배추를 많이 심기 시작한다. 그렇기 때문에 배추가격이 폭등한 이듬해에는 시장에 배추가 너무 많이 공급되어 배추가격은 폭락한다. 그 외의 고추나 마늘도 마찬가지이다.

이와 같이 배추, 고추, 마늘, 소, 돼지 등 농축산물의 경우 가격이 주기적으로 폭등과 폭락을 거듭한다. 농산물의 가격파동은 주기적으로 거미집처럼 순환하고 반복한다고 하여 경제학자인 에치켈(Eziekel)은 이를 '거미집 이론'이라 하였다. 농산물 가격이 거미집처럼 폭등과 폭락을 거듭하는 이유는 농산물을 생산하는 사람들은 지난해의 가격을 근거로 상품을 생산하는 데 반해 소비자들은 현재의 가격을 근거로 소비량을 결정하기 때문이다. 농산물 가격 외에도 사람들의 심리상태에 따라 상품의 가격이 변하는 경우는 얼마든지 있다.

부동산 가격도 마찬가지이다. 기대심리에 따라 부동산 가격이 오르락내리락한다. 최근 판교, 용인, 파주 등 아파트를 분양하는 지역의 분양가가 예상 외로 높게 책정되자 주변의 기존 아파트 가격이 덩달아 오른 현상이 바로 그것이다. 아파트 분양가가 높아지자 소비자들이 주변의 아파트 가격이 오를 것으로 기대하여 매수에 나서기 때문이다. 이런 현상이, 거품논쟁을 일으키고 있는 일명 버블세븐 지역에도 영향을 미쳐 이들 지역의 아파트 가격을 상승시키는 악순환의 요인이 되고 있다.

 경제가 쉽다
경제학이 즐겁다

이처럼 상품들의 가격파동은 바로 사람들의 심리현상에서부터 기인하고 있다. 따라서 사람들의 기대심리에 따른 상품의 가격변동을 잘 예상하는 것도 훌륭한 생활의 지혜이다. 뿐만 아니라 이러한 기대심리를 잘 예상하고 이를 역으로 이용할 경우에는 예상치 않은 성과도 거둘 수 있다. 이와 달리 기대심리를 제대로 파악하지 못할 경우에는 오히려 예상치 못한 큰 손해도 감수해야 하는 결과도 가져올 수 있다.

기대심리, 역으로 이용하는 지혜가 필요하다.

 ## 인플레이션은 정의사회의 적

아파트 가격이 한창 가파르게 상승하던 1989년 어느 여름 일간신문에 서울 00동 XX아파트를 분양한다는 광고가 실렸다.

그 당시 조합원 몫을 뺀 일반 분양분은 세대수가 극히 적었다. 하지만 당시 아파트 가격이 워낙 가파르게 상승하는 추세였기 때문에 하루하루를 불안하게 보내던 차였다. 당첨 가능성이 거의 없을 것이라는 생각 속에서도 혹시나 하는 마음으로 부랴부랴 신청금을 마련하여 청약하였다.

며칠 후 당첨 발표가 있어 큰 기대는 안 했지만 혹시나 하는 마음으로 당첨 발표 장소로 갔다. 그러나 당첨 발표 장소로 들어갈 엄두가 나지 않았다. 당첨 발표장소인 그 좁은 길이 엄청난 인파로 북새통을 이루고 있었기 때문이었다. 그 많은 사람들 모두가 아파트 청약자들이었던 것이다. 필자는 감히 발표장소로 갈 엄두를 내지 못하고 다시 직장으로 돌아왔다. 그리고 퇴근 후 모든 인파들이 가고 난 다음 발표장소에 가 보았다. 결과는 역시 탈락이었다. 나중에 안 사실이지만 경쟁률이 무려 900:1이 넘었다고 했다.

이것은 필자가 실제 경험했던 일이다. 1980년대 후반 우리나라는 엄청난 부동산 투기에 시달리고 있었다. 하룻밤 자고 나면 아파트 가격이 몇 천만 원씩 올라가는 형국이었다. 이러다간 봉급생활자는 영영 집 한 채 마련하지 못하는 것 아니냐는 탄식이 여기저기서 흘러나왔다. 오죽했으면 당시 대통령은 물대통령이라고 비난이 자자했겠는가.

당시에는 투기를 못하는 사람이 바보 취급을 당할 정도였다. 요즘도 그렇지만 일단 아파트 청약에 당첨만 되면 억대의 이익이 남는 장사였다. 돈의 가치를 비교해 보면 요즘보다 그 당시가 훨씬 이익이 컸다. 그러다 보니 누구랄 것도 없이 투기에 나서지 않는 사람이 없을 정도였다.

직장인은 직장인대로 은행에서 대출받아 투기에 나섰고, 가정주부는 그들 나름대로 집을 비워둔 채 여기저기를 기웃거리고 다녔다. 기업인들은 운영자금으로 쓰겠다고 은행으로부터 대출받아 부동산 투기에 열을 올렸다. 나라가 온통 투기장이었다.

부동산 가격이 가만히 있을 리 없었다. 부동산 가격은 춤을 추고 있었다. 하늘 높은 줄 모르고 치솟기만 하였다. 그 결과 한국의 부동산 가격은 일본과 더불어 세계 최고수준이 되고 있었다. 한마디로 거품의 극치였다. 거품이란 무엇인가? 실속도 없이 경제가 마구 부풀려지는 현상이 바로 거품이다.

거품이 형성되는 과정에서는 일부의 투기세력만 이득을 본다. 그리고 그 외의 대다수는 소외를 당하게 된다. 실제로 당시 투기세력은 엄청난 불로소득을 챙겼고, 이들은 이 불로소득으로 향락과 과소비에 빠져 사회분위기를 엉망으로 만들고 말았다. 그에 반해 자신의 위치에서 묵묵히 열심히 일한 대다수의 사람들은 허탈과 좌절을 맛보아야만 했다. 뒤늦게 정부에서 칼을 빼들었지만 뒷북만 치는 꼴이었다.

당시 부동산 투기의 심각성이 어느 정도였는지를 가늠해 주는 일이 있었다. 당시 노태우 정부는 부동산 투기를 억제한다는 명목으로 재벌들이 소유하고 있는 비업무용 토지를 매각토록 지시를 내렸다. 이때 재벌들이 비업무용이라고 밝히면서 내놓은 토지들만 수백만 평씩이 되었다. 이중에는 강원도 산골의 15° 경사진 임야도 있었다. 15° 정도의 경사라면 그 어디에도 쓸 수 없는 땅이다. 결국 사놓기만 하면 돈이 되기 때문에 그 산골까지 찾아다닌 것이다. 그 당시의 모습이 요즘 재판이 되는 것 같아 씁쓸하기 그지없다.

인플레이션을 억제해야 하는 이유가 바로 여기에 있다. 묵묵히 열심히 일하는 사람이 손해를 보고 하는 일 없이 투기만 일삼는 사람이 이익을 보는 사회가 바람직한 사회일 순 없다. 또한 그러한 사회가 이상사회일 순 없다. 하지만 인플레이션이 과도할 경우에는 묵묵히 열심히 일하는 사람이 손해를 보고 투기만 일삼는 사람이 이익을 보는 사회가 돼 버린다.

따라서 경제는 물론 사회 정의 차원에서도 과도한 인플레이션이 발생하지 않도록 적절한 대책이 요구되는 것이다.

 ## 인플레이션 기대심리를 잡아라

1994년 봄, 느닷없이 북한의 고위관리가 남한을 불바다로 만들겠다는 협박을 한 사건이 뉴스를 통해 전국에 보도되었다. 이 뉴스가 나간 다음 전국의 슈퍼에 진열되어 있는 라면 등 생필품들이 동이 났다고 한다. 이 뉴스를 본 가정주부들이 깜짝 놀라 모든 생필품들을 싹쓸이 했기 때문이라고 한다. 왜 이런 현상이 나타나는 것일까? 언뜻 보기에는 이해가 가지 않는 측면이 있으나 충분히 있을 수 있는 일이다.

일반적으로 전쟁 등 크고 작은 사건이 일어나면 가장 먼저 사람들의 기대심리를 자극한다. 즉, 앞으로 물가가 올라갈 것이라는 기대를 갖게 한다. 이 같은 인플레이션에 대한 기대심리가 라면 등 생필품에 대한 가수요로 나타나는 것이다. 문제는 바로 여기에 있다.

인플레이션이 발생하면 그 자체도 문제지만 이와 같은 기대심리를 자극할 수 있다는 데에도 큰 문제가 있다. 인플레이션 기대심리가 확산되면 근로자들은 물가상승에 따른 실질소득의 감소를 보상받기 위해 임금인상을 요구하게 된다. 그렇게 되면 기업주들은 임금인상을 해 주는 대신 임금인상분만큼을 제품가격에 전가한다. 이렇게 됨으로써 전반적인 물가상승이 나타나게 되는 것이다.

이처럼 물가가 올라가면 사람들의 인플레이션 기대심리를 더욱 부채질하여 인플레이션이 가속화되는 악순환을 초래한다. 더구나 인플레이션의 악순환이 계속되다 보면 인플레이션 기대심리가 고착될 수 있다. 이런 경우에는 전혀 물가가 올라갈 상황이 아닌데도 물가가 올라가는 현상이 발생한다. 경기가 불황인데도 물가가 올라가는 현상이 바로 그것이다. 경제학에서는 이와 같은 현상을 '스태그플레이션(Stagflation)'이라고 부른다.

일반적으로 경제학이론에서는 경기가 불황일 때는 물가가 하락한다고 말한다. 경기가 불황일 때는 수요보다 공급이 많아 가격이 하락한다는 것이다. 그리고 이 이론은 그동안 실증적으로도 증명되어 왔다. 그런데 1970년대 말부터 이론과는 다른 현상이 나타나기 시작하였다. 경기가 불황인데도 물가가 오르는 현상이 나타난 것이다. 다시 말하면 경기가 불황이기 때문에 수요가 적은데도 오히려 물가는 올라가는 상황이 발생한 것이다. 그동안에는 나타나지 않았던 현상이었다. 경제학자들로서는 여간 당황스런 일이 아닐 수 없었다. 하지만 요즘에는 경기가 침체하는데도 오히려 물가가 올라가는 스태그플레이션 현상이 자주 발생하고 있다. 그 원인 중 하나가 바로 인플레이션 기대심리가 작용하기 때문이라고 보는 학자들이 많다.

인플레이션 기대심리의 또 다른 부작용 중 하나가 바로 금리상승을 가져온다는 점이다. 인플레이션 기대심리가 일어나면 돈을 빌려주는 사람은 앞으로 물가가 더 오를 것이라고 생각하기 때문에 그만큼 이자를 더 받으려고 한다. 돈을 빌리는 입장에서도 마찬가지이다. 물가가 더 오를 것으로 믿기 때문에 이자율이 다소 높아지는 것을 기꺼이 감수하려고 한다.

결과적으로 시중 금리가 더 오를 수밖에 없다. 특히 인플레이션 기대심리가 작용해, 원자재나 물건 값이 더 오르기 전에 미리 사두고자 하는 마음에서 자금을 여기저기에서 융통하다 보면 자금의 가수요가 발생해 금리는 더욱 치솟게 된다.

또한 인플레이션 기대심리가 작용할 경우 문제가 될 수 있는 것이 바로 부동산 투기이다. 앞으로도 부동산 가격이 계속 오르리라는 기대심리가 작용하면 너도나도 투기에 뛰어들어 부동산 값은 천정부지로 치솟을 가능성이 있는 것이다. 그렇게 되면 경제에 거품이 끼게 되고, 그것이 두고두고 경제의 발목을 잡는 골칫덩어리가 된다.

특히 부동산 투기는 자금을 생산적이고 정상적인 흐름이 아닌 비생산적이고 비정상적인 흐름으로 이끈다는 점에서 문제가 아닐 수 없다. 즉 부동산 투기는 소비자나 생산자들로 하여금 그들의 위치에서 정상적인 경제활동을 하도록 하는 것이 아니라 비정상적인 경제활동을 하도록 유도하는 것이다. 인플레이션 기대심리를 잡아야 하는 이유가 바로 여기에 있다.

디플레이션, 무엇이 문제인가?

대중가요 중에 〈잃어버린 30년〉이라는 노래가 있다. 이 노래는 1980년대 초반 이산가족 상봉의 주제가로 온 국민의 심금을 울렸던 노래였다. 6·25전쟁 등 예기치 않게 이산가족이 된 혈육들이 30여 년 만에 다시 상봉하는 그 장면. 이 노래를 들을 때면 지금도 가슴이 뭉클하다. 이 이산가족들은 부모, 형제를 다시 만나 다행이긴 하지만 그동안 잃어버린 30여 년을 어떻게 보상받을 수 있겠는가. 이미 늙을 대로 늙어버린 부모, 형제를 만나면서 기쁨의 눈물과 함께 지나온 30여 년을 어떻게 보상받을 수 있겠느냐고 울부짖던 그 모습들이 지금도 뇌리에 생생하다.

경제도 마찬가지이다. 많은 전문가들이 일본경제에 대해 '잃어버린 10년 혹은 15년'이라고 한다. 1990년대 초부터 최근까지 장장 15년에 가까운 세월 동안 물가하락과 함께 경기침체가 나타나는 전형적인 디플레이션 상태에 빠져 있었다. 이 기간 동안 경제성장은 고사하고 마이너스 내지 기껏해야 제로성장을 하는 데 그쳤다. 오죽했으면 금리를 제로로 유지했겠는가. 금리를 제로로 유지했는데도 일본 정부가 기대했던 내수회복은 별 성과가 없었다.

물론 최근에 들어와 다소 회복되는 양상을 보여주고는 있으나 영 신통치 않다. 뿐만 아니라 앞으로의 전망도 그다지 희망적이지 못하다. 일본경제는 내수가 뒷받침이 되어야만 성장이 가능하다. 그러나 일본은 이미 고령화 사회에 접어들어 있다. 그렇기 때문에 내수회복이 쉽지 않은 형국이다. 과거 1980년대의 기고만장하던 그 기세는 이미 꺾인 지 오래되었다. 심지어는 몇 년 전 무디스 등 국제신용평가기관들로부터 신용등급이 강등되는 수모도 겪었다. 일본경제 역사상 유례가 없는 일이다.

그렇다면 심각한 경기침체를 가져올 수 있는 디플레이션이란 무엇인가. 디플레이션은 인플레이션과 반대로 물가가 하락하는 현상이다. 물가가 하락하는 현상이기 때문에 오히려 바람직한 것으로 생각하는 사람들이 있을 수 있다. 하지만 이것은 잘못된 생각이다. 경우에 따라서는 인플레이션보다 더 심각하다.

디플레이션은 물건은 많은데 수요가 없기 때문에 생기는 현상이다. 구매하고자 하는 사람이 없다는 것은 경제가 침체돼 있거나 더욱 더 침체 속으로 빠져들 수 있다는 것을 의미한다. 물건은 많은데 수요가 없다면 부득이 생산을 줄여야 한다. 생산이 줄어들면 실업자가 늘어난다. 실업자가 늘어나면 어떻게 되겠는가? 소득이 없으므로 수요는 더욱 더 줄어든다. 수요가 감소하면 다시 생산 감축으로 이어지는 등 악순환을 거듭하여 경제를 침체의 구덩이로 몰고 가는 것이다.

일본이 15년 가까이 이와 같은 물가하락과 함께 극도의 경기침체를 겪은 것이다. 물론 이 같은 현상이 현재진행형인지도 모른다. 따라서 일본 정부에서도 경기부양을 위해 다각도의 노력을 기울였으나 큰 성과를 거두지 못하였다. 특히 기대를 걸고 추진했던 금융정책, 즉 이자율 인하정책은 거의 실효를 거두지 못했다. 앞에서도 언급했듯이 대출금리는 물론 예금금리까지 거의 0% 수준을 유지하였다. 그런데도 별 효과가 없었다. 케인즈는 이런 현상을 '유동성 함정(Liquidity trap)'이라 하였다. 즉, 금리를 올리거나 내려도 별 반응이 없다는 것이다. 이런 경우에는 금리를 내려봤자 아무런 소용이 없다.

재정지출도 더 이상 할 수 없는 상태였다. 부실덩어리인 은행들의

 경제가 쉽다
경제학이 즐겁다

구조조정에 막대한 자금을 투입하다 보니 재정적자가 눈덩이처럼 불어나 있었기 때문이었다. 따라서 기대했던 곳이 바로 국민들의 애국심이었다. 즉, 국민들의 소비지출에 기대했던 것이다. 하지만 국민들의 반응도 싸늘했다. 예금금리가 거의 0%밖에 되지 않는데도 불구하고 국민들의 소비지출은 궁색하기 짝이 없었다. 노후가 불안하기 때문이라는 것이다.

우리 국민들의 사고방식과는 차이가 많음을 느낄 수 있다. 만일 우리나라 은행들의 금리수준이 0%에 가깝다면 어떻게 됐을 것인가. 그런 측면에서 보면 우리나라 국민들의 소비성향을 나무랄 것이 못 되지만, 문제는 허영에 따른 일부 부유층의 과소비가 심하다는 것이다.

물론 일본 국민들의 소비지출 부진을 단순히 국민성으로만 치부할 수는 없다. 만약 우리나라가 극도의 경기침체를 겪는 디플레이션에 빠져 있다면 과연 우리 국민들이 열심히 소비해 줄 것인가는 생각해 볼 문제이다. 최근 우리 경제가 내수부진에 허덕이는 문제의 원인은 양극화에도 있지만, 소비자들이 지갑을 열지 않는 데에도 그 원인이 있다. 과소비는 일부 계층의 문제라고 볼 수 있다.

뿐만 아니라 앞에서도 지적했듯이 노령화도 일본의 소비지출 부진에 한몫하고 있다. 이는 우리에게 시사하는 바가 크다. 우리나라의 노령화속도는 그 어느 국가보다 빠르다. 이것은 국가적인 차원에서 큰 문제로 지적되고 있으며, 이에 대한 대책이 요구되고 있다. 따라서 노령화사회를 준비하는 우리에게도 일본의 경우가 시사하는 바는 크다고 볼 수 있다.

소비가 미덕인가, 저축이 미덕인가

일본을 아는 많은 학자들은 일본경제가 상당기간 희망이 없다는 말을 자주한다. 그 근거로써 민간소비가 좀처럼 살아날 기미가 없다는 점을 꼽는다. 그러한 사실을 아는 일본 정부도 여러 가지 대책을 내놓았으나 별 성과가 없었다.

예를 들면 일본 은행들의 예금금리는 거의 0% 수준이다. 은행에 예금을 해 봤자 원금 그대로다. 그런데도 일본 국민들은 돈을 은행에 가져오거나 아예 장롱 속에 넣어두고 있다는 것이다. 국가보다는 자신의 노후대비가 우선이라는 것이다. 더구나 일본은 세계에서 평균수명이 가장 길다. 본격적으로 고령화 사회에 접어든 것이다. 그런데 소비성향 측면에서 보면 젊은이들의 소비가 노인들보다는 훨씬 많다. 많은 학자들이 일본경제에 대해 호의적이지 않은 것도 바로 이런 구조적 이유 때문이다.

그렇다면 소비와 저축, 어느 것이 더 미덕이랄 수 있는가? 일본의 경우만을 본다면 분명 소비가 미덕일 것이다. 하지만 대부분의 경우 소비가 미덕인지 아니면 저축이 미덕인지는 그 국가가 처한 상황에 따라 다르다고 볼 수 있다. 또한 그 국가가 선진국이냐 아니면 후진국이냐에 따라서도 다르다고 볼 수 있다.

분명 우리나라도 IMF 당시에는 소비가 미덕이었을 것이다. 쏟아져 나오는 실업자들을 구제하기 위해서는 무엇보다 내수회복이 급선무

였기 때문이다. 대개 경제가 어려운 것은 공급보다 수요가 부족해서 생기는 경우가 많기 때문에 무엇보다 소비가 우선이다. 우리나라가 IMF를 쉽게 극복한 이유도 수출이 비교적 양호했던 것과 더불어 민간소비가 어느 정도 활발했던 것도 한몫했다고 볼 수 있다.

하지만 앞에서도 말한 바와 같이 소비가 미덕인가 혹은 저축이 미덕인가 하는 것은 일률적으로 말할 수는 없다. 그렇지만 대개의 경우 선진국은 소비가 미덕, 후진국은 저축이 미덕이라는 데 의견을 같이하고 있다. 미국이나 일본과 같은 선진국은 공급능력이 충분하다. 따라서 그 공급량을 흡수할 수 있는 수요가 관건이다. 그러므로 소비자들의 소비가 무엇보다 중요하다.

미국이나 일본의 경우 소비가 전체 경제에서 차지하는 비중이 약 70% 수준이라고 한다. 소비가 경제성장의 관건이 되는 것이다. 따라서 미국이나 일본의 경우 소비자의 소비수준을 나타내는 소비자 신뢰지수들이 다른 어느 지표보다 중시된다.

반면, 우리나라는 아직 수출이 더 중시되고 있다. 미국이나 일본과 달리 수출이 전체 경제에서 차지하는 비중이 약 60~70% 수준이다. 수출이 경제성장의 관건인 것이다. 그렇다고 소비가 중요하지 않다는 것은 아니다. 역시 전체 경제에서 소비가 차지하는 비중도 아직 크다. 수출이 막힐 경우에는 내수가 뒷받침되어야 하는 것은 물론이다.

후진국의 경우에는 일반적으로 소비보다는 저축이 미덕이라 할 수 있다. 사회 간접자본 등 경제 기반시설을 확충하려면 자본이 무엇보다 필요하기 때문이다. 만약 저축이 부족할 경우에는 필요한 자본을 외국으로부터 차관형식으로 차입해 오는 수밖에 없다. 비싼 이자를 지급해야 하는 것은 물론이다.

과거 우리나라도 경제개발계획을 추진하는 과정에서 부족한 자본을 외국으로부터 비싼 이자를 지급하면서 차입해 사용한 경우가 많이 있다. 만일 국내 저축이 충분하면 외국으로부터 비싼 이자를 지급하면서까지 차입해 쓸 필요가 없다. 대개 후진국 국가들이 저축을 강조하는 이유도 바로 여기에 있다. 과거 우리나라도 마찬가지였다. 하지만 소비가 미덕이냐, 저축이 미덕이냐는 단정적으로 말할 수 없다. 그 나라가 처한 상황 혹은 위치에 따라 다르기 때문이다.

 ## 인플레이션, 무조건 매도는 곤란하다

수업시간에 선생님이 어느 학생에게 질문하였다. "○○학생! 초 인플레이션이 무엇인지 아는가?" 그러자 그 학생은 "초 인플레이션이란 점심을 먹기 전에 그 값을 지불하는 것이 먹은 후에 지불하는 것보다 더 쌀 때를 의미합니다"라고 천연덕스럽게 대답하더라는 일화가 있다.

또한 독일의 어느 할머니는 돈 바구니를 머리에 이고 가다 잠시 쉬어가려고 바구니를 내려놓고 한눈을 파는 사이에, 돈은 그 자리에 그대로 있고 바구니만 없어졌다고 하는 일화도 있다.

아르헨티나에서는 이런 일도 있었다고 한다. 월급날이 되면 모든 가정들이 야단법석이라는 것이다. 왜냐하면 아버지의 출근에 맞춰 온 식구들이 따라 나서기 때문이었다. 아버지의 출근시간에 맞춰 집을 나선 가족들 중 아버지는 회사에, 아들은 아버지 회사 정문에, 어머니는 시장으로 향한다는 것이다. 그리고 아버지가 월급을 받으면 그 즉시 회사정문에서 기다리고 있는 아들에게 전해 주고, 돈을 받은 아들은 죽을힘을 다해 뛰어가 시장에서 기다리고 있는 어머니에게 월급봉투를 전해준다는 것이다. 월급봉투를 받은 어머니는 미리 생각해 두었던 물건들을 재빠르게 구입한다는 것이다. 왜 이런 일들이 일어나는가? 그것은 시간 시간마다 물가가 오르기 때문이다.

물가상승이 이 정도라면 하루하루가 피 말리는 생활일 것이다. 기록에 의하면 전 세계적으로 실제로 엄청난 물가상승률이 과거에 여러 차례 있었던 것으로 알려지고 있다.

독일의 경우 1922년부터 1923년 사이에 월 평균 500%에 달하는 물가상승이 있었다. 헝가리도 1945년부터 1946년 사이에 월 평균 20,000%라는 웃지 못할 엄청난 인플레이션이 있었다. 근래에는 남미 여러 나라가 엄청난 인플레이션을 경험한 바 있다. 특히 브라질의 경우에는 1993년에 2,105%, 1994년에 2,636%라는 물가상승이 있었다. 우리나라의 경우에도 1944년에서 1948년 사이에 무려 278배나 물가가 상승한 적이 있었다.

인플레이션이 발생하면 똑같은 금액을 가지고 구입할 수 있는 물건의 양이 전에 비해 줄어든다. 따라서 일정한 소득으로 살아가는 봉급

생활자들의 생활은 그만큼 어렵게 된다. 반면 토지나 아파트 등 실물자산을 가지고 있는 사람은 자산가치의 상승으로 이득을 본다. 따라서 봉급생활자와 자산소득자 간에 빈부격차를 가져오는 문제점이 있다. 뿐만 아니라 물가가 올라가면 수출은 감소하고 수입이 증가하여 국제수지가 악화될 수 있다. 이밖에도 인플레이션의 문제점은 여러 가지가 있다. 이미 앞에서 지적한 바 있는 투기에 따른 거품의 조장, 과소비 등 심각한 결과를 초래할 수 있는 것이다.

특히 인플레이션의 심각성이 가져다주는 문제점으로는 사람들에게 주는 심리적인 면이다. 이러한 심리적인 면으로는 사람들에게 인플레이션 기대심리를 갖게 한다는 것은 이미 앞에서 언급한 바 있다. 문제는 또 다른 측면에서의 심리적인 면이다. 즉, 인플레이션이 과도할 경우 사람들 간의 위화감이 조성될 수 있다는 점이다.

과도한 인플레이션에 의해 봉급생활자와 자산소득자 간에 빈부격차가 발생하고, 투기에 의해 불로소득을 얻은 자와 그렇지 못한 자 간에 빈부격차가 발생하면 자연히 이들 간에 위화감이 조성되는 것이다. 따라서 국민의 화합이라는 측면에서 여간 부정적으로 작용하는 것이 아니다.

하지만 물가상승을 무조건 부정적으로만 볼 것이 아니다. 물가상승이 완만할 경우에는 경제에 긍정적으로 작용한다. 즉 물가가 1~2%의 완만한 인플레이션의 경우에는 오히려 경제에 긍정적일 수 있다. 예를 들면 물가가 전혀 오르지 않는 상태, 즉 물가상승률이 0%라고 한다면 생산자나 근로자 모두 신이 날 리 없다. 물건값이 오르지 않

 경제가 쉽다
경제학이 즐겁다

으니 생산을 담당하는 생산자는 신이 나지 않을 것이고, 임금이 오르지 않으니 근로자들도 신이 날 리 없다.

이처럼 물가가 전혀 오르지 않을 경우에는 생산자나 근로자 모두에게 이로울 게 없다. 생산자나 근로자 모두에게 생산의욕 혹은 근로의욕을 북돋울 수 있는 정도의 가격 및 임금인상은 필요하다. 그런 측면에서 물가가 전혀 오르지 않는 것보다는 1~2% 정도의 미세한 인플레이션은 경제에 활력을 불어 넣을 수 있는 약이 될 수 있다.

 ## 정치논리가 경제논리를 삼켜버리면

유명한 경제학자 새뮤엘슨은 이런 말을 한 적이 있다. "단기적으로는 정치가 경제를 지배하는 것 같지만 장기적으로 보면 경제가 정치인의 앞날을 결정한다."

무슨 의미인가. 이 말은 곧 표를 의식해 정치논리로 경제를 간섭하면 경제는 엉망이 되고, 경제가 엉망이 되면 정치인의 앞날도 보장할 수 없다는 경고의 의미이다.

대통령 선거, 국회의원 선거 등 선거 때만 되면 으레 나타나는 현상이 있다. 그것은 선거를 의식한 선심성 정책이 활개를 친다는 점이다. 자신이 출마하는 지역구에 대한 공약을 남발한다든지, 공약사업을 지키기 위해 예산 챙기기 등 일시적인 인기정책이 남발한다. 물론 자신이 당선되기 위해서는 어쩔 수 없는 일이라고는 하지만 그로 인해 경제가 멍들고 있다는 사실을 알아야 한다.

경제가 정치논리에 의해 지배되다 보면 그에 따른 부작용이 만만치 않다. 우선 선거 때만 되면 당연히 물가가 올라갈 것이라는 인플레이션 기대심리가 작용한다. 인플레이션 기대심리의 부작용은 이미 언급한 바가 있다. 인플레이션 기대심리에 따라 실제로 물가가 올라간다. 선거 때가 되면 이 같은 후유증이 나타나는 것은 바로 경제논리를 희생시키고 정치논리가 우선하기 때문이다.

정치인들이 달콤한 공약을 남발하다 보니 각종 이익집단들도 이에 편승하는 경우가 많이 있다. 이런 기회가 아니면 자신들의 목적을 달성할 수 없다는 판단 하에 정치적 행동을 하는 경우가 많이 있다. 유력후보자를 지지하는 선언을 하는 등 줄 대기에 나서는 것이 바로 그것이다.

자신의 공약을 실현하고 이익집단들의 요구를 들어주기 위해서는 돈이 필요하다. 이 돈은 결국 정부의 예산에서 나오게 된다. 국민들은 이런 사실을 뻔히 알고 있다. 따라서 선거 때만 되면 물가를 걱정하는 인플레이션 기대심리가 작용하는 것이다.

인플레이션 기대심리가 작용하면 근로자들은 실질임금을 보상받기 위해 임금인상을 요구한다. 특히 대선 등 선거가 있는 해에는 근로자들의 임금인상 요구 폭이 커지는 경향이 있다. 이들도 선거에 편승하는 것이다. 임금이 인상되고 각종 생산요소가격이 상승하면 기업들은 생산비의 증가를 이유로 제품가격을 인상시킨다. 이러한 결과들이 결국 전체적인 경제의 성장능력을 잠식하게 된다.

대개 각종 경제연구기관들은 선거철이 끼어 있는 해에 대해서는 물가동향에 대해 예측하는 것을 꺼리는 경향이 있고, 예측치가 빗나가는 경우가 많다. 따라서 이들이 꼭 하는 말이 있다. "선거철이 끼어 있어 물가불안이 예상된다"는 얘기이다.

그런데 이 불똥이 국민들에게 튄다는 점이 문제다. 즉, 이 같은 정치논리에 의한 선심행정이 고스란히 국민의 부담으로 귀결된다는 점이다. 경제가 정치논리에 희생되면 경제는 엉망이 되고 따라서 국민들의 생활이 어려워지고 후생이 감소하는 것이다.

올바른 경제정책이란 대다수 사람들에게 이익이 돌아가도록 하는 것이다. 일부의 사람들에게만 이익이 되고 대다수 사람들에게는 오히려 부담이 된다면 바람직한 경제정책이라고 할 수 없다. 일부의 희생을 감수하고라도 대다수 국민들의 경제복지를 향상시키는 정책이 바로 좋은 정책이다.

최근 인터넷 및 미디어의 발달로 선거문화가 많이 바뀌게 된 것은 그나마 여간 다행한 일이 아니다. 허무맹랑한 공약 남발이나 선거비용이 많이 줄어든 것이 그것을 증명하고 있다. 경제에는 그만큼 부담이 줄었다고 볼 수 있다. 그동안 연례행사처럼 나타나던 물가불안도 많이 줄어들었다. 그렇게 되면 국민들의 인플레이션 기대심리도 많이 안정될 것이다.

이제 경제가 정치논리가 아닌 경제논리에 따라 움직일 수 있는 토대가 마련되어 가고 있는 것이다. 그러나 더욱 중요한 것은 국민들의 의식이다. 국민들의 의식이 따라주지 못하면 아무 소용이 없다.

과거 정치논리가 경제논리를 지배했던 것도 어떤 면으로 보면 국민들의 책임이 크다. 국민들의 의식이 그러한 논리를 받아들였기 때문에 정치인들이 그 틈을 노린 것이라고 볼 수 있는 것이다. 따라서 이를 이용한 정치인들을 비난하기에 앞서 자신의 의식수준이 어느 정도였는가를 깊이 반성해 볼 필요가 있다.

앞으로 정치논리가 경제논리를 지배할 수 있는 여지가 많이 줄었다고는 하나, 이는 전적으로 국민의 의식수준에 달려 있는 것이다. 국민의 의식이 또다시 이를 받아들인다면 과거로 다시 돌아가는 수밖에 없다. 경제가 정치논리에 의해 좌우될 때 그 결과는 결국 자신의 손해로 돌아온다는 것을 깊이 인식할 필요가 있는 것이다.

물가지수의 비밀

우리나라 경제활동 내지 경제동향을 나타내 주는 경제지표는 엄청나게 많다. 경기 동향을 나타내는 경기종합지수나 경기실사지수, 경제성장률, 실업률 등 실로 많다. 그러나 역시 소비자들과 가장 밀접한 관계가 있는 것은 물가지수이다.

물가지수는 다른 지표들과는 달리 소비자들과 직접 관계가 있다. 그러면서도 가장 소비자들로부터 불신을 받고 있는 것도 역시 물가지수이다. 왜 그런 현상이 나타나는 것일까. 그 해답은 물가지수를 산정하는 방식을 보면 대충 짐작이 된다. 물가지수는 여러 가지가 있으나 대표적인 것이 소비자물가지수와 생산자물가지수이다.

이 중 우리 소비자들과 더욱 밀접한 관계를 갖고 있는 것이 소비자물가지수이다. 소비자물가지수는 소비자의 입장에서 본 물가변동이다. 따라서 이 지수는 최종 소비자의 호주머니에 들어가는 단계에서 거래되는 품목의 가격변동을 측정한다. 그리고 이 지수는 통계청에서 작성한다.

소비자 물가지수를 작성하는 데 있어서 우선 관심의 대상이 되는 것이 바로 조사대상 품목이다. 정확한 물가지수를 산정하기 위해서는 시장에서 거래되는 모든 품목을 대상으로 해야 할 것이다. 하지만 이것은 현실적으로 불가능하다. 따라서 서울을 비롯한 주요도시의 가계가 사용하는 대표적인 소비재를 뽑아 산정한다.

선정기준은 도시가계의 총 소비지출에서 차지하는 비중이 큰 품목이 대상이 된다. 이런 기준에 따라 선정하기 때문에 현재 조사대상 품목은 약 500여 개 품목이 된다. 따라서 한번 선정되었다고 하더라도 그것이 영원히 가는 것은 아니다. 유행이 수시로 변하기 때문이다. 요즘처럼 소비자들의 기호가 쉽게 변하는 시대에서는 품목 교체도 그만큼 빈번하다고 볼 수 있다.

또한 관심을 끄는 대목이 해마다 조사대상 품목을 선정하느냐는 점이다. 역시 정확한 물가지수를 산정하려면 해마다 소비자들이 많이 지출하는 품목을 새로 선정하여 조사대상으로 삼아야 할 것이다. 그러나 이 역시 현실적으로 불가능하다. 따라서 매 5년마다 조사대상 품목을 새로 재조정하는 것이다. 일단 조사대상 품목으로 선정되면 5

년간 그 품목의 가격변동만이 물가지수에 반영되는 것이다.

조사대상 품목이 결정되더라도 그 품목 간에는 분명 중요도의 차이가 있을 수 있다. 즉 어떤 품목의 경우에는 소비자들이 많이 구입하는 반면 또 다른 품목의 경우에는 그렇지 않은 경우가 있다. 예를 들면 쌀은 우리의 주식이기 때문에 소비자들이 자주 찾는다. 반면 수저나 그릇 등은 내구재이기 때문에 몇 년에 한번 찾을까 말까 한 품목들이다.

이처럼 구입 빈도가 다른 품목들을 똑같은 비중으로 취급하는 것은 잘못이다. 따라서 물가지수를 산정할 때는 중요도에 따라 비중(weights)을 달리한다. 즉 구입 빈도가 높은 중요한 품목의 경우에는 가중치를 높게 하고 구입 빈도가 낮은 덜 중요한 품목의 경우에는 가중치를 낮게 하여 물가지수를 산정한다. 결국 거래량이 많은 품목은 가중치를 높게 하고 거래량이 적은 품목은 가중치를 낮게 하여 물가지수를 산정한다고 이해하면 될 것이다.

가격이 많이 오른 품목이라 하더라도 거래량이 적다면 물가지수에는 큰 영향을 미치지 못한다. 결국 상대적으로 물가지수가 낮게 나올 수 있다는 이야기가 된다. 반면 가격이 많이 오른 품목이 역시 거래량도 많다면 다른 품목의 가격변동에 관계없이 물가지수가 높게 나올 수 있는 것이다.

물가지수는 이처럼 여러 가지 요인을 감안하여 산출하는 것이다.

 경제가 쉽다
경제학이 즐겁다

재영이 엄마가 화난 까닭

재영이 엄마는 1주일에 한 번 정도 할인점에 들러 한주 동안 먹을 반찬거리, 간식 등을 사 오곤 한다. 가끔 청과시장에도 들러 사과 등 과일도 사가지고 온다. 그럴 때면 늘 푸념하는 말이 있다. "요즘 돈 가치가 너무 없다"고 말이다.

오늘도 동네 슈퍼에 다녀온 후 푸념이다. 과일가격이 30% 이상 올라간 것 같다는 이야기이다. 마침 그날 저녁 9시뉴스에서는 공공요금이 불안하기는 하나 지난달에 비해 물가는 비교적 안정적이라는 정부의 발표내용을 인용 보도한다. 가정주부들로서는 여간 혼란스러운 일이 아니다.

가정주부 등 서민들은 물가가 너무 올랐다고 야단인데 정작 주무부처인 정부는 물가가 안정되었다고 발표한다. 도대체 누구의 말을 믿어야 하는가? 한마디로 얘기하면 둘 다 맞는 말이다. 정부가 발표하는 내용도 맞고 가정주부들이 말하는 내용도 맞다.

여기서 정부가 발표하는 물가를 '지수물가'라고 한다. 가정주부 등 소비자들이 시장에서 느끼는 물가를 '피부물가' 혹은 '장바구니물가'라고 한다. 달리 '체감물가'라는 표현도 쓴다. 그렇다면 정부가 발표하는 지수물가와 소비자들이 느끼는 체감물가는 왜 차이가 나는가?

앞에서 소비자물가지수를 산정하는 방식에서 설명이 있었기 때문에 대충 짐작이 갈 것으로 생각된다. 우선 지수물가와 체감물가가 차이가 나는 가장 큰 이유는, 주부들이 장바구니를 들고 나가 느끼는 체감물가는 그들의 생활과 직결되는 품목만이 그 대상이 된다. 따라서 그들이 구입하는 물건값이 오르면 물가가 오른 것으로 간주한다.

그런데 지수물가는 수백 종류의 품목을 중요도에 따라 가중평균해서 작성한다. 그 중에는 주부들이 많이 올랐다고 생각되는 품목뿐만 아니라 가격이 거의 오르지 않은 품목도 있다. 그렇기 때문에 지수물가가 소비자가 생각한 만큼 높지 않을 수도 있다. 따라서 지수물가와 체감물가는 차이가 날 수밖에 없다. 예를 들면 집세가 급등할 때 무주택 서민이 느끼는 체감물가는 대단하다. 하지만 집세와 관련이 없는 부자들이 느끼는 체감물가는 별 게 아니다.

또한 지수물가와 체감물가 간에 차이가 나는 이유는 상품의 거래량(액)에 따라 가중치가 다르다는 점이다. 다시 말하면 거래량이 많은 품목은 그만큼 물가지수에 많이 반영되고 거래량이 적은 품목은 물가지수에 적게 반영된다. 따라서 가격이 많이 오른 품목이라 하더라도 거래량(액)이 적다면 물가에 미치는 영향력은 적을 수밖에 없다.

예를 들어 가격이 50% 상승한 품목과 5% 상승한 품목이 있다고 하자. 그런데 가격이 50% 상승한 품목은 거래량이 적어 가중치가 아주 작고, 가격이 5% 상승한 품목은 거래량이 많아 가중치가 매우 높다고 하자. 이 때 물가지수는 어떻게 되겠는가. 결론적으로 이야기하면 물가지수는 5% 선에서 크게 높지 않을 것이다. 왜냐하면 가격이 50% 상승한 품목은 가중치가 작아 물가지수에 큰 영향을 주지 못한다. 반면, 가격이 5% 상승한 품목은 가중치가 크기 때문에 물가지수 산정에 절대적으로 영향을 준다. 결과적으로 물가지수는 5% 선을 크게 벗어나지 않게 되는 것이다.

마지막으로 생각할 수 있는 것이 바로 소비자들이 느끼는 심리적인 면이다. 소비자들에게는 불리한 면만 보인다. 따라서 가격이 오른 품목만 눈에 보인다. 그러나 가격이 오르는 품목이 있으면 내리는 품목도 있다. 자꾸 오른 품목만 쳐다보니까 내린 품목은 보이지 않는 것이다. 그러다 보니 자연히 물가가 많이 오른 것처럼 보이는 것이다. 그 밖에 앞에서도 말한 바와 같이 자신과 직결되는 것이냐, 아니냐에 따라 소비자들이 느끼는 체감물가는 다르다. 전세가격이 올라갈 때 집을 소유한 사람과 그렇지 않은 사람이 느끼는 체감물가는 분명히 다르다고 볼 수 있다.

이 같은 문제점을 보완하기 위한 정부의 노력도 많이 이루어지고 있다. 정부는 소비자물가지수와는 별도로 소비자들이 피부로 느끼는 물가지수를 산정하기 위해 이들이 주로 구입하거나 사용하는 품목을 중심으로 생활물가지수를 작성, 발표하고 있다. 하지만 이것이 가정주부들의 체감물가를 얼마만큼 해소하고 신뢰를 얻을 수 있을지는 의문이 아닐 수 없다.

5장

과거가 그립구나

실업자인 당신, 정말일까?

　세탁을 하지 않은 지 수 개월은 돼 보이는 누더기 같은 옷을 입고 대여섯 명이 빙 둘러앉아 안주도 없이 소주를 들이킨다. 그 옆에는 알코올 때문인지 인사불성이 된 채 쓰러져 누워 있는 사람도 있다.

저녁이 되자 어디서 왔는지 급식차가 서 있다. 누더기를 입은 사람들은 한 줄로 쭉 늘어서 한 사람 한 사람씩 밥과 국을 받아들고 한쪽 모퉁이에 쭈그리고 앉아 먹기 시작한다. 정신없이 먹는 모습이 하루 종일 굶은 사람처럼 보인다. 밥을 다 먹은 사람들은 아쉬운 듯 하나 둘씩 자리를 뜬다. 이윽고 밤 10시가 넘자 대합실로 다시 모여들기 시작한다. 그리고 대합실 의자를 자리삼아 잠을 청한다.

이 광경은 어느 외국영화에 나오는 모습이 아니다. 우리나라 서울역이나 영등포역에서 흔히 볼 수 있는 광경이다. IMF 이후 부도나 직장에서 퇴출된 사람들이 오갈 데 없이 서울역이나 영등포역 등지에서 배회하고 있다. IMF 전에는 전혀 볼 수 없었던 현상이다. IMF가 우리 국민, 특히 근로자에게 얼마나 큰 상처를 주었는지 짐작이 가고도 남는다.

IMF 직후 한때 정부 통계로 실업자 수가 180만 명에 이르렀다. 실업률도 7.8%나 되었다. 정부통계가 이 정도면 실제로 국민들이 체감하는 실업률은 가히 상상할 수 없는 수치가 된다.

미국을 위시한 세계경제를 온통 공황으로 몰고 갔던 일이 있다. 1929년에 있었던 세계 대공황이다. 이 당시 미국의 실업률이 25%였다. 그러나 실제로는 40%가 넘었다고 한다. 이를 근거로 생각해 볼 때 우리나라도 IMF 당시 정부가 발표한 실업률이 7.8%였으나 실제로는 15%가 넘었을 것으로 추정된다. 실제로 한국노총 등 노동자 단체에서는 실업자 수가 당시 400만 명이 넘는다고 주장하기도 하였다.

이제 우리 사회는 고실업 상태가 지속될 것으로 보인다. IMF 이후 인력의 구조조정이 지속되고 있고, 또한 그것이 상시체제로 정착되어 있기 때문이다. 과거에는 종신고용제라고 하여 한번 직장은 영원한 직장이었다. 그러나 이제는 사정이 많이 달라졌다. 자신이 현재 몸담고 있는 직장이 평생직장이라고 생각하는 근로자는 아무도 없다.

마찬가지로 경영자들도 자신의 종업원들을 평생토록 데리고 가겠다는 생각은 전혀 하고 있지 않다. 설상가상으로 외국기업들은 한국의 노동시장이 유연하지 못하다고 불만이다. 노동시장이 유연하지 않은 한 투자하지 않겠다는 태도이다.

노동시장의 유연성이란 한마디로 말하면 마음대로 근로자들을 퇴출시킬 수 있도록 하는 것을 말한다. 종업원들을 필요에 따라 줄였다 혹은 늘렸다 함으로써 기업의 비용을 줄여 보자는 것이다. 하지만 한국기업들에게서는 이것이 불가능하다고 외국투자가들은 불만이다.

이 같은 국내·외적 분위기로 인해 인력의 구조조정은 계속되고 있다. 마찬가지로 기업들도 생산비를 줄이는 손쉬운 방법으로 인력의 구조조정을 택하고 있다. 다른 방법으로 비용을 줄이려는 노력은 전혀 하고 있지 않다. 근로자만 봉이 되고 있는 것이다. 이에 따라 임시직·일용직 등 비정규직 근로자가 크게 늘어나고 있다.

현재 전체 근로자 중 비정규직이 차지하는 비중이 50%를 훨씬 넘는다. 일부에서는 70%가 넘는다고 주장하기도 한다. 특히 IMF 이후 비정규직이 크게 늘어나고 있으며, 좀처럼 해소되고 있지 않다. 이들 중 상당수는 실업자와 다름이 없다. 언제든지 실업자로 전략할 수 있기 때문이다.

뿐만 아니라 이들이 임시직 등 신분이 비정규직이다 보니 임금수준도 매우 낮고 신분도 매우 불안정하다. 특히 일부는 생계비에도 미치지 못하는 임금을 받고 있다. 하지만 이들도 엄연한 취업자로 간주되고 있다.

현행 취업자 정의에 의하면 "일주일에 1시간 이상 소득 있는 일에 종사하고 있는 자"라고 되어 있다. 과연 일주일에 1시간 정도 일한 소득으로 생계가 가능한지 의문이 아닐 수 없다. 마찬가지로 역시 일주일에 1시간 정도 일하면서 "나 취업자요"라고 말할 수 있는 사람이 과연 얼마나 되는지 의문스럽다.

지금 이 순간에도 본인은 실업자라고 생각하고 있지만 실제로는 실업자가 아닌 사람이 꽤 많이 있을 것이다.

 ## 완전고용의 해프닝

언젠가 KBS 아침방송 〈아침마당〉에 부부가 출연한 적이 있었다. 부인은 남편에 대해 불만이 아주 많았다. 그 중에서도 남편이 어느 한 직장에 적응을 못하고 방황하는 것에 대해 특히 불만이 많았다.

남편은 길어야 1년 혹은 몇 개월만 지나면 다니던 직장을 그만두고 다른 직장을 찾아다닌다는 것이다. 지금까지 10군데가 넘는 직장을 옮겨 다녔다고한다. 그러자 사회자의 코멘트가 재미있었다. 남들은 한 군데 직장도 들어가기 힘든데 그 많은 직장을 옮겨 다녔으니 얼마나 능력이 있는지 부럽다고 해 좌중을 웃겼다.

이처럼 우리 주변에는 어느 한 직장에 적응하지 못하고 이 직장 저 직장으로 옮겨 다니는 사람이 많이 있다. 어떤 사람은 다니던 직장을 그만두고 다시 시험 준비를 하는 경우도 있다. 이들은 분명 직장을 그만두었기 때문에 실업자이지만 타의가 아니라 자의에 의한 실업자나 마찬가지이다. 이처럼 좀 더 나은 직장을 찾기 위해 일시적으로 실업상태에 있는 경우를 우리는 '마찰적 실업(frictional unemployment)'이라고 한다.

현실적으로 마찰적 실업 등을 고려할 때 3~4% 정도의 실업률은 항상 존재한다. 그리고 실질적으로 마찰적 실업은 완전히 없앨 수 있는 실업이 아니다. 어떤 면으로 보면 마찰적 실업은 바람직한 면도 없지 않다. 왜냐하면 적성 등 자신의 능력에 맞는 직장을 찾는 것은 당연하기 때문이다. 또한 자신의 능력에 맞는 일을 찾았을 때 생산성도 올라가는 것이다. 따라서 국가 경제적으로도 바람직하다고 볼 수 있는 것이다. 물론 직장 옮기기를 밥 먹듯이 하는 것은 문제일 수 있다. 하지만 그러한 경우를 제외하고는 마찰적 실업을 반드시 부정적으로 볼 필요는 없는 것이다.

앞에서도 언급했듯이 현실적으로 마찰적 실업 등을 고려할 때 한 국가의 실업률이 3~4% 수준이면 완전고용으로 생각하는 것이 일반적이다.

우리나라는 IMF체제 하에 있었던 시기를 제외하고는 실업률이 비교적 낮았다. 대체로 3~4% 내외를 유지하고 있다. 그렇다면 우리나라는 항상 완전고용을 실현하고 있다는 이야기가 된다. 하지만 이에 대해 긍정을 하는 사람은 아무도 없을 것이다. 우리 주위에는 직장도 없이 놀고 있는 사람들이 너무 많기 때문이다.

어떤 면으로 보면 3~4% 정도의 실업률을 가지고 완전고용 수준이라고 하는 것은 사회후생제도가 잘 갖추어진 나라에서나 해당되는 말이다. 유럽 선진국들처럼 사회보험이 잘 정비되어 있는 나라에서는 새로운 직장을 찾아 옮겨 다니는 사람들이 매우 많다. 즉 마찰적 실업자들이 많은 것이다.

하지만 우리나라의 경우에는 그렇지 못하다. 즉 마찰적 실업이 그리 많지 않다. 아니 많을 수가 없다. 왜냐하면 우리나라는 선진국들과는 달리 사회보험제도가 제대로 정착되어 있지 않다. 마찬가지로 직장을 찾아다니는 데 필수적인 직업 정보망도 제대로 갖추어져 있지 않다. 따라서 직장을 옮겨 다니는 것 자체가 위험부담이 될 수 있다. 자칫 직장을 옮긴다고 하다가 평생 실업자가 될 수 있다. 마찬가지로 직장이동이 계획대로 이루어지지 않아 생계가 곤란해질 수 있다.

또한 우리나라의 경우에는 직장을 옮겨 다니는 것에 대한 사회적 인식도 그리 좋은 편이 못 된다. 이러한 여러 가지 이유로 인해 마찰적 실업이 적을 수밖에 없는 것이다.

결국 우리나라의 경우 전체 실업률 중에서 사회적으로 용인되는 마찰적 실업이 차지하는 비중이 낮기 때문에, 실업률이 비교적 낮음에도 불구하고 완전고용으로 볼 수 없는 것이다. 통계자료를 보더라도 우리나라가 미국이나 일본 등 선진국들에 비해 실업률이 매우 양호하게 나와 있다. 이런 통계수치에 결코 현혹되어서는 안 되는 것이다.

뿐만 아니라 우리나라의 경우 실업률이 낮은 수준이라고 해서 실업 문제가 소홀히 다뤄져서는 안 되는 이유가 또 있다. 임시직, 일용직 등 불완전 취업자가 지나치게 많다는 점이다. 나아가 고학력 실업자가 크게 증가함은 물론 설사 이들이 취업한다 하더라도 비정규직 등 임시직이 많다는 점이 여간 부담스러운 일이 아닐 수 없다.

그런데 이런 문제들이 장기화할 가능성이 매우 높다는 데 심각성이 있다. 그것은 우리나라가 저성장 시대로 서서히 진행하고 있다는 점에 근거를 둘 수 있다. 그럴 경우 자칫 이것이 국가적으로나 사회적으로 큰 부담이 될 수 있다. 따라서 이에 대한 대비가 철저히 이루어져야 할 것이다. 예를 들면 미국 등 선진국들처럼 실업자들에 대한 사회보장이 제대로 이루어져야 할 것이며, 또한 이들에 대한 취업교육 등 재취업을 위한 다각도의 노력이 있어야 할 것이다.

이들에 대한 제대로 된 대책이나 대비가 이루어져야만 진정한 의미에서 선진국에 진입할 수 있는 자격이 있다고 할 수 있다.

실업률 통계방식, 무엇이 문제인가

얼마 전 우연한 기회에 고등학교 친구를 만난 적이 있다. 아주 오랜만에 만난 친구였기에 무척 반가웠다. 이런 저런 이야기를 나누는 동안에 옛 친구들의 안부도 그를 통해 알 수 있었다.

그 중에서도 학교 시절 유난히 장난이 심했던 어느 친구의 안부를 궁금해 하자 그는 대뜸 "그 친구 학교 때나 지금이나 여전해!" 하는 것이었다. 그러면서 "그 친구는 일하기를 싫어해서 지금 실업자 생활 하고 있어. 하지만 부모로부터 물려받은 재산이 많기 때문에 먹고 사는 데는 지장이 없어" 하는 것이었다.

친구의 말대로 그는 과연 실업자일까? 일반적인 상식으로는 일을 하고 있지 않기 때문에 분명히 실업자이다. 그러나 경제학에서의 정의는 다르다.

경제학에서 실업의 정의는 단순히 직업이 없는 경우를 의미하는 것이 아니다. 일을 할 의사와 능력이 있는데도 불구하고 직업을 가지지 못하는 경우만을 실업이라고 한다. 따라서 그 친구처럼 일할 의사가 없는 사람은 실업이 아니다. 또한 학생, 주부 등 부득이하게 일을 할 수 없는 사람도 실업자 속에 포함되지 않는다.

일반적으로 15세 이상 인구를 생산가능인구라고 한다. 생산가능인 구는 다시 일을 하거나 일을 할 의사가 있는 경제활동인구와 학생, 주부, 군인 등 일을 할 수 없거나 일을 할 의사가 없는 비경제활동인 구로 구분하다. 그런데 여기서 정부가 실업률을 추계하는 하나의 근 거가 되는 것이 바로 경제활동인구이다. 위에서 말한 친구는 일을 할 의사가 없는 사람이기 때문에 비경제활동인구로 분류되어 실업자 추 계의 대상이 되지 못한다.

경제활동인구는 다시 취업자와 실업자로 나뉜다. 취업자는 수입을 목적으로 일주일에 1시간 이상 일하는 사람이나 혹은 수입이 없더라도 가족의 사업을 도와 일주일에 18시간 이상 일하는 사람이다. 그리고 나머지는 실업자이다. 따라서 경제활동인구에서 취업자 수가 차지하는 비율이 바로 취업률이 된다. 그리고 경제활동인구에서 실업자 수가 차지하는 비율이 실업률이 된다. 이것이 바로 정부가 발표하는 공식적인 실업률, 즉 지수실업률이다.

실업률 통계는 통계청에서 매월 작성하고 있다. 매월 15일을 기준으로 일주일간을 조사기간으로 하여 표본조사를 통해 실업률을 계산한다. 통계방식은 기본적으로 국제노동기구(ILO) 방식을 따르고 있다.

이 방식은 15세 이상 인구 중 최근 1주일 동안 구직활동을 한 경험이 있느냐 없느냐에 따라 경제활동인구와 비경제활동인구로 분류한다. 또한 경제활동인구 중 최근 일주일 동안 수입을 목적으로 1시간 이상 일을 하였는지 안 하였는지에 따라 취업자와 실업자로 구분한다. 따라서 그동안 열심히 직장을 찾아 다녔다 하더라도 조사시점 1주일 전에 구직활동을 포기했다면 비경제활동인구에 포함돼 아예 실업률 통계에서 제외된다. 뿐만 아니라 1주일 동안1시간 이상 일을 하였다면 실업자가 아니다.

여기에서 실업률 통계방식의 여러 가지 문제점이 노출된다. 따라서 지수실업률이 고용상황을 제대로 반영하지 못한다는 비판이 제기되고 있다. 특히 경기가 좋지 않을 때는 구직을 포기하는 사람이 많다. 실제로 일간신문 등 기사내용을 보노라면 이력서를 100장 혹은 200장을 넣었는데도 불구하고 채용하는 데가 없어 포기하는 취업 예비

 경제가 쉽다
경제학이 즐겁다

생들의 구구절절한 내용을 심심치 않게 접하는 경우가 많이 있다.

그런데 구직을 포기하는 사람들이 많아지면 경제활동인구 수가 줄어들어 실업률이 실제보다 낮아진다. 고용상황이 과대 포장되는 것이다. 하지만 구직을 포기한 이 사람들이 실제로 일을 하기 싫어서인가 하는 점을 생각해 볼 일이다. 아무리 이력서를 많이 넣어도 채용해 주는 직장이 없어서 결국 포기한 것이 아닌가. 이 사람들은 결코 일을 하기 싫어하는 사람들이 아니기 때문에 비경제활동인구에 포함해서는 안 되는 것이다. 그럼에도 불구하고 일시적인 병, 일기불순 등 불가피한 사유가 아니라면 비경제활동인구에 포함되어 실업률 계산에서 아예 제외가 된다.

실제로 외환위기 직후에 이런 현상이 종종 나타났었다. 당시 경제활동인구가 전 해에 비해 몇 십만 명씩이나 감소하는 경우가 있었다. 만일 이들 구직 포기자들까지 실업자로 간주했다면 아마 실업률은 훨씬 높아지지 않았을까 하는 생각을 한다.

사실 앞에서도 언급했듯이 경기가 침체하여 취업이 어려운 경우에 구직 포기자들이 많이 발생한다. 따라서 경기가 호황일 때보다 침체할 경우에 오히려 실업률이 실제보다 낮은 결과를 가져오는 경우가 많다. 이것은 결국 경기가 좋지 않을 때 고용상황이 실제보다 과대 포장되고 있다는 것을 의미한다. 그렇기 때문에 특히 경기침체기에는 지수실업률에 연연하기보다는 오히려 체감실업률에 기초하여 실업대책을 세우는 것이 더 바람직하다고 볼 수 있을 것이다.

지수실업률의 함정

　우리는 정부가 발표하는 실업률을 지수실업률이라고 한다. 반면 국민들이 피부로 느끼는 실업률을 체감실업률 혹은 피부실업률이라고 한다.

　아는 바와 같이 실업이란 단순히 직업이 없는 경우를 의미하는 것이 아니다. 일할 의사와 능력이 있는데도 불구하고 직업을 가지지 못하는 경우를 의미한다. 이는 경제학의 실업의 정의에서도 잘 나타나 있다. 이런 전후의 사정을 고려해 볼 때 우리는 정부가 발표하는 지수실업률과 일반 국민들이 피부로 느끼는 체감실업률 간에 차이가 있을 수밖에 없겠구나 하는 생각을 하게 된다.

　사실 일반 국민들이라면 누구나 실업자란 일할 의사나 능력에 관계없이 직장을 가지지 못한 사람들이라고 생각한다. 하지만 정부가 발표하는 실업자에는 일할 의사가 없거나 일할 능력이 없는 사람은 포함되지 않는다. 물론 경제학에서도 일할 의사와 능력이 실업자 여부의 분명한 기준이 된다. 여기에서 정부의 지수실업률과 일반국민들의 체감실업률 간에 차이가 날 수밖에 없는 분명한 이유가 있다.

　지수실업률과 체감실업률 간에 차이가 날 수밖에 없는 또 다른 이유가 바로 구직활동 기간이다. 실업률을 계산할 때는 조사시점을 기준으로 최근 1주일동안 구직활동을 한 경험이 없으면 일을 할 의사가 없는 것으로 간주하여 비경제활동인구로 삼는다. 즉, 실업자 통계에

 경제가 쉽다
경제학이 즐겁다

서 아예 제외가 된다. 따라서 그동안 아무리 구직활동을 열심히 하였더라도 조사시점을 기준으로 최근 1주일 동안 구직활동을 하지 않았다면 실업자이면서도 실제로는 실업자로 계산이 되지 않는다. 그러나 엄밀한 의미에서 이 사람은 분명히 실업자라고 볼 수 있다.

실업률 통계방식은 이처럼 많은 함정을 가지고 있다. 물론 이 방식은 국제노동기구, 즉 ILO가 권장하는 기준이다. 따라서 실업률 통계방식으로서는 전혀 문제가 없다. 하지만 이 방식에 대해서는 실업자의 범위를 지나치게 축소함으로써 현실을 제대로 반영하지 못한다는 비판이 일고 있다.

이와 좀 다른 방식으로서 경제협력개발기구(OECD)의 실업률 통계방식이 있다. 이 방식에서는 구직 활동기간에 다소 여유를 주고 있다. 즉, 이 방식에서는 조사시점을 기준으로 최근 4주일 동안 구직활동을 한 경험이 없을 경우에 실업자 통계에서 제외가 된다. 그만큼 ILO 방식보다는 실업자의 범위를 확대하고 있다. 그럼에도 불구하고 이 방식도 현실의 실업률을 그대로 반영하기에는 다소 미흡하다는 지적이 많다.

특히 본문에서도 지적되었듯이 실업자 통계에서 문제가 되고 있는 것이 바로 구직활동을 포기하면 무조건 실업자 통계에서 제외하고 있다는 점이다. 물론 일시적인 병, 일기불순 등 불가피한 경우는 실업자 통계에 접수되지만 그 외 나머지는 실업자 통계에서 제외가 된다. 그러나 이런 경우를 가정해 보자.

직장을 구하기 위해 이력서도 수십 장 넣고, 이리저리 뛰어다녔으나 도저히 직장을 구하지 못하고 포기하는 경우이다. 우리는 이들을 ‘실망실업자’라고 부른다. 이들이 정말로 구직을 포기한 사람들이라고 볼 수 있느냐 하는 점이다. 누가 봐도 이들이 구직을 포기한 사람들이라고 생각하지 않는다. 그러나 실업률 통계에는 이들을 넣지 않는다. 분명 이들은 실업자이나 실업률에는 계산되지 않는다. 지수실업률의 맹점이 아닐 수 없다.

우리 주변에는 이 같은 실망실업자들이 무수히 많다. 대학을 졸업하고 취직을 못해 집에서 노는 사람들이 부지기수로 많다. 남의 눈에 보일까 봐 집 밖에도 나오지 못하고 집 안에만 들어앉아 있는 사람들이 많다. 특히 IMF 이후부터 최근까지도 이 같은 실망실업자들이 크게 늘고 있다는 통계도 나오고 있다. 이들은 일자리가 생기면 언제든지 현장으로 뛰어갈 사람들이다. 그런 측면에서 볼 때 이들을 실업자 산정에서 제외시키는 것은 문제가 아닐 수 없다.

또한 문제가 될 수 있는 것이 바로 불완전 취업자가 실업률 통계에서 제외되고 있다는 점이다. 취업자의 정의를 보면 일주일에 1시간 이상 일한 사람으로 되어 있다. 하지만 1주일에 1시간 정도 일한 소득으로 가족을 부양할 수 있겠는가. 따라서 이들도 취업자라지만 실제로는 실업자와 하등 다를 바가 없다. 이 역시 지수실업률의 맹점이 아닐 수 없다.

보이지 않는 실업, 이것이 문제

우리나라 지수실업률의 추이를 보면 IMF라는 특별한 경우를 제외하면 대체로 3~4% 선으로서 비교적 양호한 수준을 유지하고 있다. 경제 이론적으로 보면 완전고용 수준으로 보아도 무리는 없다. 따라서 드러나는 실업측면에서는 큰 문제가 되지 않는다. 그러나 이면에 있는 드러나지 않는 실업, 즉 보이지 않는 실업이 문제이다.

보이지 않는 실업이라고 하면, 우선 당장 떠오르는 것이 바로 실망실업자들이다. 즉, 일자리를 찾아다니다 지쳐 당분간 일자리 찾기를 포기한 사람들을 생각할 수 있다. 통계적으로 실망실업자는 그동안 크게 증가해 왔다. 특히 경기가 좋지 않을수록 실망실업자는 증가한다.

실망실업자들은 비경제활동인구에 편입되기 때문에 실업자 산정에서 완전히 제외가 된다. 비경제활동인구의 추이를 보면 역시 그동안 크게 증가해 온 것으로 드러나고 있다. 지난 6년 여 간 140만 명 가까이 증가했다는 것이다. 이것은 결국 실망실업자들이 그만큼 증가했다는 증거가 된다.

또한 취업자이면서도 실질적으로 보이지 않는 실업으로 간주할 수 있는 사람들이 바로 일주일에 몇 시간밖에 일하지 못하는 사람들이다. 우리는 이들을 불완전취업자라고 한다. 일주일에 26시간 이하 일하는 불완전근로자 수도 역시 크게 증가했다는 통계가 최근 나오고 있다. 법정 근로시간의 거의 절반밖에 일하지 못하는 사람들이다.

물론 이들 중에는 개인사정으로 '파트타임' 형식으로 일하는 근로자들도 있을 수 있다. 하지만 일거리만 있으면 언제든지 일하기를 원하는 사람들이 대부분일 것이다.

보이지 않는 실업으로 간주할 수 있는 또 다른 부류가 바로 일용직이나 임시직 등 비정규직 근로자들이다. 이들도 물론 통계상으로는 취업자이다. 하지만 언제든지 퇴출될 수 있는 불완전한 취업자들이다. 이들 임시직 등 근로자의 비중도 크게 늘어 전체 근로자의 50%가 훨씬 넘는 것으로 알려지고 있다. 그 만큼 일용직, 임시직 등 불완전취업자들의 수가 급증했다는 증거가 된다.

이상에서 보는 바와 같이 실망실업자들, 법정 근로시간에 훨씬 못 미치는 사람들, 그리고 일은 하고 있으나 언제 쫓겨날지 모르는 사람들, 이 모든 사람들은 사실상 실업자나 다름없는 보이지 않는 실업자라 할 수 있다. 이 보이지 않는 실업자들이 IMF 이후 최근까지도 크게 증가하였다. 그만큼 고용상태가 악화되고 있다는 얘기이다. 과거 IMF 이전의 실업률과 현재의 실업률 간에 큰 차이가 없는데도 불구하고, 지금의 실업률이 훨씬 심각하게 느껴지는 이유는 바로 이런 보이지 않는 실업이 크게 증가했기 때문으로 볼 수 있다.

특히 한창 일할 나이인 20대, 그리고 구조조정 과정에서 실직한 중년층 가장 등이 실망실업자로 전락하는 경우가 많이 있는 것으로 알려지고 있다. 이것은 심각한 문제가 아닐 수 없다. 젊은이들이 직장을 찾아다니다 포기하고 기껏해야 파트타임이나 얻어 일을 하고 있다면, 이것은 개인적으로나 국가 경제적으로 큰 손실이 아닐 수 없다. 앞으로도 이런 상황은 크게 개선되지 못할 것이라는 데에 누구도 이견을 달지 않는다.

대학을 졸업하고 일을 찾지 못해 몇 년 동안 놀고 지낸다고 가정해 보자. 그리고 이런 사람들이 계속 늘고 있다고 생각해 보자. 뿐만 아니라 구조조정으로 실직한 중년가장이 일을 찾지 못해 몇 년씩 놀고 있다고 생각해 보자. 그런데도 사회문제가 되지 않겠는가. 당연히 사회문제로 크게 부각될 것이다. 지금이라도 이 문제를 심각하게 생각해야 한다. 다같이 지혜를 모아야 한다. 통계적 실업률의 허상에 얽매이는 우를 범해서는 안 된다.

사회적 미아, 구조적 실업

최근 대학 졸업자 등 많은 고급인력들이 취직을 못해 야단들이다. 심지어는 직장을 찾지 못해 비관한 나머지 자살하는 안타까운 경우도 있다. 그러나 다른 한편에서는 쓸 만한 사람이 없다고 야단이다. 풍요 속의 빈곤을 겪고 있는 것이다. 특히 최첨단 분야에서 더욱 그러한 현상이 나타나고 있다. 왜 이런 현상이 나타나는 것일까?

1980년대 우리나라가 한창 공업화의 성숙단계에 접어들고 있을 당시 논쟁거리가 하나 있었다. 그것은 기술발전이 실업을 증가시킬 것인가 아니면 실업을 감소시킬 것인가 하는 문제였다. 일부에서는 기술발전이 기존의 일자리를 대체하기 때문에 당연히 실업이 증가한다고 주장하였다. 반면 또 다른 일부에서는 기술발전이 새로운 일자리를 창출할 것이기 때문에 오히려 실업이 줄어든다고 주장하였다. 둘 다 일리가 있는 얘기이다.

기술이 발전하면 기계가 사람을 대체할 수 있다. 예를 들면 전화교환원 같은 경우가 대표적이다. 오늘날 일부를 제외하고는 전화교환원이 대부분 없어졌다. 무인 경비시스템으로 경비원의 자리가 기계로 대체되고 있다. 이 밖에도 많은 분야에서 기계가 사람을 대체하고 있다. 분명히 기술이 실업을 증가시키는 원인이 되고 있다. 그러나 다른 한편에서는 기술발전으로 인해 많은 분야에서 새로운 일자리가 창출되고 있다. 특히 IT산업의 발전으로 인해 이들 분야에서 많은 인력수요가 나타나고 있다.

하지만 바로 여기에 문제가 있다. 그동안 전화연결이나 해 주던 전화교환원이나, 경비나 보고 있던 경비원들이 최첨단 지식을 요구하는 이들 IT산업에서 일을 할 수 있겠느냐 하는 점이다. 이는 거의 불가능한 일이다.

이처럼 일자리는 있을지라도 그 직무에서 요구하는 기능이나 지식을 갖지 못할 경우에는 아무 소용이 없는 것이다. 이같이 일자리는 있으나 그 직무에서 요구하는 기능이나 지식을 갖지 못함으로써 생기는 실업을 우리는 '구조적 실업'이라 한다. 현재 우리나라에는 이같은 구조적 실업자가 상당히 많이 있다. 한쪽에서는 직장을 찾지 못해 야단인데, 다른 한쪽에서는 사람을 찾지 못해 야단이다.

요즘 대학을 졸업한 학생들도 어떤 면으로 보면 구조적 실업자나 마찬가지이다. 대학에서 졸업생은 많이 배출하나 기업에서 막상 쓰고 자 하면 쓸 만한 사람이 없다는 것이다. 따라서 최근에 들어와 기업과 연계한 맞춤교육이 일부 대학 혹은 일부 학과를 중심으로 이루어지고 있으나 큰 실효를 거두지는 못하고 있는 실정이다.

물론 일부에서는 대학이 과잉인력을 배출하여 실업자를 양산하고 있다고 비판하고 있으나, 그토록 많이 배출되는 인력 가운데서 쓸 만한 인재는 거의 손꼽을 정도라는 데에 심각성이 있는 것이다. 가끔 TV뉴스 시간에 기업체 인력담당 임원이 출연하여 회사가 필요로 하는 인재를 뽑으려고 해도 적임자가 없다는 말을 하는 경우를 볼 수 있다. 회사 입장으로 보나 국가적으로 보나 손실이 아닐 수 없다. 이들은 결국 집에서 빈둥빈둥 놀거나 아니면 전공과 관련이 없는 단순 직종에 취업하는 수밖에 없다. 실제로 이들 대부분이 그런 전철을 밟고 있다.

과거 1960~70년대는 물론 1980년대까지만 하더라도 이 같은 구조적 실업은 거의 찾아볼 수 없었다. 대부분의 직종이 기계로 대체되는 경우가 별로 없었고, 한창 경제 성장기에 따른 특수로 대학졸업자들은 기업체에서 좋은 조건으로 모셔 갈 정도였다.

그러나 세월의 변화는 어쩔 수 없는 것 같다. 특히 IT산업의 발전은 가히 폭발적이라고 할 수 있다. 이 같은 정보통신의 발달 등 산업구조의 변화는 구조적 실업을 크게 증가시키고 있다. 앞으로는 지금보다도 훨씬 빠른 속도로 구조적 실업자가 늘어날 것이다. 그렇지만 이들이 갈 곳이라고는 거의 없다. "옛말에 배운 것이라곤 도둑질밖에 없다"라는 말이 있다. 우리의 현실을 그대로 표현한 말이 아닌가 싶다.

결국 구조적 실업자들이 갈 곳이라곤 일용직이나 임시직 등 단순노무직이 고작이다. 빈부의 격차니 사회의 양극화니 하는 말도 이 같은 구조적 실업이 한몫하는 게 아닌가 싶다.

 ## 구조조정이 실업을 줄인다고?

우리나라가 외환위기를 겪으면서 가장 유행했던 용어가 있다. 바로 IMF와 구조조정이라는 용어이다.

한국의 자동차 신화라고 하면 바로 현대자동차이다. 1967년 자본금 1억원으로 출발하여 1982년 흑자를 기록한 이후 1997년 IMF 직전까지 연속 18년 동안 흑자를 기록했던 현대자동차도 IMF 외환위기는 비켜가지 못했다.

회사는 외환위기를 타개하기 위해 인력감축을 단행하였고, 노동조합은 이에 반발하여 파업을 하는 등 갈등이 지속되었으나 결국 희망퇴직 6,451명, 무급휴직 2,081명, 자연감소 1,420명 등 무려 10,166명에 이르는 근로자가 회사를 떠나고 말았다.

그 바로 전에는 부실판정을 받은 5개 시중은행이 퇴출되어 전체 근로자 중 약 70%에 이르는 인원이 감축되었고, 7개 조건부 승인 은행에서도 32%의 인원이 감축되었다. 그 밖에도 제 2금융권 등 많은 은행에서 정리해고가 단행되었다.

결과적으로 IMF로 인해 '철 밥통'으로 불리던 은행원도 쫓겨날 수 있다는 전례가 세워지게 되었다. 이 밖에도 많은 기업들이 인건비를 줄여 경영상의 어려움을 타개한다는 미명 아래 근로자를 마구 퇴출시켰다. 이에 따라 정리해고를 둘러싼 법정 소송도 줄을 이어 법원에서의 공방도 치열하게 전개되었다. 이처럼 기업들은 기업의 어려움을 힘이 없는 근로자의 정리해고로 대응했던 것이다.

기업들이 정리해고 등 구조조정 발표를 하면서 늘 입버릇처럼 하는 말이 있다. "실업자를 줄이기 위해서는 고육지책으로 인력의 구조조정을 할 수밖에 없다"는 것이다. 언뜻 보기에는 전혀 이해가 가지 않는 대목이다. 정리해고를 하면 당장 실업자가 늘 것인데 실업자가 준다니 무슨 홍두깨 같은 소리인가 하는 사람도 있을 수 있다. 그렇다면 구조조정의 진정한 의미를 알아보자.

주지하다시피 우리나라 재벌들을 보면 계열기업을 수십 개씩 거느리고 있다. 그런데 유감스럽게도 그 중 지주회사를 비롯한 몇 개 기업만이 경쟁력을 갖추고 있을 뿐 나머지는 그에 기생하는 부실기업인 경우가 많다. 그 부실 계열기업을 지탱해 주고 있는 것이 바로 상호출자나 상호지급보증이다.

상호출자나 상호지급보증이 부실 계열기업의 생명을 연장해 주는 것은 좋으나, 때로는 그것이 건실한 기업까지 부실로 이끄는 경우가 많다는 데 문제가 있다. 따라서 상호출자나 상호지급보증을 철저히 막아야 한다는 이야기가 나오는 것도 바로 그러한 이유이다. 우량한 기업에서 생긴 이익을 부실기업에 쏟아 붓는다면 우량한 기업마저도 부실해질 수 있다. 부실기업은 부실기업대로 망하고, 우량기업은 남을 도와주다 망하는 꼴이 생길 수 있는 것이다.

구조조정은 바로 경쟁력이 없는 부실기업 혹은 부실부문을 퇴출시키고 경쟁력이 있는 기업들을 집중 육성하는 것이 올바른 취지이다. 그렇다면 퇴출기업의 종업원들은 정리될 수밖에 없다. 하지만 경쟁력이 있는 기업은 더욱더 경쟁력을 갖추게 되어 새로운 일자리도 만들어지게 된다. 결국 실업자가 줄어드는 결과를 가져올 수 있는 여지가 있다.

그러나 우리나라 기업들의 구조조정은 좀 특이한 면이 있다. 단지 인력을 감축하여 경비를 줄여 보자는 의도이기 때문이다. 경비를 줄이는 방법에는 여러 가지가 있다. 업무부서의 재조정 등 경쟁력을 갖춰 경비를 줄일 수 있는 방법도 있다. 그런데도 불구하고 가장 손쉬운 방법만을 고집하고 있는 것이다.

물론 단기적으로는 인건비가 줄어들어 경영상의 어려움을 어느 정도 해소할 수 있을지도 모른다. 하지만 장기적으로 새로운 일자리까지 만들어질 수 있을지는 의문이 아닐 수 없다. 뿐만 아니라 아무런 생각 없이 마구 내쫓다가 회사에 없어서는 안 될 훌륭한 인재까지 잃는 우를 범하지는 않는지 생각해 볼 문제이다.

자산 구조조정, 국부유출인가?

IMF 이후 최근 몇 년에 걸쳐 우리나라 굴지의 대기업들이 해외 기업으로 넘어갔다. 대표적인 기업으로는 대우자동차가 미국의 GM으로 넘어갔다. 삼성자동차도 르노로 넘어갔다. 그 밖에도 많은 기업이 해외에 매각되었다.

국내기업이 해외에 매각될 때마다 불러일으키는 것이 있다. 바로 헐값 매각과 함께 이에 따른 국부유출이라는 논란이다. 이 논란은 국내기업의 매각 때마다 늘 등장한다. 하지만 매각이란 다른 어떤 회생의 방법이 없기 때문에 고육지책으로 내놓는 최후의 수단이다. 따라서 제대로 된 가격을 받는다는 것이 현실적으로 불가능한 일이다. 다만 손실을 최소화할 따름이다. 과거 하이닉스의 매각문제도 마찬가지이다.

당시 하이닉스에 돈을 투자한 채권은행들은 더 이상 하이닉스에 자금을 지원할 의사가 없다는 반응이었다. '밑 빠진 독에 물 붓기' 식이라는 것이다. 따라서 해외매각만이 유일한 방법이었다. 채권은행들은 매각 이외에는 다른 방도가 없다고 연일 목청을 높였다. 그러나 문제가 되는 것이 바로 매각대금이었다.

하이닉스 측에서는 되도록이면 많은 금액을 받고자 원했고, 반면 인텔 등 매수를 원했던 해외기업들은 가능하면 싼 값으로 매수하고자 하였다. 밀고 당기는 실랑이는 오랫동안 지속되었고, 그 과정에서 회사는 회사대로 만신창이가 되는 상황까지 가게 되었다. 그 과정에서 헐값에 매각하느니 차라리 독자생존을 모색하자는 의견이 대두되는가 하면, 또 다른 일부에서는 청산절차를 밟아야 한다는 극단론을 펴는 사람까지 나타나게 되었다. 당시로서는 뜨거운 감자가 아닐 수 없었다.

당시 하이닉스는 세계 반도체시장에서 3~4위를 다투는 세계적인 회사였다. 따라서 이 회사가 어느 회사로 넘어가느냐 하는 것이 초미의 관심사였다. 하이닉스를 인수할 경우 세계 반도체시장에서 확고한 위치를 점하게 되는 것은 기정사실이었기 때문에 관심의 대상이 아닐 수 없었던 것이다.

많은 회사들이 하이닉스에 관심을 가지고 있었다. 하지만 그 어느 회사도 하이닉스에서 요구하는 금액과는 큰 차이가 있었다. 이들 외국회사들은 하이닉스가 독자생존이 어렵다는 사실을 알고 있었다. 따라서 부득이하게 매각할 수밖에 없을 것이라고 믿고 있었다. 이런 상황에서 많은 돈을 지불하면서까지 인수하지 않겠다고 나온 것이다.

이런 서로간의 신경전 속에서 회사만 점점 멍들어가고 있었다. 그렇다고 해서 매각추진 담당자들을 나무랄 수도 없었다. 만일 외국회사들이 요구하는 대로 매각할 경우 분명 "헐값 매각"이라는 비난에서 자유로울 수 없기 때문이었다. 결국 전체 매각이 아닌 부문별 매각이라는 고육지책을 쓰게 되었다. 즉, 핵심부문만을 남기고 나머지 부문은 매각하는 방법을 선택한 것이다.

앞에서도 언급한 바와 같이 국내기업을 해외에 매각할 경우 이를 비판적 시각으로 보는 경우가 많이 있다. 특히 헐값 시비가 있는 경우 더욱 그렇다. 하지만 경영이 부실해 스스로 생존할 힘이 없는 기업이라면 해외기업에라도 매각하는 것이 국민 경제적으로 더 큰 도움이 된다. 예를 들어 대우자동차를 보자.

당시 대우자동차는 스스로의 힘으로는 도저히 살아남을 수 없다는 것이 전문가들의 시각이었다. 그리하여 해외매각을 추진하였고 그 과정에서 노조의 반발, 국부유출이라는 비난 등 엄청난 저항에 부딪쳤다. 그러나 결국 매각은 이루어졌다. 그 결과가 어떻게 나타나고 있는가를 보자. 퇴출된 근로자들이 전원 다시 복직하는 등 국민 경제적으로 큰 도움이 되고 있다. 퇴출된 근로자들이 전원 다시 원래의 직장으로 돌아오는 예는 우리나라에서는 찾아보기 힘들다. 만일 이런 비난을 의식하여 독자생존 등 정도가 아닌 다른 변칙적인 방법을 동원했더라면 지금의 대우자동차는 상상할 수 없을 것이다.

삼성자동차도 마찬가지이다. 만일 당시 해외에 매각하지 않고 삼성이 그대로 안고 왔다면 아마 삼성그룹도 어려움에 봉착했을 것이라는 게 많은 전문가들의 시각이다. 해외매각을 무조건 부정적으로만 보면 안 된다는 하나의 반증인 것이다.

물론 기업의 주인은 국내가 아닌 해외기업이다. 심적으로 쓸쓸할 수도 있다. 그러나 해외에 매각한다고 해서 공장을 뜯어가는 것이 아니다. 그대로 있는 것이다. 다만 재력이 튼튼한 기업이 대신 경영해 준다고 편하게 생각하면 된다. 과거와는 달리 해외기업들이 국내에서 벌어들인 돈을 가지고 나가는 것이 아니다. 국내에 다시 재투자하는 것이 일반적이다. 따라서 국내에서 고용과 소득을 창출하는 기능을 계속하는 것이다.

해외매각을 단지 국부유출의 시각으로만 보는 것은 현명한 국민의 판단이 아니다. 지금은 세계화, 국제화 시대이다. 시대에 맞게 마음도 열린 마음을 가져야 할 때이다.

사람을 자르는 것이 능사가 아니다

「○○고등법원 특별11부(재판장 ○○○부장판사)는 1999년 11월 6일 ○○지도자육성장학재단의 구조조정에 대해 "기업이 경영상의 이유로 단행하는 구조조정은 하위직 직원의 해고에 앞서 수익성 없는 부동산 처분이나 관리비 절감, 급여 절세 등을 통해 그 목적을 달성해야 한다"고 밝히면서 이사장 및 기관운영 판공비에 연간 9천만 원을 책정하는 상황에서 직원을 해고하는 방법으로 구조조정을 시행하는 것은 바람직하지 못하다고 덧붙였다.」

이상은 한 장학재단의 인력 구조조정에 대한 법원의 판결내용이다. 이 판결은 회사의 어려움을 정리해고 등 인력의 구조조정으로 쉽게 해결하려는 당시의 분위기에 일침을 가하는 판결이었다.

그렇다. 구조조정에는 여러 가지 방법이 있을 수 있다. 우선 가장 먼저 떠올릴 수 있는 것이 수익성 없는 부동산 처분 등 자산의 구조조정이 선행되어야 한다. 그것으로 부족하다면 급여 삭감, 배치전환 등 인력감축이 수반되지 않는 구조조정을 실시하고, 최후의 수단으로 인력감축을 실시하는 것이 순서일 것이다.

우리나라 기업들은 기업경영이 어려워지면 조기퇴직이나 정리해고 등 직접적인 인력감축에 들어가는 것이 일반화되어 있다. 어떤 면으로 보면 다른 어느 방법보다 손쉬운 방법이다. 하지만 그에 따른 퇴직자들의 고통을 생각해야 한다.

　우리나라의 경우 사회보험 등 사회보장제도가 아주 미비하다. 선진국과는 비교할 수가 없다. 실업이 곧 생계곤란으로 이어진다. 이런 상황에서 기업경영의 어려움을 단지 퇴출 등 인력감축으로 대응하는 것은 너무 가혹한 일이다. 자산매각 등 인력이 아닌 자산 구조조정을 먼저 강력히 실시한 다음 어쩔 수 없을 경우에 인력 구조조정을 실시해야 한다. 물론 많은 기업들이 이 같은 노력을 하고 있다. 하지만 이 같은 노력은 하지 않은 채 단지 인력감축으로 대응하고자 하는 기업들이 있기 때문에 문제가 되고 있는 것이다.

　어떤 기업들은 경영이 어렵다는 이유로 많은 근로자들을 퇴출시키고, 그 후에 다른 기업을 인수 합병하는 경우도 있다. 경영이 어려운데 그 많은 인수자금은 어디에서 생겨났단 말인가. 이래서야 근로자들이 자기 회사를 내 회사로 생각하고 일할 수 있겠는가 말이다. 몇 년 전의 일이지만 현대자동차가 그 많은 인력을 퇴출시키고 곧바로 기아자동차를 합병한 일이 있다. 당시 퇴출된 많은 근로자들은 아마 배신감을 느꼈을 것이다. 비단 이 같은 경우가 이 회사만의 일은 아닐 것이다.

　또한 우리나라 기업들의 구조조정 행태를 보면 기업의 경쟁력 제고와는 거리가 멀어 보인다. 진정한 구조조정이라면 앞에서 이미 언급했던 것처럼 부실 혹은 부실 계열기업을 털어내고 경쟁력 있는 부문 혹은 경쟁력 있는 기업을 더욱더 경쟁력을 갖추도록 하는 것이라고 본다. 그런데 어찌된 일인지 부실부문을 털어내는 것이 아니라 부실은 그대로 둔 채 단지 인력만을 감축하려고 든다.

단순히 인건비 절감으로 단기적인 경영상의 어려움을 극복해 보자는 얄팍한 속셈이라고밖에 볼 수 없다. 물론 단기적으로는 인력감축이 경영상의 어려움을 극복하는 데는 도움이 될 수 있을지는 모른다. 하지만 기업도 장기적인 안목을 바라보고 경영을 해야 한다. 장기적인 측면에서 어느 것이 바람직한 지를 항상 염두에 두어야 한다.

인력감축이 아닌 다른 구조조정 방식으로 어려움을 극복하고 성공한 기업들을 매스컴이나 우리 주위에서 얼마든지 본다. 대표적인 예가 바로 유한킴벌리이다. 이 회사는 대기업도 아니다. 물론 장래성을 가진 IT업체도 아니다. 평범한 한 중소기업에 불과하다. 그런데도 한 명의 인력감축도 없이 그 높은 IMF 한파를 극복하고 높은 생산성을 유지해 오고 있는 것이다.

실제로 보고에 의하면 인력감축을 실시한 미국기업들의 경우 단기적인 비용절감에는 어느 정도 도움이 되었으나 장기적으로 생산성 향상이나 경쟁력 제고에는 별 도움이 되지 못했다는 응답이 압도적이었다는 것이다. 우리나라도 이와 크게 다를 바가 없다고 생각한다.

언급한 바와 같이 인력감축으로 단기적인 비용절감은 가져올 수 있을 것이다. 하지만 그에 따른 이미지 손상 등 부작용도 만만치 않을 것이다.

 경제가 쉽다
경제학이 즐겁다

과거로 돌아갈 수 없나

일본의 노동운동을 상징하는 용어가 있다. 그것이 바로 '춘투'이다. 춘투란 원래 '춘계임금투쟁'의 약자이다. 일본의 회계연도가 대개 4월에 시작하기 때문에 대부분 3월이면 임금협상이 절정을 이룬다. 따라서 이것이 봄철이기 때문에 춘투라고 불리게 된 것이다. 그런데 그 유명한 춘투가 점점 사라지고 있다. 왜 그럴까?

일본은 1990년대 이후 전후 최악의 경제 불황을 겪어왔다. 물론 지금도 이 불황에서 완전히 벗어났다고는 할 수 없다. 아직 실업률도 전후 최고수준에서 벗어나지 못하고 있다. 이런 경제상황을 반영하여 2000년도 이후 임금협상에서 임금인상은 고사하고 호봉승급조차 제대로 이루어지지 않는 기업들이 대다수였다.

급기야 일본 노동조합 조직인 렌고는 "기본급 인상을 기대하기 힘드니 호봉제도나 유지하자"는 쪽으로 입장을 정리하기도 하였으나 일본 경영진 측 경단련은 호봉은 고사하고 한발 더 나아가 '춘투를 아예 없애자'고까지 나오기도 하였다.

경단련의 주장대로 과연 '춘투'가 완전히 사라질지는 아직 속단하기 힘들다. 그 동안에도 경기가 좋지 않을 때는 언제나 성과급과 연봉제 얘기가 나왔지만 결국은 다시 종신고용과 호봉제로 돌아왔기 때문이다.

일본이나 한국이나 모두 구조조정이라는 힘든 과정을 겪어왔고, 지금도 현재진행형이라고 할 수 있다. 한국은 IMF 외환위기 이후 대규모 감원이라는 홍역을 치른 후 잠시 소강상태에 있으나, 언제 다시 구조조정이라는 이름 아래 칼날을 빼어들지 모르는 상황에 놓여 있다. 일본도 마찬가지이다.

1990년대 이래 10년이 넘도록 아니 15년에 가깝도록 심각한 디플레이션 상태 하에 놓여 있다. 최근에 경기가 다소 회복되는 양상을 보여주고는 있으나, 이것이 본격적인 회복의 신호인지 아니면 세계적인 흐름에 편승한 것인지는 두고 볼 일이다. 어쨌든 일본은 2000년도 이후 대규모 감원을 단행하여 불황을 타개하고자 하는 노력을 기울였으나 성과는 그다지 크지 않았다. 일본인들 사이에는 일본경제의 불황의 끝, 다시 말해서 과거의 영광이 언제 다시 올 것인가에 대해 몹시 불안해하고 있다. 경제상황이 획기적으로 바뀌지 않는다면 또 다시 대규모 감원바람이 불지 않을까 몹시 두려워하고 있다.

우리나라나 일본 모두 할 것 없이 큰 회오리 속에서 살고 있다. 과거가 그리울 뿐이다. 주지하다시피 우리나라와 일본의 고용시장의 특징이라면 연공서열과 함께 종신고용제였다.

즉 세월이 가면 자동적으로 승진할 수 있었고, 자신이 원하는 한 한 직장에서 평생토록 근무할 수 있었다. 따라서 직장 내에서는 늘 한 가족 같은 분위기였다. 경영자는 종업원을 한 가족처럼 여겼고, 종업원은 회사를 내 회사라는 책임의식으로 열심히 일하였다.

외국학자들 중에는 우리나라와 일본의 이 같은 고용특징을 매우 긍정적으로 평가하는 사람도 있었다. 그들은 우리나라와 일본이 매우 빠른 속도로 성장할 수 있었던 배경에는 이 같은 고용특징, 즉 연공서열과 종신고용이 한몫했다는 평가를 내리기도 하였다.

하지만 지금은 상황이 크게 바뀌었다. 우리나라나 일본 모두 근로자들이 퇴출되기에 바쁘다. 근로자들은 언제 퇴출될지 하루하루가 불안하다. 평생직장이라는 생각은 이미 버린 지 오래다. 다만 좀 더 오래 근무했으면 하는 것이 유일한 바람이다. 하지만 상황은 근로자들의 희망과는 멀어 보인다.

외국기업들은 우리나라 노동시장이 유연하지 못하다고 늘 불만이다. 따라서 투자의 전제 조건으로 우선 노동시장의 유연성을 요구하고 있다. 종업원을 자기들 마음대로 할 수 있도록 해 달라는 것이다. 근로자는 이래저래 힘든 세상이 되고 말았다.

두 마리 토끼 한번 잡아보자

토끼는 매우 빠른 동물 중 하나이다. 따라서 두 마리를 한번에 동시에 잡는다는 것은 여간 힘든 일이 아니다. 경제에도 토끼처럼 두 마리를 동시에 잡기 힘든 것이 있다. 바로 물가안정과 완전고용이다.

전통적인 경제이론에 의하면 물가안정과 완전고용은 동시에 달성될 수 없는 상반관계(trade off)에 있는 것으로 알려지고 있다. 즉, 물가를 안정시키려면 실업률이 높아지고 실업률을 낮추려면 물가가 올라간다. 이런 관계를 실증적인 경험을 토대로 해서 발견한 사람이 바로 필립스이다. 따라서 이 사람의 이름을 따서 우리는 '필립스 곡선(phillips curve)'이라 부르고 있다.

　이러한 전통적인 이론, 즉 필립스 곡선을 뒤집는 일이 일어났다. 그것이 바로 10년 이상 장기호황을 누린 미국경제였다. 미국경제는 1990년대 이후 10년이 넘도록 장기호황 속에서 물가상승률도 낮은 수준(2% 이내)을 유지하였다. 실업률도 4%대를 유지하여 거의 완전고용 수준이었다. 물가안정과 완전고용을 동시에 달성한 것이다. 기존 이론으로는 도저히 설명이 불가능한 성과를 나타냈다.

　이 같은 인플레이션이 없는 완전고용이라는 예외적인 현상에 대해 많은 학자들은 일시적인 것으로 받아들이는 분위기였다. 이들은 인플레이션이 없는 호황은 이례적이며 거품이기 때문에 조만간 잠재적 불안요인이 파생되어 큰 조정을 받을 것이라는 버블 론을 제기하였다. 이들 중에는 앨런 그린스펀 전 미국 연방 준비제도 이사회(FRB) 의장도 한몫하였다.

　그린스펀 전 의장은 "어떤 경제도 경기순환의 법칙을 피할 수는 없다"고 주장하였다. 그는 기회가 있을 때마다 "실업률이 낮은데도 뚜렷한 인플레이션이 나타나지 않고 있는 현 상황은 필립스 곡선과는 다른 결과지만 앞으로 실업률이 조금만 더 떨어지면 반드시 임금상승과 인플레이션이 나타날 것"이라는 주장을 일관되게 견지하였다.

　그런 그도 10년 이상 계속된 인플레이션 없는 호황 앞에서는 자기 고집을 꺾지 않을 수 없었다. 드디어 2000년 5월 1일 그는 그동안의 필립스 곡선의 옹호론을 접고 말았다. 그는 상·하원 합동경제위원회에 보낸 서한에서 "필립스 곡선 이론은 경제와 물가의 추세를 판별할 때 유용한 수단이기는 하지만 지금의 경제상황은 필립스 곡선이라는 잣대를 들이대기에는 너무나 복잡하다"고 솔직히 고백하였다. 줄곧 필립스 곡선의 옹호론 쪽에 서 있던 입장에서 필립스 곡선을 포기하고 만 것이다.

이처럼 1990년대 이후 미국경제는 물가안정과 완전고용을 동시에 달성할 수 없다는 기존의 필립스 곡선 이론과는 달리 두 마리 토끼를 동시에 잡는 쾌거를 이룩하였던 것이다.

이를 두고 일부에서는 경제학을 다시 써야 한다는 주장까지 대두하기도 하였다. 그러나 2001년 이후 미국경제는 서서히 하강의 길로 접어들기 시작하였고 그 후 몇 년 간의 조정과정을 거쳐 현재의 상황에 놓여 있는 것이다. 당시 일부에서는 미국경제가 장기호황을 누리는 과정에서 많은 거품이 형성되었기 때문에 앞으로 상당기간 거품이 제거되는 과정을 겪을 것이라는 비관적인 전망까지 하였으나 결과는 이를 대체로 비켜가고 말았다. 필립스 곡선 이론이 다시 한 번 시험대에 오른 것이다. 하지만 필립스 곡선 이론의 유용성을 떠나 우리도 한번 두 마리 토끼를 잡는 쾌거를 이뤘으면 하는 바람을 가져 본다.

6장

돈은 돌고 돈다

돈의 탄생

오늘은 5일장이 열리는 날이다. 재영이 아버지는 쌀을 지게에 지고 끙끙거리며 시장에 가고 있다. 역시 옆집 원석이 아버지는 돼지를 몰고 가고 있다. 하지만 돼지는 이리저리 도망 다니고, 원석이 아버지는 그런 돼지를 쫓아다니느라 정신이 없다. 원석이 아버지의 몸은 이미 땀으로 흠뻑 젖어 있다. 한편 희조 어머니는 닭을 잡아 옆구리에 끼고 정신없이 시장으로 발걸음을 재촉한다.

시장에는 온갖 마을에서 몰고 나온 소, 돼지는 물론 각종 물건들로 난장판이다. 어떤 아저씨는 한 눈 파는 사이 소가 도망치는 바람에 찾느라고 정신이 없다. 한쪽 구석에서는 물건들을 서로 흥정하느라 실랑이를 벌인다. 일부는 흥정에 성공하여 서로 가지고 온 물건들을 교환하고 집으로 향한다. 흥정에 실패한 사람들은 가지고 온 물건들을 다시 짊어지고 무거운 발걸음을 재촉한다.

이 모습은 단순히 시골 장터의 모습을 묘사한 것이 아니다. 돈의 고마움을 묘사한 모습이다. 돈이라는 것이 없었다면 당연히 벌어졌을 우리의 생활모습이다.

이보다는 훨씬 발전된 모습이지만 30여 년 전만 하더라도 물건값을 곡물 등으로 치르는 경우가 다반사였다. 필자도 초등학교 때 노트(당시는 공책이라고 불렀음)를 산다고 돈을 달라고 하면 돈이 없다면서 어머니가 대신 달걀을 종이에 잘 싸서 손에 쥐어주던 기억이 있다. 그러다 보니 에피소드도 많이 있다. 때로는 달걀을 손에 쥐고 가다가 실수를 하여 깨뜨리는 경우도 있었다. 그리고 보부상들이 오면 물건을 사고 쌀이나 보리쌀 등으로 돈 대신 지불하던 어머니의 모습이 생각이 난다. 그렇다면 돈은 언제부터 생겨났을까?

역사적으로 증명할 수 있는 최초의 돈은 '건원중보'로 알려져 있다. 건원중보는 고려 성종 15년(서기 996년)에 처음 발행되었으며, 역사적으로 증명할 수 있는 우리나라 최초의 돈이다. 이것은 동전이다.

물론 그 훨씬 이전에도 돈을 사용했다는 기록은 있으나 증명은 되지 않고 있다.

우리나라 최초의 종이돈은 '저화'이다. 저화는 조선시대 태종(서기 1408년)대에 제조되어 유통되었다. 물론 조선시대에는 이미 조선통보 등 여러 가지 동전이 만들어져 사용되었다.

돈이라는 것은 우리 생활에서 없어서는 안 될 매우 중요한 매개수단이다. 돈이 없다면 필요한 물건을 마음대로 사서 쓸 수가 없다. 앞에서 물건값을 달걀이나 쌀 등으로 돈 대신 지불하였다고 하였으나 이는 이미 돈을 전제(돈의 가치로 환산)로 한 것이기 때문에 물물교환과는 전혀 성격이 다르다. 돈이 생겨나지 않았다면 모든 물건들을 스스로 만들어 써야 하는 상황이 올지도 모른다. 왜냐하면 물물교환에서는 쌍방이 서로 마음에 드는 물건을 가지고 있을 때 거래가 성사될 수 있기 때문이다. 만약 서로가 상대방 물건에 대해 마음에 들지 않는다면 가지고 왔던 물건을 다시 짊어지고 가야 하는 것이다. 여간 불편한 일이 아닐 수 없다. 특히 가벼운 물건이 아닌 무거운 물건일 경우에는 그 불편함이란 이루 말할 수 없을 것이다.

이처럼 돈의 중요함은 말할 수가 없다. 그런데도 불구하고 우리는 돈의 소중함을 깨닫지 못하는 경우가 많이 있다.

과거 2002년 자료에 의하면 한 해 동안 폐기처분된 지폐가 무려 5조 9,000억 원에 이르고 있다. 폐기된 지폐를 한 줄로 늘어놓으면 서울과 부산을 173회 왕복할 수 있는 거리라는 것이다. 높이로 쌓을 경우 에베레스트 산(8,848m)의 11배에 해당한다는 것이다.

 경제가 쉽다
경제학이 즐겁다

폐기 처분된 양의 지폐를 제조하려면 약 540억 원이라는 돈이 들어
간다고 한다. 막대한 돈이 아닐 수 없다. 지폐의 평균수명이 선진국
에 비해 크게 짧다보니 그만큼 발행비용도 늘어나고 있는 것이다.

통화지표, 통화정책의 기준이 된다

화폐와 통화. 우리는 돈을 표현할 때 화폐라는 말도 쓰고, 때로는 통
화라는 말도 쓴다. 일반적으로 같은 의미로 사용하고 있다. 그러나
정말 같은 의미일까? 그렇지 않다.

통화는 통용되는 화폐를 줄인 말이다. 따라서 시중에 유통되면서
지불수단으로 사용 중인 화폐를 의미한다. 반면 화폐는 한국은행에
서 찍어낸 주화나 지폐를 말한다. 따라서 유통되지 않고 한국은행의
금고 속에 보관되어 있는 주화나 지폐는 화폐이긴 하지만 통화는 아
니다.

마찬가지로 통화량은 통용되는 화폐의 양을 줄인 말이다. 따라서 통
화량이 많다는 것은 시중에 돌아다니는 돈이 많다는 이야기이고, 통
화량이 적다는 것은 시중에 돌아다니는 돈이 적다는 이야기이다. 이
때 통화량이 너무 많아도 문제가 되고 너무 적어도 문제가 될 수 있
다. 따라서 적당한 양의 통화량이 유지될 수 있도록 조정·통제를 해
야 한다.

통화당국이 통화량을 쉽게 조정·통제할 수 있기 위해서는, 어디까

지를 통용되는 화폐 즉 통화량으로 볼 것인가가 우선 결정되어야 한다. 이것을 나타내는 지표가 바로 '통화지표'이다. 즉, 통화지표란 통화량의 크기와 변동을 파악할 수 있는 하나의 지표로, 여기에는 M1(통화), M2(총통화), M3(총유동성), MCT 등 여러 가지가 있다. 이들을 구체적으로 살펴보기로 하자.

우리가 저금하는 예금은 어떻게 구분되는가? 은행에 맡겨진 예금은 보통예금처럼 우리가 필요로 할 때 수시로 현금으로 찾을 수 있는 '요구불예금'과 정기예금이나 정기적금처럼 일정기간(약정기간)이 지난 후에 찾아야만 약정된 이자를 모두 받을 수 있는 '저축성예금'으로 구분된다.

이 중 요구불예금은 은행에 가거나 현금카드를 현금인출기에 넣으면 즉시 현금으로 인출할 수 있으므로 현금과 같은 성격을 가지고 있다. 따라서 개인이 소유하고 있는 현금과, 보통예금 등과 같은 요구불예금만을 합해 통화량으로 보는 것이 바로 통화(M1)이다.

한편 저축성예금은 요구불예금과는 달리 이자수익이 높은 대신 약정된 기간이 경과해야만 현금으로 인출이 가능하다. 또한 거주자 외화예금이라는 것이 있다. 거주자 외화예금은 우리나라 사람이 외국여행을 갔다 돌아와 쓰고 남은 외화를 예금한 것을 말한다.

저축성예금이나 거주자 외화예금은 직접 지불수단으로 사용할 수는 없다. 하지만 저축성예금은 이자만 포기하면 언제든지 현금으로 찾을 수 있다. 마찬가지로 거주자 외화예금도 언제든지 원화로 바꾸어 인출할 수 있다. 따라서 통화(M1)에 저축성예금과 거주자 외화예금까지 포함하여 통화량으로 보는 것이 바로 총통화(M2)이다.

이처럼 통화(M1)나 총통화(M2)는 현금과 은행의 각종 예금을 통화량으로 본 것이다. 하지만 최근 은행 이외의 금융기관(제2금융권)이 급속히 성장함으로써 전체 금융기관에서 차지하는 비중이 크게 증대되었다.

이들 금융기관들이 공급하는 여러 가지 저축수단들도 은행예금과 유사할 뿐만 아니라 쉽게 현금으로 전환할 수 있다. 또한 금융기관이 발행하는 각종 채권도 쉽게 통화로 전환할 수 있다. 따라서 이 모든 것들까지 다 포함하여 통화량으로 보는 것이 바로 총유동성(M3)이다.

또한 총통화(M2)에 은행이 발행하는 양도성예금증서(CD)와 은행금전신탁(T)까지를 포함해 통화량으로 보는 것이 바로 MCT이다. 이 밖에 통화지표로서는 본원통화, M2A(M2-은행장기저축성예금) 등 여러 가지가 있다. 그리고 새로운 개념의 지표도 속속 개발되고 있다.

한국은행은 이 여러 가지 통화지표 중 현실 경제활동을 가장 잘 반영할 수 있는 지표를 중심지표로 삼아 통화정책의 기준으로 삼고 있다.

많아도 걱정, 적어도 걱정

"이리 가면 고향이요, 저리 가면 타향인데, 이정표 없는 거리, 헤매도는 삼거리 길, 이리 갈까, 저리 갈까, 차라리 돌아갈까. 세 갈래 길

삼거리엔 비만 내린다.”

70년대 유행했던 향수를 그린 트로트 〈이정표 없는 거리〉의 한 가사이다. 아마 새삼스럽게 흘러간 가수의 노래 가사가 왜 등장하는가 하고 의아스럽게 생각하는 사람도 있을 것이다. 그러나 현재 우리나라 시중의 돈의 흐름이 마치 이 노래 가사와 너무나 흡사하다 보니 나도 모르게 갑자가 떠오른 것이다.

그렇다. 현재 시중에는 갈 곳을 찾지 못해 방황하며 떠도는 돈이 대략 500조 원에 가까운 것으로 파악되고 있다. 은행으로 가기에는 이자율이 낮아 별 이득이 없고, 주식시장으로 가기에는 불안하고, 특별히 갈 만한 곳이 없어 방황하고 있는 것이다. 그러다 보니 만만한 곳이라고는 부동산시장밖에 없다. 따라서 부동산에 돈이 몰리고 있다. 이에 따라 웬만한 아파트는 물론 전국의 국토가 투기장이 되어 버리고 있다.

일부 상인들의 말을 빌리면 장사하던 사람들이 음식점 등 장사를 포기하는 경우가 많이 있다는 것이다. 왜 힘들게 장사를 하느냐는 것이다. 아파트 등 부동산을 잘만 고르면 억대가 오고 가는데 그보다 더 나은 장사가 어디 있느냐는 것이다. 따라서 건물의 임대가 잘 되지 않는 것은 물론 불경기 탓도 있지만 이 같은 면도 작용하고 있다는 것이다. 전혀 예상하지 못한 결과가 아닐 수 없다.

시중에 돈이 많이 풀리게 되면 인플레이션이 발생하고, 그에 따라 앞에서 말한 부동산 투기 등 실물자산(땅, 건물 등)에 거품이 끼게 되어 경제에 큰 부담을 주게 된다. 물론 긍정적인 면도 많다. 시중에 돈

 경제가 쉽다
경제학이 즐겁다

(통화량)이 많아지면 금리가 내려간다. 금리가 내려가면 금리부담 때문에 엄두도 못 냈던 투자가들의 투자가 늘어난다. 투자가 늘어나면 당연히 생산도 증가하고 새로운 일자리도 창출되는 등 경제에는 긍정적으로 작용한다.

하지만 위에서 언급한 바와 같이 돈이 지나치게 많이 풀릴 경우에는 인플레이션이 발생하여 경제에는 부담으로 작용하게 된다. 실제로 2001년 말 경부터 최근에 걸쳐 우리나라 부동산 가격은 일반 예상을 뛰어 넘는 가파른 상승곡선을 그리고 있다. 이것은 모두 지나치게 돈이 많이 풀어졌기 때문이다. 우리가 기억하는 1980년대 말의 심각한 거품도 지나치게 많이 풀린 돈 때문이었다. 거품경제가 어느 정도의 후유증을 가져오는지에 대해서는 이미 수차례 언급한 바가 있기 때문에 여기에서 다시 재론하지는 않겠다.

돈(통화량)이 적게 풀릴 경우에는 어떤 결과가 나타나겠는가? 돈이 적게 풀릴 경우에는 돈을 필요로 하는 사람보다 돈의 공급이 적게 되므로 필연적으로 금리는 올라가게 된다. 금리가 올라가면 금리부담 때문에 기업가들은 투자를 줄인다. 자칫 투자를 했다가는 금리도 건지지 못하는 상황이 오지 않을까 두렵기 때문이다. 투자가 줄어들면 자연히 생산도 감소한다. 생산이 감소하면 일자리가 줄게 되어 실업자가 늘어난다. 역시 소득도 감소한다. 실업자가 늘어나고 소득이 줄면 소비가 감소하여 다시 생산이 줄어드는 등 악순환이 계속된다. 이런 악순환 속에서 경제는 더욱더 침체 속으로 빠져들게 되는 것이다.

결국 돈은 지나치게 많아도 좋지 않고 또한 지나치게 적어도 문제가

발생한다. 적정한 돈이 물가와 실업 등 경제를 조절하는 데 매우 중
요하다. 그렇다면 어느 정도가 적정한 수준이 되는 것일까? 적정수준
에 대한 논의는 학자마다 다양하다. 하지만 대체로 물가상승률과 경
제성장률을 더한 수치로 계산하는 것이 보통이다.

예를 들면 물가상승률이 3%이고 경제성장률이 5% 수준이라면 통
화량 증가율은 8% 정도로 유지하는 것이 바람직하다는 것이다.

 경제도 적절한 혈액을 공급해야

우리가 건강을 유지하려면 무엇보다 몸속에 있는 각 기관의 기능이
원활히 잘 돌아가야 한다. 여러 기관 중에서 하나라도 고장이 난다면
곧바로 몸의 이상으로 나타난다. 특히 혈관계통에 이상이 생길 경우
에는 심근경색 등 심각한 성인병을 유발할 수 있다. 따라서 혈액순환
이 원활하게 잘 이루어져 건강을 유지하기 위해서는 적당한 운동과
함께 의사의 치료 등 적절한 대책을 세워야 한다.

경제도 마찬가지이다. 경제의 혈액구실을 하는 것이 바로 통화량이
다. 앞에서 설명한 바와 같이 통화량은 지나치게 많아도 경제에 병을
가져오고 또한 지나치게 적어도 경제에 병을 일으킬 수 있다. 따라서
경제가 건강을 유지하게 위해서는 혈액인 통화량이 적절하게 유지될
수 있도록 대책을 세워야 한다. 그 역할을 하는 곳이 바로 한국은행
이다.

한국은행은 혈액인 통화량이 적절히 잘 유지되도록 여러 가지 정책을 실시한다. 그 중의 하나가 바로 재할인율정책이다.

기업이 물건을 팔면 그 대가로 항상 현금만 받는 것이 아니다. 현금이 아닌 어음을 받을 수 있다. 어음에는 언제까지 어느 은행을 통해서 지급하겠다고 하는 약속이 되어 있다. 그러나 기업이란 항상 돈이 필요한 경우가 많기 때문에 그 약속한 날짜까지 기다릴 수 없는 상황이 있을 수 있다. 그런 경우 기업들은 그 어음을 들고 은행에 가서 약정된 날짜까지의 이자를 제하고 나머지 액수를 현금으로 받을 수 있다. 이것이 바로 '어음할인'이다.

마찬가지로 은행은 다시 이 어음을 한국은행에 가서 만기일까지의 이자를 제하고 나머지를 현금으로 받는다. 할인한 것을 또 할인한 것이다. 우리는 이것을 '재할인'이라고 한다.

한국은행은 이 재할인율을 높이거나 낮추어 은행들의 통화량을 조절한다. 즉 재할인율을 높이면 은행들이 가져갈 수 있는 액수가 줄어들어 시중의 통화량이 감소한다. 반면 재할인율을 낮추면 은행들이 가져갈 수 있는 액수가 늘어나 시중의 통화량도 증가한다. 여기서 재할인율을 높인다든가 아니면 낮춘다든가 하는 것은 간단히 얘기하면 이자율을 높이거나 낮춘다는 의미라고 이해하면 쉽다. 따라서 재할인율을 높이면 그만큼 만기 때까지의 이자가 많아져 일반은행들이 한국은행으로부터 가져갈 수 있는 돈의 양이 줄어드는 것이다. 재할인율을 낮출 경우에는 마찬가지 이유로 한국은행으로부터 가져갈 수 있는 돈의 양이 늘어나는 것이다. 이런 방법으로 한국은행은 시중의 통화량을 조절하는 것이다.

한국은행이 통화량을 조절하는 또 다른 방법으로 지급준비율정책이라는 것이 있다. 일반 시중은행들은 고객의 돈을 받아 대출재원으로 사용한다. 하지만 고객들이 언제 돈을 찾으러 올지 모르기 때문에 항상 일정비율을 보유하고 있어야 한다. 즉, 은행은 고객이 맡긴 예금액의 일정비율을 고객이 요구할 경우에 대비해 시재금(자체금고)으로 보유하거나 한국은행에 예치하도록 법령으로 규정되어 있다. 이것이 '법정지급준비금'이다.

한국은행은 이 법정지급준비금을 얼마로 할 것인가를 정할 수 있다. 한국은행이 정하는 이 비율을 '지급준비율' 혹은 그냥 '지준율'이라고 한다. 한국은행이 지급준비율을 인하하면 예치하여야 하는 지급준비금이 줄어들게 되므로 시중은행들은 그만큼 대출여력이 생기게 되어 통화량은 늘어난다. 반면 지급준비율을 인상하면 통화량은 줄어든다.

한편 한국은행은 공개시장조작을 통해서도 시중에 돌고 있는 통화량을 조절할 수 있다. 한국은행은 큰 돈을 움직이는 기관투자가를 대상으로 국채, 공채 등 유가증권을 사고팔아 통화량을 조절한다. 예를 들면 시중에 돈이 지나치게 많이 풀려 있을 경우에는 한국은행이 보유하고 있는 유가증권을 팔아 시중의 돈을 흡수한다. 반면 시중에 돈이 부족할 경우에는 유가증권을 사들이는 방식으로 돈을 풀게 된다.

이상의 정책들은 금융시장의 기능을 통해 간접적으로 통화량을 조절하는 정책들이다. 하지만 이 간접적인 정책수단만으로는 통화량을

 경제가 쉽다
경제학이 즐겁다

조절하는 효과가 나타나지 않을 때가 있다. 이런 경우에는 직접적인 정책수단들을 동원하게 된다. 대출한도제라든지 금리규제들이 바로 그것이다.

최근에 들어와 금리를 중시하는 방향으로 통화정책이 전환되고 있다. 과거에는 한국은행이 돈을 풀었다 거둬들였다 하는 방법으로 물가들을 조절했지만 요즘에는 콜금리 등 목표금리를 조절하는 방식으로 통화정책이 변화하고 있다.

 ## 통화정책의 심장부, 한국은행

대부분 모든 나라들은 중앙은행을 가지고 있다. 물론 우리나라도 한국은행이라는 중앙은행이 있다. 미국에는 FRB로 더 잘 알려져 있는 연방 준비제도 이사회라는 연방 준비은행이 있다. 미국에 FRB가 있다면 유럽에는 유럽중앙은행, 즉 ECB가 있다. ECB는 EU국가들에 의해 설립된 중앙은행이라고 할 수 있다.

일반적으로 중앙은행(central bank)은 한 나라의 화폐발행을 독점적으로 장악하여 통화량을 조절하고, 금융제도를 안정적으로 이끌어 가기 위해 일반은행에 대한 각종 규제 및 감독업무를 수행하고 있다. 간단히 말하면 통화정책의 수립과 집행, 그리고 금융안정이라는 기능을 수행하고 있는 것이다. 따라서 중앙은행은 한 국가의 가장 중심적인 금융기관이라고 할 수 있다. 중앙은행이 '은행의 은행' 이라고 불리는 까닭도 여기에 있다.

언급되었듯이 우리나라는 한국은행이 중앙은행이다. 그리고 여기에는 최고 정책결정기구라고 할 수 있는 금융통화위원회를 두고 있다. 매달 콜금리를 올리느냐 혹은 올리지 않느냐를 결정하는 곳도 바로 금융통화위원회이다.

콜금리는 아는 바와 같이 금융기관끼리 급전을 주고받을 때 적용하는 초단기 자금에 붙는 금리이다. 과거에는 한국은행이 돈을 풀었다 거둬들였다 하는 방법으로 물가를 조절했지만 요즘에는 콜금리를 올리고 내리는 방법을 주로 쓴다.

물가가 불안할 때는 콜금리를 인상함으로써 물가를 안정시키는 효과를 얻는다. 콜금리를 인상하면 전반적으로 시중금리가 올라감으로써 물가를 안정시키는 효과가 있다. 그러나 경기가 불안해질 수 있다. 반면 경기가 불안할 때에는 콜금리를 인하함으로써 경기부양효과를 가져온다. 따라서 금융통화위원회는 물가동향, 경기동향을 면밀히 검토해 콜금리를 인상할 것인지 혹은 인하할 것인지를 결정하는 것이다.

금융통화위원회 위원들은 경제 각계에서 추천한 인물들로 구성된다. 당연히 한국은행 총재가 자동적으로 의장이 되고, 한국은행 총재·재정경제부 장관·금융감독위원회 위원장·대한상공회의소 회장·전국은행연합회장·한국증권업 협회장 등이 각각 1명씩 추천해 모두 7명으로 구성된다. 위원들은 대개 학자, 관료, 한국은행 출신들로 각각 나누어져 있다.

이처럼 위원들을 각계각층에서 고루 추천받는 것은 각기 다른 의견을 수렴해 정책에 반영하자는 의도가 깔려 있는 것이다. 하지만 실질적으로 각계의 의견이 제대로 반영되고 있는지에 대해서는 의문이 아닐 수 없다. 매달 콜금리 결정시기가 되면 금융통화위원회가 열리기도 전에 재정경제부 장관이나 청와대 고위인사 등 고위층 입에서 콜금리를 어떻게 하는 것이 바람직할 것이라는 등 선수를 치는 경우가 많이 있다. 금융통화위원회의 김을 빼는 경우가 많이 있는 것이다. 물론 과거와는 달리 이 같은 현상이 많이 줄어들고 있는 것은 사실이다. 하지만 아직도 정치권의 입김에서 완전히 자유로운지에 대해서는 의문이 아닐 수 없다.

금융통화위원회는 매월 첫째 주 목요일마다 정기회의를 열어 콜금리 인상 등 통화정책을 결정한다. 정책결정은 금융통화위원회 위원 중 과반수가 찬성하면 의안이 확정되지만 표결에 붙이기보다는 충분한 토론을 거친 뒤 합의하는 형식을 취하는 게 일반적이다. 그러나 합의가 안 되는 경우에는 표결에 붙이기도 한다.

그러나 앞에서도 지적한 바와 같이 금융통화위원회 위원들이 얼마만큼 소신을 갖고 회의에 임하는지에 대해서는 의문이 아닐 수 없다. 위원들을 각계 각층에서 골고루 추천받는다고는 하지만 실제로 재정경제부 등 정부나 정치권의 영향력에서 벗어나기는 힘들기 때문이다. 한국은행의 독립성이 그래서 요구되는 것이다.

중앙은행이 정부로부터 얼마만큼 독립성이 보장되어 있느냐에 따라 정책의 효율성에 큰 차이가 있다.

미국의 FRB(연방 준비제도 이사회)는 정부로부터 철저히 독립성을 보장받고 있다. 미국의 FRB가 다른 나라의 중앙은행보다 더 크게 느껴지는 이유가 바로 여기에 있다. 물론 미국이라는 거대한 국가 이미지의 후광도 작용했을 것이다. 하지만 FRB가 정부로부터 독립성이 보장되고 있다는 점이 더 크게 작용하는 것이다.

FRB 의장이 미국의 경제대통령으로 불리는 이유도 여기에 있다. 과연 우리나라의 한국은행 총재도 경제대통령으로 불릴 수 있는 날이 올 수 있을지 기대해 본다.

한국은행 독립, 어디까지 왔나

「나는 무척 기분이 나빴다. 나쁜 정도가 아니라 화가 났다. 그래서 천 장관을 찾아가 강력히 항의했던 것이다. 그를 만난 자리에서 "능력이 있건 없건 간에 내가 한은 총재로 있는 한 통화개혁에 대한 모든 책임은 나에게 돌아와야 할 텐데. 나는 도대체 뭐란 말이오. 통화개혁의 각종 발표문이 한은 총재 이름으로 나가야 할 텐데. 나 자신이 이번 통화개혁에 있어서 일언반구의 사전 통고조차도 받지 못했으니 나는 허수아비 총재란 말이 아니오" 하고 따졌다. 천 장관은 이같이 노한 나의 모습을 일찍이 본 적이 없었던 만큼 일면 놀라는 듯도 했으나 곧 나를 달래는 것이었다.」

이상은 1963년 제2차 통화개혁에서 철저히 소외됐던 당시 한국은행 총재인 민병도 씨의 회고이다.

사실 통화개혁이라면 통화정책의 집행기관인 한국은행의 전적인 몫이다. 그런데도 한국은행 총재가 주무책임은 물론 통화개혁이 준비되고 있었는지조차 알지 못하고 있었다면 이는 심각한 문제가 아닐 수 없다. 과거의 이와 같은 관행이 아직도 남아 있어 한국은행 독립 문제가 제기될 때마다 유야무야 되고 있는 것이 아닌가 생각된다.

미국의 중앙은행인 FRB는 정부로부터 완전한 독립이 보장되어 있다. 이를 바탕으로 FRB는 지난 1980년대 고금리 등 긴축정책을 실시, 정부가 포기했던 물가의 고삐를 잡아 국민적인 신뢰를 얻은 바도 있다. FRB는 법적으로 의회의 감시를 받지만 정책이나 조직운영에 있어서 아무런 간섭을 받지 않고 있다. 그러다 보니 FRB 의장은 대통령에 버금가는 막강한 경제적 파워를 가지고 있다. 앨런 그린스펀 전 FRB 의장이 '경제 대통령'으로 불렸던 이유도 여기에 있다. 미국 대통령에 당선되면 당선자가 가장 먼저 만나고자 하는 사람도 바로 FRB 의장이다.

우리나라 중앙은행인 한국은행의 현실은 어떠한가? 한국은행도 지난 1998년 개정된 한은법 이후 명목상으로는 중앙은행의 독립을 보장하고 있다. 하지만 내용 면을 보면 허울에 불과하다. 다시 말하면 정부가 개입할 수 있는 여지를 얼마든지 남겨 놓고 있는 것이다.

대표적인 것을 보면 금융통화위원회의 의결에 대한 재의(再議) 요구권, 정부의 예산 승인권, 감사원 감사 등을 꼽을 수 있다. 더구나 한국은행 총재를 대통령이 임명하지만 사전에 국무회의 심의를 거치도록 하고 있는 것도 중앙은행의 독립성을 해치는 하나의 장치가 되고 있다.

이 밖에 금리 등 중요한 정책결정에 앞서 재경부장관, 청와대 고위 인사 등 정부당국자들의 잦은 훈수도 중앙은행 독립과는 아주 거리가 먼 행동이라 할 수 있다. 이는 미국의 경우 대통령을 포함한 어떠한 행정부의 고위관리도 FRB의 정책에 대해 일절 '노코멘트' 하는 것과 좋은 대조가 되고 있다. 대통령이 FRB의 정책과는 다른 내용을 발표했다가 FRB로부터 전혀 호응을 받지 못하고 망신만 당하는 경우도 가끔 볼 수 있다. 우리나라에서는 상상도 할 수 없는 일이다.

경제협력개발기구인 OECD도 우리나라의 한국은행 독립이 시급하다는 견해를 피력한 적이 있다. 특히 통화정책의 독립성과 재경부의 간섭 축소가 이루어져야 한다는 주장이었다. 예를 들면 금융통화위원회(한국은행 최고의사결정기구) 위원의 임명과정에서 재정경제부의 영향력을 축소해야 한다는 것이다. 그리고 한국은행 예산에 대한 승인권도 재정경제부에서 분리시킬 것을 요구하고 있다. 이 밖에 금융통화위원회의 결정에 대해 재정경제부 장관이 재검토를 요구하는 재의(再議) 요구권도 폐지할 것을 권고하고 있다. 이들 모두가 한국은행의 독립성을 보장하는 데 필수불가결한 요소들인 것이다.

우리도 이제 OECD의 정식 회원국인 만큼 이들의 권고를 진지하게 경청할 필요가 있다. 언제까지 낙후된 제도의 틀 속에서 얽매이겠는가 말이다. 기득권을 버려야 한다. 좋은 제도가 있다면 기득권을 버리고 사심 없이 제도의 개선에 나서야 한다. 남으로부터 충고나 받는 그런 후진적인 상황을 과연 언제까지 연출할 것인가 말이다.

 ## 역사 되짚어 보기, 통화개혁

「어찌나 인플레이션이 극심했던지, 시장에서는 돈을 가마니로 싣고 다녀야만 거래가 이루어질 정도로 화폐가치가 떨어져서 단순히 물리적인 면으로 보더라도 근본적인 대책이 요구되었다. 그리하여 백 장관과 나는 숙의를 거듭한 끝에 전쟁으로 인하여 누적된 인플레이션을 정리하는 동시에 나아가 전쟁의 복구와 산업의 부흥에 필요한 자금을 조달할 수 있는 근본적이면서도 유일한 방도는 통화개혁에 의한 방법뿐이라는 결론에 도달했다.」

이상은 한국은행 총재이던 김유택 씨가 통화개혁을 할 수밖에 없었던 당시의 상황을 회고한 내용이다.

우리나라가 해방 후 지금까지 통화와 관련해 취한 충격적인 조치는 두 번 있었다. 그 첫 번째가 1953년 2월에 단행된 1차 통화개혁이고 두 번째가 1962년 6월에 단행된 2차 통화개혁이었다.

1차 통화개혁은 무엇보다 전쟁으로 인한 피해를 복구하는 데 그 일차적인 목적이 있었다. 당시 전쟁비용의 증대에 따른 악성 인플레이션은 경제를 심각한 수준으로 끌고 가고 있었다. 따라서 당시 수십 배씩 오르는 악성 인플레이션 하에서 어느 특단의 조치를 취하지 않고는 경제를 살릴 수 없다는 것이 모든 관계자들의 일치된 견해였다. 이 같은 여론을 등에 업고 단행된 것이 1차 통화개혁이었다.

1차 통화개혁과 관련해서는 만족할 만한 결과를 가져오지 못했다는 평가가 있으나 의외로 악성 인플레이션이 제거되어 물가는 비교적 안정되었다. 따라서 1차 통화개혁이 악성 인플레이션의 제거에 1차적인 목적이 있었던 만큼 비교적 성공적이었다고 해도 좋을 듯싶다. 특히 통화개혁이라는 것 자체가 과감한 조치라는 점에서 성공여부를 떠나 대단한 평가를 받을 만하였다.

이 같은 자신감에 따라 1차 통화개혁 후 약 10년 만인 1962년 6월 2차 통화개혁이 실시되었다. 당시 혁명정부의 박정희 의장은 "악성 인플레이션을 미연에 방지하고 구정권의 부패에 편승하여 음성적으로 축적된 자금을 산업자금화 하여 민생의 향상과 부강한 국가를 건설하기 위한 것"이라고 통화개혁의 배경을 밝혔으나, 통화개혁이라는 중차대한 조치의 배경으로는 설명이 부족하다는 반론도 만만치 않았다. 당시 통화량의 팽창으로 인플레이션의 압력이 작용하고 있기는 하였으나 통화개혁이라는 충격적인 요법을 쓸 만큼의 긴박한 상황은 아니었다는 것이 일반적인 여론이었다.

오히려 혁명정부가 경제개발 5개년 계획을 수립하면서 이에 필요한 자금을 구정권 하에서 치부한 음성자금으로 조달할 목적을 가지고 통화개혁을 단행했다는 주장이 설득력을 얻고 있었다. 하지만 이 또한 음성자금을 찾아내겠다고 통화개혁을 실시한다는 것은 너무도 무모한 행동이었다는 비판이 제기되었다.

어쨌든 2차 통화개혁은 명분도 설득력도 없이 실시하다 보니 여러 가지 시행착오도 겪게 되었다. 특히 2차 통화개혁은 인플레이션보다는 경제개발에 필요한 산업자금을 조달하고자 하는 의도가 다분하였기 때문에, 음성자금을 얼마만큼 색출하느냐가 관건이었다. 그러나 정부의 예상과는 달리 음성자금은 생각보다 많지 않은 것으로 드러나고 말았다. 결국 정부의 통화개혁은 의도와는 다른 결과를 낳고 말았던 것이다.

경기는 금리에게 물어 봐!

1972년 8월 2일 오후 11시40분 모든 국민이 잠든 고요한 밤에 실로 충격적인 「경제안정과 성장에 관한 긴급명령」 제15호가 기습, 발표되었다.

일명 8·3조치로 불리는 이것은 기업들이 끌어다 쓰고 있는 사채(私債)를 동결하고 금리를 인하하여 기업들의 자금난을 해결해 주고자 하는 긴급조치였다.

당시 예금 및 대출금리를 보면, 예금금리는 연 16.8~17.4% 수준이었고 대출금리는 연 19~22% 수준이었으며 연체금리는 31.2%였다. 따라서 기업들의 금융비용 부담은 해가 갈수록 커지기만 하였다. 돈을 투자하여 기업을 운영하는 것보다 은행에 그 돈을 넣어 이자를 받는 것이 오히려 유리하다고 말하는 사람들도 있었다. 기업의 재무구조는 날로 취약해졌고 국제경쟁력도 약화되어 갔다. 이익을 내기 위해서는 제품가격을 올릴 수밖에 없었고, 그에 따라 물가가 올라가는 악순환이 거듭되었다. 정부는 이런 악순환의 고리를 끊기 위하여 부득이 금리인하, 사채동결 등을 내용으로 하는 8·3긴급경제조치를 취하게 된 것이었다.

금리는 금융시장에서 자금사정을 나타내는 동시에 소비 및 투자의 동향을 알려주는 경기의 바로미터 역할을 한다. 금리가 올라가면 일반적으로 소비 및 투자가 위축된다. 소비와 투자가 위축되면 기업의 도산이 늘어나고 이에 따라 실업이 증가하는 부작용을 낳는다. 반면 금리가 내려가면 너도나도 소비와 투자를 늘린다. 왜냐하면 금리가 낮을 때에는 소비자들은 저축할 바에야 차라리 소비나 하자고 나올 것이고 기업들은 이것저것 투자를 늘리게 된다. 따라서 경제성장률이 올라간다. 하지만 이 경우 경제성장률은 올라가지만 수입이 큰 폭으로 늘면서 경상수지가 악화될 수 있다.

우리 경제는 성장률이 1포인트 높아지면 수입이 2.4포인트 늘어나는 구조로 알려지고 있다. 수입으로 메울 수 없을 만큼 소비와 투자수요가 늘어나면 물가는 오를 수밖에 없다. 공급보다 수요가 많아지면 물가가 오르는 것은 당연하기 때문이다.

따라서 금리를 적절한 수준으로 유지하는 것이 매우 중요하다. 하지만 이 또한 쉬운 일이 아니다. 어느 수준이 적절한가 하는 문제도 있지만 그 적절한 수준을 유지할 수 있느냐 하는 문제도 발생한다. 더

 경제가 쉽다
경제학이 즐겁다

구나 이해가 엇갈리는 이해 당사자들의 금리에 대한 목소리도 제각
각이다. 예금자는 금리가 낮다고 불만이고 돈을 빌려 쓰는 기업들은
금리가 높다고 불만이다. 정부 부처 간에도 마찬가지이다.

　재정경제부의 경우에는 어느 정도 경제를 부양해야 하는 입장이기
때문에 금리를 올리는 것에 대해서는 다소 소극적일 수 있다. 하지만
산업자원부 같은 경우에는 입장이 다르다. 무역수지를 책임지는 입
장에서 저금리를 마냥 반길 수만은 없다. 저금리가 지속될 경우 소비
와 투자의 증가로 수입이 늘어나 경상수지가 흔들릴 수 있기 때문이
다. 따라서 금리조정으로 어느 정도 수입수요를 차단하고 싶어 한다.

　이 때 중앙은행의 역할이 매우 중요하다. 대부분의 나라들이 중앙은
행을 만들어 아무런 정치적·사회적 영향을 받지 않으면서 독립적으
로 금리정책을 수행하도록 하고 있는 것도 바로 이 때문이다. 우리나
라도 물론 중앙은행으로서 한국은행이 있다.

　한국은행은 금리정책을 통해서 시장금리를 적절한 수준에서 유지하
고 나아가 물가라든가 경제를 안정적으로 이끌고 나가고자 노력하고
있다. 그러자면 무엇보다 외부로부터의 어떠한 영향도 받아서는 안
된다. 그러나 실제로 그런지에 대해서는 의문이 아닐 수 없다.

콜금리와 연방기금금리, 이웃사촌?

'그린스펀의 금리정책에 도전하는 것 자체가 무모한 짓이다!'

이는 미국경제를 '인플레 없는 고성장'으로 이끈 앨런 그린스펀 전 FRB 의장을 두고 한 말이다. 1987년 8월 11일 FRB 의장에 취임한 이후 그린스펀에게는 여러 가지 수식어가 따라 다녔다. '경제 대통령' 혹은 '금리의 마술사' 등이 바로 그것이었다.

미국경제를 10년이 넘도록 '인플레 없는 고성장'으로 이끌면서, '신경제'라는 용어까지 만들어 냈던 그였기에 이런 수식어들이 따라 다닌 것은 어찌 보면 당연한 일이었다.

그린스펀은 FRB 의장에 취임한 이후 재임기간 동안 수십 회가 넘도록 금리를 올리거나 내렸다. 특히 1988년에는 한 해 동안 무려 14회나 금리를 조정하기도 하였다. 2001년에도 경기침체를 반영하여 10여 차례의 금리조정이 있었다. 그의 재임 중 금리가 가장 높았던 시기는 1989년으로 한 때 9.81%까지 올라간 적이 있었다. 반면, 금리가 가장 낮았을 때는 1.75% 수준에 머물기도 하였다. 그만큼 미국경제가 그동안 진폭이 컸었다는 것을 말해 주고 있다.

그렇다면 미국경제의 통화정책의 방향을 제시해 주는 금리지표는 어떤 것이 있는가? 대표적인 것이 바로 연방기금금리이다.

연방기금금리는 미국의 통화정책의 방향을 제시하는 대표적인 초단기 금리이다. FRB가 조정하는 금리가 바로 이 연방기금금리이다. FRB는 경기 동향을 보아가면서 연방기금금리를 올릴 것인지 아니면 내릴 것인지를 최종 결정한다.

미국에 연방기금금리가 있다면 우리나라에는 콜금리가 있다. 콜금리는 우리나라 은행 간에 거래가 이루어질 때 붙는 대표적인 초단기

금리이다. 특히 콜금리는 금융시장 전체의 자금흐름을 민감하게 반영하기 때문에 한국은행의 주요한 통화정책의 수단이 되고 있다.

콜(call)이란 우리말로 '부른다' 혹은 '요청한다' 라는 의미를 가지고 있다. 따라서 부르면 곧 올 정도로 단기에 결제가 이루어지는 초단기 자금거래이다. 한국은행은 이 같은 단기자금에 붙는 콜금리를 조절함으로써 경제정책의 방향을 결정하는 것이다. 경기침체 혹은 인플레이션 가능성이 있을 경우 콜금리를 인하한다든지 아니면 인상함으로써 경제를 안정적으로 이끌어 가는 것이다.

예를 들면 경기침체가 지속됨으로써 소비 및 투자가 위축된다고 하자. 이 때 한국은행은 콜금리를 인하한다. 콜금리가 인하되면 전반적으로 여타 시중금리가 내려감으로써 소비라든가 투자가 다시 살아나기 시작하고 경기는 회복된다. 반대로 경기가 과열됨으로써 인플레이션이 나타나고 있다고 하자. 한국은행은 콜금리를 인상한다. 콜금리가 인상되면 다른 시중금리가 올라감으로써 소비라든가 투자가 감소한다. 소비나 투자가 감소하면 경기과열도 진정되어 인플레이션이 완화된다.

최근 아파트, 토지 등 부동산값이 가파르게 상승하자 일부에서 콜금리 인상을 통해서 이를 해결해야 한다고 주장하고 나섰다. 반면 또 다른 일부에서는 경기가 불확실한 상황에서 콜금리를 자꾸 인상할 경우 자칫 경기침체를 가져올 수 있다는 이유를 들어 이에 반대하고 나섰다.

이처럼 부동산값이 오르는 등 전반적인 인플레이션이 우려되는 상황임에도 불구하고 경기가 불확실할 경우에는 금리조절이 쉽지 않다. 금리정책의 어려움이 바로 이것이다.

부동산값의 상승 등 인플레이션이 우려될 때는 분명히 콜금리를 올려야 한다. 하지만 경기가 좋지 않을 때는 콜금리를 올려서는 안 된다. 빈대를 잡으려다 초가삼간을 태우는 꼴이 될 수 있기 때문이다. 따라서 아파트 등 부동산가격의 움직임이 불안하더라도 경기가 불확실할 때는 콜금리를 함부로 올리지 못하는 것이다. 최근의 상황이 바로 그것이라고 볼 수 있다.

해외 차입금리를 낮춰라!

「북한 핵문제와 이라크전쟁 등 경제의 불확실성이 높아지면서 국내 금융회사들이 해외에서 돈을 빌릴 때 부담하는 금리가 계속 상승하고 있다. 이로 인해 일부 금융회사들은 해외에서의 채권 발행을 미루고 있으며, 해외투자자로부터 '북한 핵 리스크(위험)'를 이유로 정상 수준보다 높은 이자지급을 요구당하는 경우도 나타나고 있다.(중략)

한국은행은 또 같은 기간 중 외국환평형기금채권의 가산금리가 1.08%포인트에서 1.19%포인트로 높아졌으며, 금융회사들의 만기 1년 이내 단기차입금리의 가산분도 0.2%포인트에서 0.23%포인트로 올라간 것으로 집계됐다.」

이상은 과거 모 일간신문의 기사내용 중의 일부이다. 북한 핵문제 등 경제의 불확실성이 높아짐으로써 우리나라가 해외로부터 빌려오는 돈의 이자부담이 높아지고 있다는 내용이다.

일반적으로 국내의 금융기관이나 기업 등이 해외로부터 자금을 빌려오는 경우가 있다. 이 때 기준이 되는 금리가 있는데, 그것이 바로 '리보금리' 이다. 리보(LIBOR)는 세계 금융시장의 중심지인 영국 런던의 우량 은행들끼리 단기자금을 거래할 때 적용하는 금리이다. 이 리보가 국제간의 금융거래에서 단기금리 추이를 판단하는 하나의 기준금리가 되고 있다.

이 리보금리가 유명해진 이유는 과거 런던 금융시장이 세계에서 가장 역사가 길고 규모가 큰 시장이었기 때문이다. 따라서 해외로부터 자금을 빌려 온다면 이 '리보금리' 가 기준이 되고, 빌리는 기관의 신용도에 따라 몇 퍼센트 추가되는 선에서 금리가 결정된다. 이 추가되는 금리가 바로 '가산금리' 로 '스프레드(spread)' 라고도 한다. 예를 들어 보자.

리보가 연 6%인데 실제 지급해야 할 금리가 연 8%라면 이 차이 2%가 바로 스프레드라고 볼 수 있다. 이 스프레드(가산금리)는 앞에서 언급한 바와 같이 돈을 차입하고자 하는 국가 혹은 금융기관의 신용도와 밀접한 관계가 있다. 따라서 위에서 보다시피 북한 핵문제로 인해 한반도 상황이 불확실해짐에 따라 우리나라 신용도가 그만큼 악화된 것이다. 그 결과 해외에서 빌려오는 자금의 가산금리가 올라감으로써 전체적인 차입금리가 높아진 것이다.

이처럼 국제시장에서의 자금조달은 국내시장에서의 자금조달과 큰 차이가 없다고 말할 수 있다. 국내시장에서도 돈을 빌리는 사람의 신용도에 따라 금리의 차이가 크다. 따라서 해외로부터 자금을 값싼 이자로 빌려 쓰려고 한다면 그만큼 신용도를 높이는 수밖에 없다. 물론 북한 핵문제처럼 내부적인 요인이 아닌 외부적인 요인에 의해서 좌우되는 경우는 어쩔 수가 없다. 하지만 특별한 상황이 아니라면 대개의 경우 내부적인 요인이 크게 작용한다고 볼 수 있다.

IMF 당시 우리나라가 해외로부터 자금을 빌려올 때 종전보다 훨씬 높은 금리를 지불하였다. 신용도의 하락에 따라 스프레드(가산금리)가 올라갔기 때문이었다. 당시 우리나라 국가 신용도는 투자부적격 등급까지 하락한 상황이었다. 그것이 그대로 가산금리 상승으로 연결된 것이다.

국내 금융기관들이 높은 이자를 지급하면서 들여온 자금이었기에, 그 자금을 대출해 쓰는 사람도 비싼 이자를 물어야 했다. 즉 비싼 차입금리에다가 IMF의 고금리정책까지 가세하면서 국내 금융기관들의 금리수준은 경우에 따라서는 25%까지 이르는 경우도 있었다. 이같은 고금리로 말미암아 기업들은 기업들대로, 서민들은 서민들대로 살기 힘들다는 탄식과 아우성으로 뒤범벅이 되었다.

현재 우리나라가 해외로부터 자금을 들여올 때 지불하는 금리수준은 과거에 비해 매우 낮은 수준이다. 그만큼 국제금융시장에서 우리의 위치가 확고해진 셈이다. 하지만 방심은 금물이다. IMF가 여실히 그것을 증명해 주었다.

사실 IMF 전까지만 해도 일반 국민들은 IMF가 있는 줄도 몰랐다. 우리나라가 IMF까지 갈 것이라고는 그 누구도 상상하지 못했다. 하지만 우리는 IMF로 가고 말았다. 타산지석으로 삼을 일이다.

 실질금리, 점차 마이너스 시대로

"퇴직금을 은행에 맡겨놓고 금리로 살 수 있다고 생각한 게 큰 오산이었습니다. 앞으로 금리가 더 떨어지면 어떻게 생활할지 걱정부터 앞섭니다."

국내 굴지의 공사(公私)를 퇴직하고 이자로 살아가는 민 모씨의 말이다. 그가 가지고 있는 자산은 2억 원으로, 5년 전 퇴직할 때만 해도 이자수입이 연 2,000만 원쯤은 됐다. 하지만 지금은 연 1,000만 원 수준으로 줄어들었다. 지금 우리 주변에는 이런 사람이 한 둘이 아니다.

금리가 하락하면 물가상승률을 뺀 실질금리가 떨어지게 된다. 지금 우리의 경우가 그렇다. 2000년대 이후에 들어오면서 금리가 낮은 수준에 머물면서 물가상승률을 뺀 실질금리도 계속 낮은 수준에 머물러 있다. 일본의 경우에는 금리가 거의 제로(0) 수준이지만 디플레이션(물가하락)의 영향으로 실질금리는 2% 수준을 유지하고 있는 것으로 알려지고 있다.

현재 은행들이 특별히 자금을 굴릴 데가 없어 예금금리를 계속 낮은 추세를 유지하고 있어, 섣부른 전문가들은 언젠가는 실질금리가 마이너스를 기록할 가능성도 배제할 수 없다고 주장하기도 한다. 실제로 최근 물가불안을 틈타 한때 실질금리가 마이너스를 기록하고 있다는 기사내용도 소개된 적이 있다. 그렇다면 여기서 실질금리에 대해서 좀 더 생각해 보자. 금리는 크게 명목금리와 실질금리로 구분할 수 있다. 명목금리는 물가상승을 감안하지 않은 외부로 나타나는 금리를 말한다. 반면, 실질금리는 명목금리에서 물가상승률을 뺀 수치로 일종의 '체감' 금리라 할 수 있다. 예를 들어 보자.

A라는 사람이 은행에 100만 원을 연리 10%로 예금하였다. 그리고 1년 동안 물가상승률은 5%였다. 1년 후에 원금과 이자는 어떻게 되겠는가? 명목금리를 적용하면 원금이 100만 원, 이자가 10만 원이 되어 원금과 이자를 합친 110만 원이 된다. 그러나 물가상승률이 5%이기 때문에 실질금리는 5%밖에 안 된다. 결국 실질금리를 적용해 1년 후의 소득을 계산하면 원금 100만 원과 이자 5만 원을 합해 105만 원이 된다. 이자소득을 명목금리를 적용해 계산하느냐 혹은 실질금리를 적용해 계산하느냐에 따라 크게 차이가 난다.

최근 우리나라 은행들의 예금금리를 보면 4% 내지 많은 곳은 5%에 가까운 수준에서 형성되고 있다. 즉 명목금리가 4% 내지 5% 수준인 것이다. 하지만 물가상승률도 다소 변동이 있지만 대개 3% 수준을 넘고 있어 실질금리측면에서 보면 1% 수준을 다소 상회하는 정도이다. 앞으로 실질금리가 마이너스를 기록할 가능성도 배제할 수 없는 상황인 것이다.

특히 최근 세계경제의 회복 움직임과 국내 부동산시장의 불안 등 금리가 전반적으로 상승하고 있다. 이에 따라 예금금리가 상승한 결과이다. 언제 다시 예금금리가 하락할지 모르는 상황이다. 마찬가지로 실질금리도 언제 떨어질지 모른다.

실질금리가 마이너스로 떨어진다는 것은 은행금리보다 물가상승률이 더 높다는 것을 의미한다. 따라서 은행에 예금을 해 놓더라고 실질적인 금융자산은 줄어들게 된다. 이 경우 정년퇴직자 등 이자율에 의존하고 있는 많은 사람들이 큰 고통에 시달릴 수밖에 없다.

실질금리가 하락할 경우 많은 부작용이 발생한다. 금리가 하락하면서 이자소득에 의존하기 힘들게 된 일부 사람들이 주식투자 등 투기적 수단에 의존하다 전 재산을 날리는 경우도 허다하다. 특히 실질금리가 지나치게 하락할 경우 그것이 급격한 소비위축으로 연결되어 최악의 경우 최근의 일본형 디플레이션에 빠질 위험성도 전혀 배제할 수 없다. 심각한 문제가 아닐 수 없다.

그렇다고 해서 금리를 인위적으로 올릴 수 있는 것도 아니다. 자칫 경기를 위축시킬 수 있기 때문이다. 따라서 실질금리를 올리는 최선의 방법은 바로 물가가 올라가는 것을 막는 일이다.

이처럼 물가가 올라가는 것을 막아야 하는 이유가 한두 가지가 아니다. 뿐만 아니라 이자로 살아가는 퇴직자들에게 별도의 소득보전 정책을 수립하는 것도 현명한 방법이 될 것이다.

언제까지 예대마진 타령?

은행 예금금리가 연 4%대로 떨어졌다. 이자소득세에다 물가상승을 감안하면 사실상 제로금리에 가까운 수준이다. 은행들이 예금을 받아 마땅히 굴릴 곳이 없자 금리를 계속 낮추고 있다. 앞으로 경기의 특별한 호전이 없는 한 이 같은 상황은 지속될 것이며, 오히려 금리가 더 낮아질 가능성도 많다. 이것이 바로 우리 은행들의 현주소이다.

특별한 수익기반이 없는 은행들이 '예대마진'에 목을 매고 있다. 예대마진이란 무엇인가? 예대마진이란 바로 대출금리와 예금금리 간의 차이를 말한다.

이 예대마진이 은행의 수익기반이요, 먹고 사는 수단이 되고 있다. 예대마진이 커야만 은행으로서는 수익이 늘어난다. 따라서 대출금리를 함부로 올리지 못하는 상황에서 예대마진을 크게 하기 위해 예금금리를 계속 낮추고 있는 것이다.

물론 은행들의 수익기반이 단지 예대마진에만 있는 것은 아니다. 다른 방법도 있다. 예를 들면 주식에 투자한다거나 보험 상품 등을 팔아 얻는 수입 등도 있다. 이런 상품들을 파생상품이라 한다. 따라서 은행들의 수익기반은 크게 나누면 방금 얘기한 예대마진, 즉 고객들로부터 예금을 받아 자금이 필요한 사람에게 대출해 주고 얻는 금리차와 주식·보험 등 파생상품으로부터 얻는 수입 등이다.

그런데 우리나라 은행들의 경우에는 예대마진에 의존하는 비중이 절대적인 것으로 알려지고 있다. 다른 파생상품으로부터 얻는 수입은 거의 전무한 것으로 알려지고 있다. 그러다 보니 그에 따른 부작용도 속출하고 있다.

최근 몇 년 간 우리나라 아파트 및 토지 등 부동산가격은 가파른 상승세를 보여 왔다. 부동산 과열이라는 말이 나올 정도이다. 그렇게 되자 각 은행들은 부동산 담보대출에 혈안이 되었다. 아파트 매매의 경우 은행원이 직접 매매계약을 맺는 부동산 업소까지 찾아와 공손히 수억 원대의 돈을 그 자리에서 빌려주는 경우도 많았다. 부동산업소마다 줄을 대려는 은행들이 수두룩하였다.

필자도 이와 비슷한 경험을 한 바 있다. 아파트 매매계약을 위해 부동산업소를 찾았을 때 거기에 모 은행의 직원이 와 있는 것이었다. 알고 보니 아파트 매입자에게 돈을 빌려 주기 위해 손수 방문한 사람이었다. 순간 뇌리에 "세상이 변하긴 많이 변했구나" 하는 생각이 스쳐갔다.

과거 문턱이 그렇게 높던 은행들이 아니었던가. 단 돈 몇백만 원을 대출해 쓰려고 해도 보증인이니 뭐니 해서 까다롭기 그지없던 은행들이 아니었던가. 그런데 직원이 직접 찾아와서, 그것도 단 돈 몇백만 원이 아닌 억대의 돈을 쉽게 대출해 주는 모습을 보고 놀라지 않을 수 없었다. 이는 결국 대출경쟁이 치열함을 반증하는 것이기도 하였다.

이 같은 은행들의 경쟁적인 담보대출 경쟁으로 돈이 부동산에 몰림으로써 부동산가격을 폭등시켜 온 것이다. 정부와 금융당국이 아무리 부동산 과열을 경고하면서 대출 자제를 요청해도 전혀 들은 척도 하지 않은 채 "규제완화에 나서야 할 정부당국이 왜 간섭을 하느냐"는 식으로 막무가내였다.

급기야 금융감독원이 주택담보 대출비율을 대폭 낮추고, 국내외 연구기관들도 가계대출 폭증의 위험성을 경고하기에 이르렀다. 하지만 불붙은 부동산시장은 꺼질 줄 모르고 호시탐탐 오를 기회만을 노리고 있다. 정부에서도 이 같은 상황을 인식하고 주택담보 대출비율을 소득수준에 연계시키는 등 갖은 아이디어를 동원하고 있으나 별 효과를 못 보고 있다. 마찬가지로 2가구 주택의 양도세를 대폭 올리는 등 정부의 표현대로 세금폭탄을 실시하고 있으나 역시 효과는 신통치 않은 것으로 나타나고 있다.

일부에서 표현하는 것처럼 정부에서 사용할 수 있는 카드는 다 내놓았다. 더 이상 쓸 수 있는 카드가 없다. 그렇다면 왜 이런 현상이 나타나는가. 우선 생각할 수 있는 것이 아파트의 공급부족이다. 여기에 대해서는 누구도 부인하지 못한다. 그러나 또 한편으로 생각하면 은행들의 책임도 면하기 어렵다고 본다. 사실 아파트 투기를 부추기는 세력은 크게 투기꾼과 이에 놀아나는 은행들이다. 조금이라도 부동산 경기가 살아날 조짐을 보이면 너도나도 할 것 없이 은행들이 부동산대출에 혈안이 된다. 이 같은 은행들의 놀음을 이용하는 세력이 바로 투기꾼이다. 결국 부동산 과열은 투기꾼과 은행들의 합작품이라고 볼 수 있다.

하지만 이것도 경기가 좋고 부동산시장이 좋을 때나 있을 수 있는 일이다. 막상 경기가 불안하고 부동산시장이 꺼질 조짐이 나타나면 은행들은 가차 없이 대출금 회수에 나선다. 마찬가지로 가계대출은 물론 담보대출을 억제하고 나서기 시작한다. 이에 따라 가계는 물론 개인 파산자가 속출하게 되는 것이다. 이 같은 상황을 지켜보고 있자니 "은행은 비가 오지 않을 때는 우산을 빌려가라고 하다가 막상 비가 오면 우산을 돌려달라고 한다"라는 영국의 속담이 생각난다.

이는 은행들이 돈을 별로 필요로 하지 않을 때는 돈을 빌려 가라고 온갖 미끼로 유혹하다가 막상 돈이 필요할 때가 되면 돈을 빌려주기는커녕 빌려간 돈마저 갚으라고 한다는 의미이다. 결국 이러한 모습들이 수익기반이 없이 단지 가계대출에만 의존하는 우리 은행들의 어쩔 수 없는 현실이 아닌가 생각한다.

정말 시한폭탄은 제거되었나

9회 말 투 아웃.

패색이 짙은 상황에서 선발투수 강경식 부총리로부터 마운드를 이어받은 임창렬 부총리는 역전 만회를 위해 온 힘을 다해 노력한다. IMF 구제금융 신청을 잠시 유보한 채, 비밀리에 미국과 일본에 긴급 자금을 요청하는 SOS를 보낸다. 하지만 미국과 일본은 개별적인 지원은 불가하고, IMF를 통해서만 자금을 지원하겠다는 입장을 보임에 따라 역전만회에 실패하고 결국 IMF행을 결정한다.

이것은 IMF 직전의 상황을 묘사한 것이다. 모든 것을 체념한 임창렬 부총리는 1997년 11월 21일 오후 10시 20분 긴급 기자회견을 갖고 "대기업 연쇄부도에 따른 대외신인도 하락으로 단기자금 만기연장 등 외화차입이 어려움을 겪고 있다"면서, "금융·외환시장의 어려움을 극복하기 위해 IMF에 유동성 조절자금을 지원해 줄 것을 요청하기로 결정한다"고 발표한다.

이는 이미 예견된 일이었다. 한보철강, 기아자동차 등 국내 굴지의 대기업들이 연쇄부도를 일으키는 등 우리 경제는 서서히 쓰러져 가고 있었다. 대기업들이 연쇄부도를 일으키는 과정에서 은행들도 같이 멍들고 있었다. 기업이 쓰러지고 은행이 멍들고 한국경제는 엉망이 되었다.

이러한 지경까지 이르는 과정에는 과잉투자가 문제였다. 그리고 과잉투자를 방조한 장본인은 바로 은행이었다. 한마디로 한국경제를 멍들게 한 것은 기업과 은행의 합작품이었다. 1990년대 우리나라 기업의 과잉투자, 특히 중복투자는 매우 심각한 수준이었다. 석유화학, 전기전자, 자동차 등 할 것 없이 과열경쟁이 빚어지면서 투자에 열을 올렸다. 외국인의 눈도 틀리지 않았다. 리콴유 전 싱가폴 총리는 1998년 3월 국내 언론과의 인터뷰에서 이런 말을 한 적이 있다.

"기업들이 이익을 무시하고 시장점유율에 너무 집착했어요. 한국의 재벌기업들은 일본 엔화가 100:1이나 110:1의 강세를 유지할 것이라고 판단하고 철강, 조선, 자동차, 전자 분야에 과감한 시설투자를 했어요. 심지어는 시장을 넓히기 위해 빌린 돈으로 동남아시아와 중국과 동유럽은 말할 것도 없고 러시아, 카자흐스탄, 서유럽에까지 투자를 했습니다. 거기에서 문제가 시작된 겁니다. 한국은 시장의 경고신호를 무시했어요.”

당시 외국인의 눈에도 과잉투자가 느껴질 정도였으니 그 심각성은 이루 말할 수 없었다고 볼 수 있다. 과잉투자에 따른 기업들의 부실은 그대로 은행의 부실로 연결되었다.

IMF 당시 여러 시중은행이 퇴출되었고 몇몇 은행은 조건부로 살아남았다. 은행들의 부실채권을 정리해 주기 위해 정부에서 수십조 원이라는 막대한 공적자금이 투입되었다. 8여 년이 지난 지금까지도 투입된 공적자금 중에서 회수되지 못한 액수가 많이 남아 있다. 이 모두가 국민의 호주머니에서 나온 혈세다.

정부는 구조조정을 통해 우리 경제가 빠른 시간 내에 IMF 외환위기에서 완전히 벗어났다고 자랑이다. 다른 어떤 나라도 이처럼 빨리 외환위기에서 벗어난 적이 없다는 것이다. 물론 그렇다. 그 어느 누구도 이같이 빠른 시간 내에 외환위기로부터 벗어나리라고는 생각하지 않았다.

하지만 겉으로 드러나 보이는 것과 실제 속과는 어느 정도 차이가 있음을 고려해야 한다. 분명 IMF로부터 지원받은 구제금융은 다 갚았다. 하지만 부실채권이라는 시한폭탄은 아직 완전히 제거되지 않은 상태이다. 금감원에 따르면 금융기관의 부실채권 규모는 아직도 상당한 것으로 추정하고 있다. 특히 비 은행권이나 가계대출의 잠재적인 부실규모까지 합할 경우 그 규모를 무시하지 못할 것으로 추정하고 있다.

세계적인 컨설팅 사인 맥킨지 사도 몇 년 전 보고서를 통해 "아시아 지역에서 금융위기가 재발할 수 있는 가능성은 상당하다"며, "특히 한국의 가계대출이 위험수위에 도달하고 있다는 점이 큰 문제"라고 지적한 바 있다. 그럼에도 불구하고 최근에 부동산가격의 가파른 상승에 편승하여 가계대출이 다시 급증하는 현상은 과거의 아픈 경험을 되살리기에 충분하다고 볼 수 있다.

1980년대 후반에서 1990년대 초반에 부동산가격의 거품에 따른 대출부실이 일본경제를 잃어버린 15년으로 만든 것은 누구나 알고 있다. 마찬가지로 같은 기간 부동산의 거품으로 역시 한국경제의 외환위기의 하나의 단초를 제공했다는 사실도 부정할 수 없다. 따라서 최근의 무분별한 가계대출이 자칫 부실채권으로 연결되지 않을까 하는 걱정이 앞선다.

뿐만 아니라 부실채권의 위험을 제대로 인식하지 못하는 각 경제주체들의 인식이 앞으로의 경제성장에 걸림돌이 되지 않을까 하는 걱정을 해 본다.

은행이 굳건해야 나라가 산다

IMF 직후 시중의 5개 은행이 퇴출되고 7개 은행은 조건부 승인으로 살아남았다. 당시 퇴출된 은행에서는 직원의 70%가 정리해고 되었고 그 밖의 조건부 승인 7개 은행에서는 30%의 인원이 감축되었다.

은행도 망할 수 있다는 사실을 보여준 하나의 큰 사건이나 마찬가지였다. 퇴출된 은행문은 굳게 닫혔고, 인적이라곤 퇴출된 은행원들의 울부짖는 소리뿐이었다. 이들 직원들은 도대체 퇴출기준이 무엇이냐고 항변하고 있었다. 자신들의 이 억울함을 어디에 호소하느냐고 울부짖고 있었다. 언론에 호소하고 지나가는 행인에게 호소한들 아무 소용이 없었다. 그렇다면 진짜 이들 은행들의 퇴출기준은 무엇이었을까?

은행의 퇴출기준은 바로 BIS 자기자본비율이었다. BIS 자기자본비율은 국제 결제은행(BIS)의 산하기구인 바젤감독위원회가 은행의 자기자본에 대해 국제적으로 통일된 기준을 마련한 것으로, 거대기업의 도산 등 부실채권이 갑자기 늘어나 경영위험에 빠져들 때를 대비해 최소한으로 정해 놓은 자기자본비율이다. 그리고 이 비율은 최소한 8%가 되어야 한다는 것이다. 즉, 은행의 자기자본비율이 최저 8% 정도는 되어야 최소한의 경영위험에 대비할 수 있다는 것이다.

사실 국제결제은행(BIS)의 자기자본비율이 정해진 것은 지난 1980년대 선진국 은행들의 중남미에 대한 부실채권이 늘어나 국제금융의 안정성이 문제시 되면서부터이다. 따라서 1988년 국제결제은행의 바젤감독위원회가 은행의 자기자본비율에 관한 구체적인 기준을 제시한 것이다. 그 기준이 바로 8%였다. 이 기준을 따라야 하는 국가는 G-10 등 몇몇 선진국들이고 나머지 국가들은 권고사항이었다. 하지만 이 기준이 국제금융시장에서 자금을 조달하는 근거가 되는 것은 물론이다. 우리나라도 IMF 구제금융 지원대상으로서 이 기준을 따라야 했다.

IMF 당시 국내은행 중 자기자본비율이 8% 정도 되는 은행은 거의 없었다. 오히려 마이너스인 은행도 상당수였다. 자기자본비율이 마이너스라는 것은 일종의 자본잠식이라고 할 수 있다. 그만큼 당시 국내은행의 재정 건전성이 취약했다고 볼 수 있다.

외환위기의 원인이 부실기업과 부실 금융기관이 한데 어우러진 결과라는 데에는 누구나 인식을 같이 하고 있었다. 따라서 IMF가 자금을 지원하는 대가로 가장 먼저 요구한 조건이 기업의 강력한 구조조정, 부실은행의 퇴출이었다. 어떤 방법으로든지 퇴출을 할 수밖에 없는 상황이었다.

정부는 우선 자기자본비율을 산정해 회생가능성이 있는 은행과 가능성이 없는 은행으로 분류하여, 회생가능성이 있는 은행에 대해서는 정부출자 등으로 자기자본비율 8%를 맞추도록 하고 도저히 가능성이 없는 은행에 대해서는 퇴출 등의 조치를 취했던 것이다.

이 같은 조치는 그동안 철 밥통으로 불리던 은행도 퇴출될 수 있다는 선례를 남겼다. 이에 따라 일반인들의 거래관행이 많이 변해가고 있다. 과거처럼 수익성만 따지던 관행에서 안전성을 추구하는 쪽으로 점차 변해가고 있다. 은행들도 경쟁력을 갖추지 않고서는 살아남을 수 없다는 판단에 따라 합병 등 끊임없는 구조조정으로 점차 경쟁력을 갖춘 은행으로 탈바꿈하였다.

금융 감독 당국도 과거와는 다른 강력한 압박을 가하고 있다. 즉 은행의 BIS기준 자기자본비율이 8%에 미달할 경우 경영개선 권고, 6%에 미달할 경우 경영개선 조치 요구, 2%에 미달할 경우에는 경영개선 명령 등의 조치를 취하여 경영 건전성을 확보토록 하고 있다. 최근에도 모 지방 신협이 부실채권으로 인한 경영부실로 퇴출된 바 있다. 금융기관의 구조조정이 계속되고 있는 것이다.

현재 시중 은행들의 자기자본비율은 매우 양호한 수준으로 판단되고 있다. 대부분 은행들의 자기자본비율이 권고 수준인 8%를 넘어 10%대를 유지하고 있다. 국내은행도 BIS 자기자본비율 최저기준을 지킬 의무가 있는 상태에서 매우 바람직한 수준이라고 할 수 있다. 그러나 방심은 금물이다.

최근 가계대출 증가에 따른 부실채권 가능성, 경기의 불투명성 등 은행의 건전성을 위협하는 요소들이 곳곳에 도사리고 있다. 특히 국내 은행들은 경영 면에서 후진성을 벗어나지 못하고 있다. 수익의 대부분을 예대마진에 전적으로 의존하고 있다. 경쟁력이 여간 취약한 것이 아니다. 이런 상황에서 급격한 환경의 변화가 있을 경우 대부분의 은행들이 쉽게 무너져 내리게 되는 것이다.

세계적인 컨설팅 사 맥킨지 등 많은 국내외 연구기관들도 국내 은행들이 결코 안심할 수준이 아니라고 늘 경고해 온 바 있다. 깊이 귀담아 들을 일이다.

사실 은행의 건전성 여부는 그 국가의 경제를 좌우한다. 은행이 부실하면 돈을 빌려 쓰는 기업이 부실해지고 나아가 국가가 부실해지는 것이다. 은행의 건전성이 유지되도록 해야 하는 이유가 바로 여기에 있다.

 ## 은행의 건전성, 어떻게 판단하나

"은행은 자기자본비율이 최저 8%가 되도록 유지하라!"

자기자본비율을 지키도록 한 의무가 은행들에게는 무서운 칼임에는 틀림없는 것 같다. 정부가 부동산 과열을 우려해 가계대출을 억제해주도록 요청할 때마다 "아직까지도 관치(官治)금융이냐"는 식으로 대응하던 은행들이, 주택담보비율을 초과하는 대출에 대해서 BIS 자기자본비율 계산 시 불이익을 주겠다고 하자 즉각 꼬리를 내리는 모습이었다.

우리나라를 비롯해 주요 선진국들은 은행의 자기자본비율을 산정하는 데 있어서 국제결제은행(BIS)이 설정하여 권고하고 있는 기준을 쓰고 있다. 이 기준은 국제금융시장에서 자금을 거래할 때 거래 상대 은행의 신용도를 평가하는 데에도 중요한 자료가 되고 있다.

그렇다면 은행들에게 저승사자와 같은 BIS 자기자본비율은 어떻게 알 수 있는가. 자기자본비율은 위험 가중치를 반영해 산출한 가중위험자산에 대한 자기자본비율로 계산한다.

$$\text{BIS자기자본비율} = \frac{\text{자기자본}}{\text{가중위험자산}}$$

여기서 자기자본은 은행의 원래 자본을 의미한다. 분모인 가중위험 자산은 빌려준 돈을 위험수위에 따라 가중치를 반영하여 산출한다. 즉 상대방의 신용도, 대출기간, 담보나 보증여부에 따라 위험 가중치를 달리하여 계산한다. 떼일 염려가 전혀 없을 시에는 위험 가중치는 0%, 확실하게 떼일 가능성이 있을 시에는 위험가중치를 100%로 해서 계산한다.

위험 가중치는 0%, 10%, 20%, 50%, 100% 등 다섯 단계가 있다. 예를 들면 떼일 염려가 전혀 없는 정부에 대한 신용(대출 및 국채보유)은 0%, 정부투자기관 등 공공기관에 대한 신용은 10%, OECD(경제협력개발기구) 회원국 은행에 대한 신용은 20%, 주택담보대출은 50%, 기타 일반기업 및 개인에 대한 신용은 100%의 위험 가중치를 부과하여 계산한다. 따라서 위험도가 높은 대출은 은행의 자기자본 비율을 그만큼 낮추게 된다.

은행이 자기자본비율을 높이기 위해서는 분자인 자기자본을 늘리거나 분모인 가중위험자산을 줄여야 한다. 즉 영업이익을 늘리거나 유상증자를 해서 자기자본을 높이거나 아니면 기업대출이나 회사채 투자 등 위험투자를 축소해서 가중위험자산을 줄여야 한다. 하지만 현실적으로 한계가 있다. 단지 정부의 지원이나 유상증자를 통해 자기자본을 늘리든가 아니면 위험가중자산을 줄이기 위해 대출금을 축소한다든지 회수하는 일 정도이다. 하지만 이것도 쉬운 일이 아니다.

정부의 지원은 여러 가지 제약이 따르고 유상증자도 주식시장과 밀접한 관계가 있기 때문에 쉬운 일이 아니다. 따라서 은행들이 가장

손쉬운 방법으로 택하는 것이 바로 대출금을 축소한다든지 아니면
대출된 자금을 회수하는 일이다.

일단 대출하고 나면 위험가중치가 붙는다. 대출하지 않고 은행금고
에 넣어두면 위험가중치가 붙지 않는다. IMF 당시 은행들이 대출을
기피하고 이미 대출된 자금에 대해서도 만기를 연장하지 않고 회수
에 나선 이유도 바로 이 때문이다. 따라서 기업들이 자금난을 견디지
못하고 속속 쓰러지는가 하면, 경우에 따라서는 '흑자부도'가 발생하
는 기현상도 빚어졌던 것이다.

특히 경기가 침체될 때 은행들이 대출을 기피함으로써 기업들의 자
금난을 더욱 부채질 하는 경우도 있는데 이것 역시 BIS 자기자본비
율과 무관하지 않은 것이다.

은행의 건전성, 국제사회가 나선다

세계경제의 흐름을 보면 과거와는 확연히 다르다는 것을 느낄 수 있
다. 즉, 세계경제가 점차 단일시장화되어 가고 있다. 특히 1990년대
이후에 들어오면서 세계화 내지 국제화의 영향으로 이 같은 움직임
이 더욱 빨라지고 있다. 따라서 한 국가에서 일어나는 사건이 그 나
라만의 문제로 끝나는 것이 아니라 주변에 있는 국가들에게도 영향
을 주고 있다.

예를 들면 1990년대 말에 있었던 아시아 국가들의 경제위기도 태국

으로부터 시작하여 그 주변국들에 영향을 주고 결국 우리나라에게까지 그 영향이 미쳤던 것이다. 남미 국가들에 있어서도 마찬가지이다. 물론 경제위기는 해당 국가의 책임임에는 틀림이 없다. 하지만 앞에서도 언급한 바와 같이 국제사회가 단일시장화하다 보니 한 국가의 문제가 해당 국가의 문제로 끝나는 것이 아니라 주변국들에게도 불똥이 튀는 경우가 많은 것이다. 특히 경제위기의 공통적인 특징은 은행 등 금융기관의 부실채권이 항상 그 중심에 있다.

이에 따라 BIS의 바젤감독위원회는 은행 등 금융기관의 재무건전성을 더욱 강화한 새로운 BIS기준을 마련하고 있다. 구체적으로는 2008년도부터 시행된다.

새로 마련된 BIS기준에 따르면 지금보다 은행의 건전성을 정확하게 반영하기 위해 BIS 자기자본비율 산출기준이 크게 바뀌게 된다. 즉, 기존의 은행건전성 기준인 BIS 비율을 크게 강화하는 것이다. 따라서 기존의 기준이 바젤I이라면 이 새로운 기준은 바젤II로 불리고 있다.

한 국가의 경제 건전성은 은행의 건전성에 달려 있다고 해도 과언이 아니다. 은행이 건전해야만 기업 및 개인 나아가 국가가 건전해질 수 있다. 은행들은 기업이나 개인 고객에게 자금을 대출해 주거나 혹은 주식·채권 등 유가증권에 투자하여 얻는 수익으로 운영을 해 나간다. 이 때 대출받은 기업이 경영이 악화되어 이자를 내지 못하거나 원금을 상환하지 못하는 경우가 있을 수 있다. 개인 고객도 마찬가지이다. 뿐만 아니라 은행들 자신이 투자한 주식이나 채권의 가격이 떨어지는 경우도 있을 수 있다. 이래저래 은행들은 큰 손실을 입을 수 있다.

이 경우 은행이 자기자본으로 손실을 흡수할 수 있다면 다른 고객에 게는 큰 피해가 발생하지 않는다. 그러나 은행이 자기자본으로 손실을 흡수하지 못한다면 고스란히 예금자 등 다른 고객에게 피해가 갈 수밖에 없다. 나아가 자금이 필요한 기업들에게 제 때 대출이 이루어지지 않아 기업부실을 가져올 수 있다. 은행이 부실해지고 기업이 부실해지는 상황에서 국가경제가 건전해질 수 없다.

이런 사태를 미연에 방지하고자 하는 취지가 바로 BIS 자기자본비율인 것이다. 즉 거래기업의 도산 등 부실채권이 갑자기 늘어날 것에 대비, 최소한 자기자본비율이 8% 정도는 되어야만 대처를 할 수 있다는 애기이다.

앞으로 BIS 자기자본비율의 산정기준은 더욱 강화될 움직임을 보여주고 있다. 그만큼 은행들의 건전성이 중요해진다는 의미이다. 은행들이 건전해야만 국가경제가 튼튼해질 수 있기 때문이다.

바젤감독위원회 회원국들은 자기자본비율이 BIS기준에 미달되는 비회원국의 은행에 대해서는 자국 내 은행지점을 설치하지 못하도록 규제를 가하고 있다. 뿐만 아니라 국제금융시장에서 돈을 빌릴 때 높은 금리를 물리도록 하는 방법으로 제재를 가하고 있다. 더구나 그동안에는 해외에서 돈을 빌릴 때 OECD(경제협력개발기구) 회원국에 대해서는 비교적 낮은 금리가 적용되었다. 하지만 지금은 그 나라의 신용등급이 우선 고려되고 있다.

 경제가 쉽다
경제학이 즐겁다

　우리는 지구촌에서 살고 있다. 너와 내가 따로 없다. 국가도 마찬가지이다. 한 국가에서 일어나는 문제는 그 국가의 문제로 끝나는 것이 아니라 다른 나라에도 영향을 주고 있다. 바로 경제가 그렇다. 앞에서도 말한 바와 같이 한 국가의 경제위기가 바로 이웃나라의 경제위기로 번지는 경우가 많이 있다.

　국제경제기구가 나서서 각국 은행의 건전성을 문제 삼고 나오는 이유가 바로 여기에 있다. 그 국가의 경제문제가 그 국가에 한정된 것이 아니기 때문이다.

7장

공포의 저승사자,
신용평가기관

무조건 잘 보여라!

「재경부는 정부와 민간인 전문가들 9명으로 대책협의회를 구성, 무디스의 방한과 관련한 긴급회의를 가졌다. 실무 대책팀은 뉴욕, 홍콩 투자자들이 한국의 상황에 대해 가장 우려하는 문제를 파악, 무디스 평가단의 예상 질문서를 작성해 보는 등 도상

연습을 하였다. 또한 대학교수, 경제계 임원 등 무디스 평가단이 방한기간 동안에 면담할 대상자 리스트도 작성했다.」

이상은 세계 3대 신용평가기관 중 하나인 무디스(moody's) 평가단의 방한을 앞두고 분주해 있던 재정경제부의 실제 모습이다.

우리나라는 외환위기 직전인 1997년 10월까지만 하더라도 이탈리아, 호주, 스웨덴 등과 같은 우수한 신용등급을 받고 있었다. 그러다가 1997년 외환위기로 인해 신용등급이 곤두박질하여 투자부적격 등급까지 추락하기도 하였다. 그러나 그 후 2001년도부터 다시 신용등급이 회복되기 시작하여 현재에 이르게 된 것이다. 현재 우리나라와 같은 등급에는 중국, 홍콩, 헝가리 등 여러 나라가 속해 있다. 하지만 최근에 이르러 신용평가기관에 따라 중국이 우리나라보다 한 발 앞서 한 등급 높은 단계를 받는 경우도 생기고 있다.

신용평가란 국가나 기업의 신용상태를 평가하는 것이다. 이때 신용평가는 등급으로 매겨지는데 이것이 바로 신용등급이다. 현재 신용평가를 하는 기관은 순수 민간기관이다. 전 세계적으로 30여 개 국에 약 50여 개의 신용평가기관이 있으나 국제적으로는 미국의 무디스와 스탠더드 앤드 푸어스(s&p), 유럽의 피치 IBCA 등 3개사만이 막강한 영향력을 행사하고 있다. 이들 3개사는 애널리스트만 500~700명, 전체 직원 수가 1,000~1,500명인 대형기관들이다.

신용등급은 크게 투자적격 등급과 투기 등급으로 나누어진다. 투자적격 등급은 원리금 지급능력이 안정적이기 때문에 투자해도 괜찮다는 것을 의미한다. 반면, 투기 등급은 투기적 요소가 많아 원리금 상환에 문제가 있을 수 있기 때문에 투자에 신중을 기해야 한다는 의미를 담고 있다.

신용등급은 여러 가지를 고려해 산정한다. 기업의 경우에는 우선 수익성이 가장 중요시된다. 신용등급 자체가 채권을 발행한 기업이 나중에 원리금을 제대로 갚을 수 있느냐 하는 것을 가늠하는 척도이기 때문에 수익성이 중요시될 수밖에 없다. 그밖에 기업의 재무구조, 경영능력, 현금흐름 등 여러 가지가 고려된다.

국가의 신용등급은 이보다 더욱 복잡하다. 그 국가의 부채규모, 부채상환 능력, 외환보유고, 거시경제정책 등 경제적인 측면뿐 아니라 정치안정 등 경제 외적인 면도 고려가 된다. 과거 북핵 문제, 촛불시위 등 국제적인 여론이 심상치 않을 때마다 무디스 등 신용평가기관이 민감한 반응을 보인 것도 이 때문이다. 따라서 무디스 등 신용평가기관의 평가단이 방한할 때는 경제계뿐만 아니라 정치계 등 다양한 인사들을 두루 접촉한다. 그리고 그 결과를 신용평가에 반영하는 것이다.

신용평가기관들이 신용등급을 매기면 그것으로 끝나는 것이 아니다. 혹시 TV뉴스나 신문 등에서 긍정적 관찰대상이니 부정적 관찰대상이니 하는 말을 들어본 적이 있을 것이다. 바로 그것이다.

신용등급을 매기면 그것으로 끝나는 것이 아니라 계속적으로 관찰을 하면서 등급 조정도 하고, 향후 전망치도 내놓는다. 향후 신용등급이 상향 조정될 가능성이 있으면 긍정적, 상당기간 현 등급이 그대

경제가 쉽다
경제학이 즐겁다

로 유지될 가능성이 있으면 안정적, 향후 신용등급이 하향 조정될 가능성이 있으면 부정적이라는 용어가 등급 뒤에 붙게 되는 것이다.

등급 하락, 국제시장에서 설 땅 없다

한국이 1997년 말 IMF로 가던 서곡은 국제 신용평가기관들의 신용등급 하락으로부터 시작되었다. S&P는 1997년 10월 24일 한국의 장기 국가신용등급을 AA-에서 A+로 하향조정함으로써 본격적인 강등이 시작되었다. S&P는 같은 해 11월 25일 장기 국가신용등급을 A+에서 A-로 다시 2단계 하향 조정한 데 이어 12월 10일에는 BBB-로 3단계나 강등시켰다. 그러나 그것으로 끝나지 않았다.

같은 해 12월 22일 다시 신용등급을 4단계나 하락한 B+로 강등시켜 국제 금융시장에서 완전히 '투자부적격 국가'로 몰아내고 말았다. 무디스 등 다른 신용평가기관들도 비슷한 과정을 밟았다. 결국 그 해 12월에는 3대 신용평가기관 모두가 한국을 투자부적격 국가로 내쫓았다.

투자부적격 등급은 투기적 요소가 많아 원리금 상환에 문제가 있으니 투자에 신중을 기하라는 경고의 의미를 담고 있다. 즉, 그 나라는 위험하니 투자하지 말라는 경고인 것이다. 이처럼 신용평가기관들이 앞을 다투어 신용등급을 강등시키자 투자자들이 민감한 반응을 보이기 시작했다. 즉 외국인 투자자들이 서둘러 우리나라를 빠져나가려는 움직임을 보인 것이다.

상황이 이쯤 되고 보니 IMF에 안 갈 수가 없는 처지가 되어 버렸다. 몸부림을 쳐봐도 소용이 없었다. 당시 신용평가기관의 평가결과가 이처럼 무서운 상황을 가져오리라고는 꿈에도 생각하지 못했다. 신용평가기관 얘기만 나오면 가슴이 철렁 하고 내려앉는 기분이었다. 필자뿐만이 아니라 모든 사람들의 솔직한 심정이었을 것이다.

최근에 와서 만족스럽지는 못하지만 다행히도 다시 투자적격 등급을 회복하였다. 모든 국민들의 단합된 노력의 결과이다. 그렇다면 국가 신용등급이 가지는 의미는 과연 어떠한 것이겠는가.

신용등급은 야구와도 같다. 야구실력이 좋은 선수는 1부 리그에 소속되어 좋은 대우를 받게 된다. 실력이 처지는 선수는 2부, 3부 리그로 강등되어 대우도 형편없다. 국가 신용등급이 그렇다. 경제가 튼튼한 국가는 높은 신용등급을 받아 국제금융시장에서 좋은 대우를 받게 된다. 반면, 경제가 불안한 국가는 낮은 신용등급을 받아 국제금융시장에서 홀대를 받게 된다.

신용등급이 높은 국가는 국제금융시장에서 낮은 금리로 자금을 조달할 수 있다. 반면, 신용등급이 낮은 국가는 높은 금리로 조달해야 한다. 돈을 빌려주는 측에서도 원리금을 떼일 가능성을 항상 염두에 두고 이자율을 결정하기 때문이다. 결국 국가 신용등급은 해당 국가의 채무이행 가능성을 재는 잣대가 되는 셈이다.

우리나라의 경우 국가 신용등급이 한 단계 상승하면 해외로부터 자금을 조달할 때 금리가 0.35%포인트 정도 인하돼 연간 5억 달러 이

 경제가 쉽다
경제학이 즐겁다

상 차입비용이 줄어드는 것으로 알려지고 있다. 따라서 IMF 당시 우리나라의 신용등급이 신용기관마다 차이는 있으나 대략 6단계 정도 강등된 것으로 생각해 볼 때 연간 차입비용이 30억 달러 이상 늘어난 것으로 추정해 볼 수 있다.

이뿐만이 아니다. 은행들과 기업들이 외국에서 자금을 조달할 때 그 은행이나 기업의 재무구조나 성장 전망도 중요한 잣대가 되지만 그 나라의 신용등급이 더욱더 중요한 요소가 된다. 결국 국가 신용등급은 국내은행이나 외국자본 조달능력이 있는 국내기업들의 자금조달 조건에도 큰 영향을 미치게 되는 것이다.

이것만이 아니다. 국가 신용등급은 국제 투자자금의 흐름에도 큰 영향을 준다. 일반적으로 국제금융시장을 떠돌아다니는 자본은 수익성과 함께 안정성을 추구한다. 따라서 신용등급이 하락한 국가에서는 당연히 투자자금이 빠져나간다. 반면 신용등급이 상승한 국가에서는 외국의 투자자금이 들어오게 된다. 특히 헤지 펀드와 같은 단기 투기성자금은 국가 신용등급에 민감하게 반응한다. 결론적으로 국가 신용등급은 그 국가의 주식시장이나 채권시장에도 적지 않은 영향을 미치게 되는 것이다.

이 밖에도 국가 신용등급은 그 국가의 대외적인 이미지에 영향을 미침으로써 수출경쟁력에도 역시 도움을 준다. 즉 국가 신용등급은 그 국가의 제품에 대한 인식을 심어줌으로써 수출에 영향을 주는 것이다. 따라서 신용등급은 그 국가의 얼굴을 나타내는 것이기 때문에 높은 등급을 받기 위해 모든 나라가 최선을 다하고 있는 것이다.

신용평가기관을 역 평가하라!

「국제통화기금(IMF)이 국제 신용평가기관들을 통렬히 비난하고 나서 관심을 끌고 있다. 1997년 초래된 아시아 외환위기 직전에 신용평가기관들이 범한 실수를 반복하지 않으려면 개발도상국의 신용평가에 더 많은 인력과 자원을 투입하라는 경고도 덧붙였다. 최근 IMF는 국제 자본시장에 관한 연례보고서에서 몇몇 신용평가기관의 평가결과가 점점 국제금융시장에 커다란 영향을 미치고 있다고 지적했다.

특히 1997년 한국과 태국에 대한 국가신용등급을 갑자기 대폭 하향 조정하는 등 몇몇 경우에는 이들 나라에서 국제자본이 탈출하는 결정적 계기를 제공했다고 밝혔다. 이는 악화되던 당시 상황에 기름을 부어 걷잡을 수 없는 사태로 발전했다.」

이는 몇 년 전 국제통화기금(IMF)이 국제금융시장에서 막강한 영향력을 행사하는 등 제왕적 군림을 하고 있는 신용평가기관들을 향해 작심하고 던진 비판의 내용이다. 충분히 설득력이 있는 내용이다.

우리나라의 경우만 보더라도 IMF 당시 신용평가기관들이 경쟁적으로 신용등급을 강등시켜 한 달 남짓 만에 5~6단계나 하향 조정되는 수모를 겪었다. 누가 보더라도 망해가는 나라의 모습이었다. 이런 상황에서 투자자들이 머물러 있을 리 없었다.

당시 우리의 신용등급을 경쟁적으로 강등시킨 장본인들은 바로 국제금융시장에서 가장 공신력을 인정받고 있는 3대 신용평가기관들이었다. 무디스 등 이들 3대 신용평가기관들이 국제금융시장에서 행사하는 영향력이 워낙 강력하다 못해 어떤 군사력보다도 무섭다고 하는 말들이 나돌 정도였다. 당시 국내에서도 신용평가 노이로제가 생길 만큼 이들 신용평가기관들이 저승사자처럼 보이기까지 하였다. 우리나라뿐만이 아니다. 같은 외환위기를 겪었던 태국, 인도네시아, 말레이시아, 홍콩 등도 마찬가지였다.

　뉴욕이나 런던 등 주요 국제금융시장에서 채권을 발행할 때에는 이들 평가기관들의 신용평가서를 반드시 첨부하여야 한다. 다른 신용평가기관들의 신용평가서는 단지 참고사항에 불과하다. 이러한 상황이다 보니 이들 평가기관들의 평가에 대해서는 그 누구도 두려워하지 않는 사람이 없을 정도이다. 국제금융시장에서 막강한 영향력을 행사하는 이들 신용평가기관들에 대한 관심도 지대하여 1998년 일본의 경제평론가 니시나 고오체이가 쓴 『무디스, 그 실력과 정체』라는 책은 출간된 후 두 달 동안 베스트셀러 1위를 차지하기도 하였다.

　일본의 경우 금융기관에 대한 신용평가기관들의 잇따른 신용등급 하향 조치로 100년 역사의 야마이치(山一) 증권이 문을 닫는 수모를 겪기도 하였다. 이에 반발한 일본 대장성은 1998년 4월 산하 국책 연구기관인 국제금융정보센터로 하여금 무디스 등 신용평가기관을 역평가하라는 지시를 내리기도 하였다. 다시 말하면 일본이 오히려 신용평가기관들을 평가하겠다고 나선 것이다.

　신용평가는 객관성과 신뢰성이 생명이라고 할 수 있다. 객관성과 신뢰성이 있어야만 인정을 받을 수 있다. 자신들의 힘만 믿고 객관성과 신뢰성이 떨어지는 평가를 내린다면 비난을 면하기 어렵다. 그리고 언젠가는 외면을 면치 못하게 된다. 특히 국제적인 신용평가기관이라고 한다면 특정 국가의 입김에서 자유로울 수 있어야 한다. 어떤 특정 국가의 입김에 좌우된다면 그것이 바로 객관성과 신뢰성을 잃는 것이다. 최근 신용평가기관들의 일련의 행동을 보면 그런 의구심을 더욱 갖게 하고 있다.

국가에 대한 신용평가는 여간 신중을 기하지 않으면 안 된다. 그 평가에 따라 국가의 운명이 결정되기 때문이다. 만약 객관성과 신뢰성이 떨어지는 평가를 내릴 경우 평가기관은 비판받는 것으로 끝날지는 모르지만, 평가받는 국가는 치명적인 상처를 입을 수도 있다.

신용평가기관들은 때로는 국제사회의 비판과 경고를 겸허히 수용할 줄 알아야 한다. 그리고 왜 그런 비판이 생기는지를 반성해 보아야 한다. 마찬가지로 더욱더 객관적이고 신뢰성 있는 평가가 되도록 끊임없이 노력해야 한다.

 국내신용등급, 믿을 수 없다고?

1997년 외환위기 당시 IMF가 구제금융을 주는 대가로 우리 측에 요구한 조건이 있었다. 그것은 바로 고금리 정책이었다.

IMF 측이 볼 때는 한국이 외환이 부족해 위기를 겪은 만큼 금리를 높게 유지하면 외국의 자금이 많이 들어올 것으로 판단했던 것이다. 물론 이론적으로는 충분히 수긍이 가는 처방이었다. 돈이라는 것이 높은 금리를 좇아 이동하는 경향이 있기 때문이다. 그러나 여기에는 함정이 있었다.

금리를 올리면 외국으로부터 자본유입이 가속화되고 그에 따라 환율이 안정되어 경제가 정상으로 돌아온다는 논리였다. 하지만 이는 전혀 맞지 않았다. 오히려 금리를 올리자마자 기업들의 부도가 속출했고, 심지어는 흑자기업들까지 부도가 나는 어처구니없는 현상도 벌어졌다. IMF에 대한 원망의 소리가 여기저기서 나오는 것은 당연한 일이었다. 여기에는 평범한 진리를 간과한 IMF의 큰 실수가 있었다.

원래 돈이라는 것은 금리도 중요하지만 위험부담이 따르는 곳으로는 이동하지 않는 성질이 있다. 따라서 높은 금리로 인해 우량기업이 도산하고 국제신용도가 바닥을 헤매는 상황에서 외국자본이 들어올 리 없었다. 오히려 경상수지가 대폭 흑자를 기록함으로써 달러가 유입되고 금융기관의 강력한 구조조정으로 금리가 하락하자 외국자본이 들어오기 시작하였던 것이다.

즉, 미국경제의 호조에 따라 수출이 늘어나 경상수지가 대폭 흑자로 돌아섬에 따라 달러가 유입되었다. 뿐만 아니라 은행 등 금융기관의 강력한 구조조정으로 금리가 하락하자 기업들의 부도가 크게 줄어들었다. 이처럼 경제가 전반적으로 안정을 되찾고 이에 대한 외국인의 신뢰가 쌓임으로써 외국인의 투자가 늘어난 것이다.

신뢰가 중요한 것은 바로 이 때문이다. 개인도 마찬가지지만 국제간에도 그렇다. 그러한 국제간의 신뢰를 증명할 수 있는 것이 바로 신용등급이다. 신용등급이 바로 국제사회에 자국의 신뢰수준을 공표하는 하나의 지표가 된다. 따라서 각국들은 신용등급을 잘 받기 위해 혈안이 되어 있는 것이다.

우리나라에도 물론 신용평가기관이 있다. 하지만 아직은 유명무실하다. 따라서 뉴욕이나 런던 등 국제금융시장에서 채권을 발행할 때 국내 신용평가기관이 매긴 신용등급은 참고자료용으로도 취급받지 못하고 있다. 바로 투명성이 부족하다는 이유에서이다.

외국인 투자자들이 한국기업에 투자하기를 가장 꺼리는 이유가 바로 투명성이 부족하기 때문이라는 것은 누구나 아는 사실이다. 어떤 면으로 보면 이것은 바로 국내 신용평가사를 믿지 못하겠다는 말로 해석할 수 있다. 가끔 TV 등에서 외국인 투자자들이 한국 기업들은 투명성이 부족하다는 이야기를 하는 경우를 볼 수 있다. 그들은 국내 신용평가기관들이 평가한 신용등급을 믿을 수 없다고 생각하기 때문에 "투명성이 부족하여 투자하기 어렵다"고 토로하는 것이다.

그뿐만이 아니다. 어느 대기업이 무디스 등 국제 신용평가기관으로부터 신용등급이 하향 조정될 경우 즉시 그 기업의 주가는 폭락한다. 하지만 국내 신용평가기관으로부터 신용등급이 하향 조정된 기업의 주가는 별 반응을 보이지 않는다. 오히려 국내기업이 국내 신용평가기관으로부터 신용등급을 받는다는 것조차 모르는 사람들이 많이 있다. 한마디로 국내 평가기관의 평가는 별 의미가 없다는 이야기이다.

여기에는 우선 국내 신용평가기관들의 책임이 가장 크다. 그리고 제도적으로 뒷받침해 주지 못하는 금융당국의 책임도 있다.

신용평가라고 한다면 가장 중요한 것이 정확한 예측이다. 하지만 우수한 등급을 받은 회사가 얼마 되지 않아 부도가 나는 경우가 있다. 특히 외환위기 직전에 그러한 일들이 비일비재했다. 신용등급만을 믿고 그런 기업의 주식을 샀다가 깡통만 차는 투자자들이 속출하였다. 그런 상황에서 누구라도 신용평가기관들을 신뢰할 수 없는 것은 당연한 것이었다. 과연 국내 신용등급만을 믿고 주식에 투자하는 사람이 얼마나 되는지 의문이 아닐 수 없다.

대개 국제 신용평가기관들은 현재의 결과에 관계없이 정확한 예측을 통해 앞으로 어떻게 될 것인가에 주로 초점을 맞춘다. 반면, 국내 신용평가기관들은 현재의 결과에 큰 비중을 두는 편이다. 따라서 외국기업들의 경우 현재의 수익이 매우 높게 나왔음에도 불구하고 미래가 불투명하다는 이유로 주가가 하락하는 경우를 종종 볼 수 있다. 그만큼 미래를 중요시한다. 우리나라의 경우에는 수익이 예상 외로 좋게 나왔다면 일단 주가가 상승하는 경향이 있다. 현재를 중요시한다는 이야기이다.

특히 국제 신용평가기관들은 등급 조정만 하는 것이 아니다. 수시로 보고서를 통해 시장에 사전 경고를 보낸다. 2000년대 이후만 하더라도 일본경제가 여전히 불투명하다는 이유로 여러 차례 신용등급을 강등시킬 수 있음을 경고한 바 있다. 물론 기업들에게도 마찬가지이다. 하지만 국내 신용평가기관들은 사전의 기능이 거의 없다.

국내 신용평가기관들도 할 말은 있다. 신용평가를 하는 데 있어 규제가 너무 많다고 주장한다. 미국이나 일본의 경우에는 신용평가기관에게 면책권을 주어 자유로운 의견개진을 할 수 있도록 해주고 있으나 우리나라는 그러한 여건이 부족하다는 것이다. 이런 상황에서 자유로운 평가를 기대한다는 것 자체가 무리라는 주장이다. 하지만 국제금융시장에서 어느 정도 공신력을 인정받고자 한다면 지금과 같은 체제로는 도저히 불가능하다.

앞에서 언급한 바와 같이 무디스 등 3개 국제 신용평가기관들은 애널리스트만도 500~700명 수준이다. 국내 신용평가기관과는 도저히 비교할 수 없다. 따라서 국내 신용평가기관들도 향후 인력보강과 함께 분석의 선진화 등 지속적인 투자가 이루어져야 한다. 정부당국도 책임조항의 손질 등 제도적 보완책을 마련해야 함은 물론이다.

이제 우리나라도 경제력에 합당한 수준의 국제적으로 인정받을 만한 신용평가기관이 나올 때가 되지 않았는지 생각해 볼 일이다.

 아직도 등급 장사

현재 무디스는 자타가 공인하는 세계 최대의 신용평가기관으로 인정받고 있다. 무디스가 이처럼 인정을 받게 된 계기는 1929년에 있었던 세계 대공황이었다. 당시 대공황의 여파로 많은 기업들이 도산하는 가운데서도 무디스로부터 좋은 등급을 받은 기업들은 건재하였

다. 이를 계기로 무디스는 투자자들로부터 큰 신뢰를 받게 되었다.

무디스는 현재 전 세계적으로 10만여 개의 기업, 6만여 개가 넘는 국공채에 대한 평가를 내리고 있다. 이밖에 무디스로부터 정기적으로 신용평가 관련 정보를 제공받는 전 세계 기관투자가만 해도 수천여 개 사에 이른다. 물론 S&P나 피치 IBCA사도 신용도 면에서 결코 무디스 사에 뒤지지 않는다. 이들 신용평가기관도 전 세계적으로 수많은 기업과 국공채에 대한 평가를 내리고 있다. 무디스를 비롯한 이들 신용평가기관들이 국제적으로 큰 명성을 얻고 있는 배경에는 바로 신뢰와 신용을 생명으로 하고 있기 때문이다.

이처럼 신용평가기관의 생명은 신뢰와 신용이라고 볼 수 있다. 그런 측면에서 보면 우리나라는 아직도 평가제도가 걸음마 단계에 머물러 있음을 부인할 수 없다. 물론 외환위기 이후 자본시장의 중요성이 부각되면서 국내 신용평가계의 신뢰성이나 위상이 상당히 높아졌다고들 하지만, 아직 멀었다는 것이 일반적인 시각이다.

그동안 국내 신용평가기관들에 대해서는 잡음이 많았던 것이 사실이다. 예를 들면 경기는 불투명한데도 불구하고 기업들의 신용등급은 오히려 지나치게 올라가는 경우가 많다는 비판이다. 경기가 불투명할 경우 미국의 무디스나 S&P가 기업들의 신용등급에 대해 신중을 기하는 것과는 뚜렷하게 대비되고 있는 것이다.

물론 기업들의 실적이 뚜렷하다든가 혹은 재무구조가 튼튼해져 신용등급을 올릴 수밖에 없다면 반가운 일이다. 하지만 그런 징후가 별로 없는데도 불구하고 신용등급을 올린다는 것은 문제가 아닐 수 없다. 신용평가 회사들이 자신들의 실적을 쌓기 위해 기업들에게 후한 점수를 주는 건 아닌지 의심을 받는 것도 그 때문이었다.

 일부에서는 신용평가 회사들의 이런 행태를 비꼬아 기업들에게 회사채 발행자격을 팔아먹는 장사꾼이라고 혹평하는 경우도 있었다. 이쯤 되자 기업들이 신용등급을 잘 주는 평가회사를 찾아다니는 웃지 못할 일도 비일비재하였다. 특히 1990년대 이후 평가 회사들이 평가 대상기업 확보에 나서면서 연쇄적으로 신용등급을 올려주는 바람에 '등급쇼핑'이란 말이 유행하기도 하였다. 상황이 이 정도이다 보니 평가에 객관성이나 신뢰라는 것은 찾아볼 수가 없었다.

 신용등급이 높은 회사들이 오히려 부도율이 높아지는 기현상도 발생하였다. 심지어는 신용등급이 올라가고 며칠 후에 부도가 나는 경우도 있었다. 신용평가기관들의 이런 행태는 자연스럽게 신용등급을 불신하는 풍조로 이어졌다. 비록 어느 회사의 신용등급이 상향되었다 하더라도 그것이 해당 회사의 펀더멘털이 개선되었기 때문이라고 생각하는 사람은 거의 없었다. 아예 관심이 없었다. 어느 회사가 어떤 평가기관으로부터 어느 정도의 신용등급을 받았는지 관심조차 없었다. 국내 투자자들 중 그 회사의 신용등급을 보고 주식이나 채권에 투자하는 사람은 거의 없었다.

 이렇게 신용평가회사들의 신뢰가 땅에 떨어지자 위기의식을 느낀 어느 용감한 국내 신용평가회사가 신용등급 정상화에 나서 등급을 일제히 낮췄다가 기업들의 외면으로 시장점유율이 뚝 떨어지는 어려움을 겪기도 하였다. 이 신용평가회사는 나중에 어떻게 했을까 하고

 경제가 쉽다
경제학이 즐겁다

궁금할 것이다. 결국 신용등급 정상화 작업을 포기하고 말았다.

신용평가기관들도 평가결과의 신뢰도를 통해 차별화가 이루어져야 한다. 뿐만 아니라 은행 등 금융기관들도 그 회사의 명성보다는 엄격한 신용등급을 통해 대출해 주는 관행을 만들어야 한다. 그에 따라 신용평가기관들을 자연스럽게 평가하는 시스템으로 가야 한다. 등급 장사를 하는 한 신용평가기관들의 발전은 요원하다고 볼 수 있다. 신용평가를 잘못했을 때 그 피해가 결국 누구에게 돌아가는지를 생각해 볼 일이다. 결국 국가경제, 나아가 우리 국민들이 아니겠는가.

개인도 신용등급이 있다

여기 대비되는 두 사람이 있다. 회사원 김 모 씨는 은행에서 아무런 담보 없이 신용대출 3,000만 원이 가능하다고 한다. 반면, 김 씨의 직장상사인 박 모 과장은 담보 없는 신용대출은 전혀 불가능하다고 한다. 부하인 김 씨보다 연봉이 훨씬 더 많고 은행거래 실적도 많지만, 박 모 과장이 은행에서 받는 대접은 김 모 씨와는 영 딴판이다.

왜 이런 현상이 나타나는 것일까? 그 비밀은 바로 신용등급의 차이에 있다. 김 씨의 신용등급은 A급이지만, 박 과장은 D급이다. 이제 우리나라도 신용이 곧 돈이라는 신용사회가 본격적으로 도래한 것이다. 신용이 없으면 금융거래 시 손해는 물론 아예 거래 자체가 불가능할 수도 있다. 대출의 경우 신용도에 따라 최고 9%까지 차이를 두

는 금융기관도 있다. 특히 우리나라의 경우 최고 우량고객에게 적용
하는 우대금리에 개인의 신용등급에 따라 차등금리를 적용하고 있
다. 따라서 개인의 신용도에 따라 대출금리가 다르다고 볼 수 있다.

 신용등급을 잘 받으려면 우선 무엇보다도 중요한 것이 바로 신용이
다. 신용이란 믿음이다. 믿음을 주어야 한다. 그러기 위해서는 우선
대출금에 대한 연체가 없어야 한다. 연체가 많으면 대출금리가 높아
질 뿐만 아니라 대출 자체가 어려워진다. 나아가 신용불량자로 지목
되어 여타 은행과의 거래도 불가능해진다.

 필자도 이런 경험이 있다. 본의 아니게 대출금에 대한 이자를 수 개
월간 연체한 사실을 모르고 있었다. 뒤늦게 신용불량자로 등록이 된
다음 연체사실을 알고 갚았으나 소용이 없었다. 다행이 본인은 물론
연체사실을 제대로 통보해 주지 않은 은행의 실수가 인정되어 신용
불량자에서 구제는 되었으나, 구제되기까지 모든 은행거래가 중단되
어 한마디로 힘든 시간이었다. 이 때의 한번의 실수로 현재까지도 신
용등급이 A급까지는 오르지 못한 상태가 지속되고 있다.

 현재 국내에 신용불량자가 2백만 명이 넘는 것으로 밝혀지고 있다.
IMF 이후에 그 수가 급격히 늘어나 한때는 400만 명에 이르기도 하
였다. 이들은 은행거래가 전혀 불가능하다. 하지만 신용불량자 숫자
그 자체가 중요한 게 아니다. 이것이 국가경제에 엄청난 부담을 줄
수 있다는 점이다.

 2백만 명이 넘는 신용불량자, 그들은 거의 변제능력이 없는 사람들
이라고 볼 수 있다. 그렇다면 그 부담은 고스란히 은행 등 금융기관

 경제가 쉽다
경제학이 즐겁다

의 몫이다. 대출해 준 돈을 받지 못한다면 그것은 그대로 은행의 부실로 연결된다. 은행이 부실해지면 기업의 부실로 연결되고 결국 국가경제에 엄청난 충격을 줄 수 있는 것이다.

다행히도 최근 들어 경기회복과 더불어 신용불량자 증가 추세가 다소 주춤하고 있다. 그러나 안심할 상황은 아니다. 경기가 나빠질 경우 언제라도 신용불량자는 다시 늘어날 수 있다. 한때 신용불량자가 급증하자 미성년자에 대한 무분별한 카드발급 금지, 가계대출 억제, 개인 워크아웃제 등 정부가 내놓을 수 있는 대책은 모두 동원하기도 하였다. 대출증가로 인한 신용불량자 양산을 방치할 경우 자칫 제2의 외환위기를 가져올 수 있다는 판단을 하였기 때문이다.

정부는 IMF 직후 은행들의 부실채권을 정리해 주기 위해 엄청난 공적자금을 투입했었다. 만일 그러한 상황이 재발한다면 국민들이 과연 어떻게 받아들일지 의문이다. 아마 공적자금을 다시 투입해야 하는 상황이 온다면 형평성의 문제 등 엄청난 국민의 저항을 받을 게 뻔하다. 이처럼 개인의 신용부실이 그 개인의 문제로 한정되는 것이 아니라 국가경제에 엄청난 충격을 줄 수 있는 것이다. 따라서 모든 사람들은 자신의 신용등급 관리에 관심을 기울여야 한다.

신용등급은 이 같은 연체 외에도 개인의 거래실적도 크게 고려가 된다. 따라서 모든 거래를 한 은행에 집중하는 것도 신용등급 관리에 크게 도움이 된다.

"돈 쓰는 데는 장사도 없다"라는 말이 있다. 그만큼 과소비가 무섭다는 얘기이다. 자신의 소득범위 내에서 분수 있게 소비하는 습관을 길러야 한다. 자신의 과소비가 자신은 물론 국가경제에도 부담이 된다는 것을 인식해야 한다.

 국가도 성적표를 받는다

어린 시절 방학이 다가오면 한편으로 좋으면서도 다른 한편으로 늘 걱정이 따라다녔다. 방학 하는 날이면 어김없이 따라다닌 성적표 때문이었다. 지금과는 달리 예전에는 반 등급(등수)은 물론 전체 등급(등수)까지 기재되어 있어 성적표를 보면 어느 정도 성적을 내고 있는지를 자세히 알 수 있었다.

그때 성적표를 받아들고 좋아하던 모습 혹은 실망하던 내 모습이 지금도 눈에 선하다. 성적표를 받아들고 성적이 올랐으면 빨리 부모님께 보여주고 싶어 집으로 쉬지 않고 뛰어갔던 일, 반면 성적이 조금이라도 떨어지기라도 하면 어떻게 부모님께 보여줄까 이리 걱정 저리 걱정 안절부절 못했던 일. 그러다 보면 날이 저물곤 했었다. 그런데 개인만 성적표를 받는 것이 아니다. 국가도 개인처럼 성적표를 받는다.

매년 IMD(국제경영개발원)와 WEF(세계경제포럼)에서는 국가의 경쟁력을 순위로 매겨 발표하고 있다. 이것이 소위 '국가경쟁력'이다. 국가경쟁력 순위가 발표될 때마다 각 국가의 성적표가 나왔다는 말들을 많이 한다. 국가경쟁력이 각 국가마다 몇 위인지 자세히 발표하기 때문에 초·중등학교 때 받아본 성적표를 연상케 하는 것이다. 성적표를 받고 나서 좋은 점수를 받았을 땐 기분이 우쭐해지지만 나쁜 점수를 받았을 땐 영 기분이 좋지 않다.

국가도 마찬가지이다. 해마다 국가경쟁력 순위가 발표될 때마다 야단법석이다. 겨우 그 정도의 등급(등수)밖에 못 받았다는 둥, 우리나라는 아직도 멀었다는 둥, 국민 모두가 각성을 해야 한다는 둥 난리들이다. 더구나 부문별로 나누어진 경쟁력 순위에서 다른 분야보다 뒤처진 분야는 더욱 매도를 당한다. 물론 국가경쟁력 순위가 국가 신용도와 직결되기 때문에 모든 국민들이 관심을 갖는 것은 너무도 당연한 일이다. 더욱이 외국인 투자자들의 유입을 기대하는 우리로서는 더욱 그렇다.

그렇다면 국가경쟁력은 어떻게 평가하는가. 국가 신용등급을 평가할 때에 경제적인 문제뿐만 아니라 정치, 사회, 문화 등 여러 가지 요소가 고려된다고 하였다. 국가경쟁력도 마찬가지이다. 다양한 분야에 걸쳐 다양한 항목으로 나누어 평가를 내린다. 하지만 평가항목에 있어서 국가 신용등급과는 비교가 될 수 없을 만큼 많은 분야에 걸쳐 이루어진다. 이것은 아무래도 국가 신용등급이 경제적 측면에서의 경쟁력에 초점을 맞추고 있다면 국가경쟁력은 전체적인 분야에서의 경쟁력에 초점을 맞추고 있기 때문일 것이다. 이런 측면에서 본다면 국가경쟁력이 그 나라의 현재의 위치를 파악하는 데 더욱 유용한 자료가 된다고 볼 수 있다.

국민의 생활수준을 향상시키기 위해서 국가는 다양한 능력을 갖추고 있어야 한다. 여기에는 비단 경제적 능력뿐만이 아니라 정치, 문화, 교육 등 다양한 능력을 갖고 있어야 한다. 국가가 다양한 분야에서의 능력을 갖고 있을 때 국민의 생활수준도 향상되고 나아가 국가발전도 기대할 수 있다. 이 같은 다양한 분야에서의 능력을 하나의 성적표로 나타낸 것이 바로 국가경쟁력인 것이다.

물론 국가경쟁력이란 개념 자체가 성립할 수 있느냐를 놓고 찬반이 있는 것은 사실이다. 미국 MIT대 교수인 크루그먼 박사는 "국가는 기업과 다르고, 그 추구하는 목표도 다르다"면서 한마디로 국가경쟁력이라는 개념 자체가 성립하지 않는다고 주장한다. 반면, 마이클 포터 하버드대 교수는 "국가간에 경쟁력은 분명한 차이가 있으며 국가경쟁력이라는 개념은 반드시 필요하다"고 주장한다.

현실적으로 국가들 간에 경쟁을 하고 있음은 분명한 사실이기 때문에 국가경쟁력의 존재를 인정하지 않을 수 없다. 뿐만 아니라 많은 비판에도 불구하고 IMD나 WEF에서 발표하는 경쟁력 순위를 모든 나라들이 자연스럽게 받아들이고 있다. 따라서 국민 생활수준을 지속적으로 향상시킨다는 차원에서 국가 경쟁력 제고에 한층 노력을 기울여야 한다. 이것이 나아가 국가신용도 제고를 위한 것임은 물론이다.

 경제가 쉽다
경제학이 즐겁다

8장

주가, 주주에 대한 대접과 비례한다

이것이 기업의 돈줄이다

　지금으로부터 6~7년 전 코스닥 시장의 열풍이 한창일 때 벤처기업에 투자했던 모 탤런트는 100억 원의 대박을 맞았다는 등 온갖 소문이 무성했었다. 당시 코스닥 시장이 워낙 열풍에 휩싸이면서 벤처라는 얘기만 나오면 대박으로 인식이 될 정도였다. 따라서 처음부터 벤처기업에 돈을 투자했던 사람은 엄청난 이익을 올렸다.

회사는 대개 여러 사람이 돈을 모아 운영하는 것이 일반적이다. 이런 회사를 우리는 주식회사라고 한다. 돈을 투자한 사람은 투자액에 해당하는 만큼의 주식을 갖게 된다. 바로 주주가 되는 것이다. 가끔 일간신문이나 경제신문의 광고란을 보게 되면 주식을 공모하는 광고를 보게 된다. 투자자금을 끌어들이려는 의도인 것이다. 만일 그 주식공모에 응한다면 바로 그 회사의 주주가 된다는 이야기이다.

회사가 잘 운영되어 이익도 많이 내고 규모도 커지게 되면 관련법에 따라 일반인들을 대상으로 거래되는 증권시장에 상장시킬 수 있다. 이것이 기업 공개이다. 일단 증권시장에 상장되어 거래가 이루어지면 주식가격은 회사가 처음 설립될 당시에 발행됐던 가격에 비해 높은 가격으로 불어나게 된다. 따라서 설립 당시에 투자했던 사람들은 가만히 앉아서 몇 배 혹은 몇 십 배의 수익을 올리는 경우가 흔히 있을 수 있다. 6~7년 전 코스닥 시장이 열풍을 불었을 때 이런 현상이 두드러졌었다.

그렇다면 기업 공개를 통해 증권시장에 상장시키는 목적이 어디에 있는가? 여기에는 두 가지 목적이 있다.

우선, 해당기업의 내용을 공개하고 다수의 주주에게 주식을 분산함으로써 명실상부한 주식회사의 제도를 갖추도록 하는 데 있다. 좀 추상적인 이야기일 수 있다. 다른 하나는, 기업의 입장에서 볼 때 직접금융을 통해 자금을 원활히 조달할 수 있다는 점이다. 아마 이것이 주된 목적일 것이다.

사실 기업을 경영하는 데 있어서 가장 크게 부딪히는 문제가 바로 자금조달이다. 경제가 성장하고 기업이 점차 대형화되어 가면 기업의 자금수요도 폭발적으로 늘어나게 된다. 따라서 과거와 같이 은행 차입 등 간접금융만으로는 자금을 조달하는 데 한계가 있다. 뿐만 아니라 원금에 대한 이자만도 만만치가 않다.

이런 문제점을 일거에 해결할 수 있는 수단이 바로 직접금융을 통한 자금조달이다. 즉 기업 공개를 통해 기업을 증권시장에 상장시키는 일이다. 기업이 증권시장에 상장되면 유상증자가 가능해져 자금조달에 큰 보탬이 된다. 특히 주식을 통해 자금조달을 할 경우 은행에서의 차입과는 달리 기업에게는 매우 유리하다. 앞에서 말한 바와 같이 은행에서 돈을 빌리게 되면 이자를 지불해야 되지만 주식은 이자를 지불할 필요가 없다. 공짜로 돈을 조달하는 것과 마찬가지인 것이다. 또한 증권시장에 상장되면 전환사채나 신주인수권부사채 등 각종 사채를 발행할 수 있다.

이처럼 기업이 공개를 통해 증권시장에 상장되면 여러 가지 혜택이 주어진다. 하지만 모든 기업이 증권시장에 상장될 수 있는 것은 아니다. 기업을 증권시장에 상장시킨다는 것은 주식시장을 전제로 하기 때문에 일정요건을 갖추어야 한다. 예를 들면 국민경제의 발전에 저해가 된다든가 혹은 투자자를 보호하는 데 지장이 있다고 판단되는 경우에는 상장 대상에서 제외시킬 수가 있다.

과거 김대중 정부는 일자리 창출을 위해서는 벤처기업의 육성밖에는 다른 방도가 없다고 하면서 벤처투자에 목숨을 걸다시피 하였다.

그리고 벤처기업의 자금조달을 원활히 해 준다는 명목 아래 벤처기업의 코스닥 등록을 완화해 주었다. 그렇게 되자 무늬만 벤처 혹은 부실한 벤처기업들이 무더기로 코스닥에 등록하여 투자자들의 돈만 삼켜버린 채 문을 닫는 경우가 많다 못해 비일비재하였다.

당시 많은 투자자들이 코스닥에 등록된 벤처기업에 돈이 물려 아직도 이러지도 못하고 저러지도 못하는 경우가 많이 있다. 물론 투자의 1차 책임은 투자자 본인이지만 그것을 방조한 정부도 책임을 면할 길이 없다. 투자자를 보호해야 할 정부가 오히려 투기를 조장한 면이 없지 않았기 때문이다.

한창 코스닥이 과열로 치달으면서 거품논쟁이 벌어지고 있는데도 불구하고 정부는 결코 과열이 아니라고 항변했었다. 지금 코스닥은 과연 어떻게 되고 있는가.

당시 항간에는 정치권 등 '보이지 않는 손'이 작용하고 있다는 소문도 있었다. 사실을 떠나 주식은 그 기업의 가치를 반영하는 것이다. 따라서 기업의 가치를 넘어선 주가는 분명 문제가 있다. 그런데도 시장은 그 같은 평범한 진리에 의해서만 움직이는 것 같지 않다. 이래서 주식투자가 어렵다고 하는지도 모른다.

해외에서의 자금조달, 국내와 다를 바 없다

견실한 기업은 자금걱정을 할 필요가 없다. 그것은 국내 금융시장에서와 마찬가지로 해외시장에서도 자금을 조달할 수 있기 때문이다. 과거에는 해외시장에서 자금을 조달한다는 것이 쉽지 않았으나 오늘날에는 여러 가지 방법이 있다. 즉, 주식이나 채권을 발행해 직접 조달하거나 금융기관으로부터 간접적으로 차입할 수 있다.

우선, 주식과 채권을 발행해 자금을 직접으로 조달하는 방법을 생각해 보자. 기업들은 능력만 있으면 자기회사 주식을 국내 주식시장뿐만 아니라 외국의 주식시장에 상장하여 자금을 조달할 수 있다. 국내기업 중 포스코나 한국전력 등 여러 기업이 미국의 주식시장에 상장되어 거래가 이루어지고 있다. 아침 뉴스시간에 미국의 주식상황을 설명하노라면 뉴욕증권거래소에 상장되어 있는 한국전력 등 국내기업의 주식변동에 대해서도 빠뜨리지 않고 설명해 주는 것을 볼 수 있다.

물론 외국기업의 주식을 상장시키고 거래하는 형태는 국가마다 다르기 때문에 국내보다는 다소 까다롭다고 할 수 있다. 특히 우량한 대기업이 아니고서는 외국 주식시장에 상장시킨다는 것은 결코 쉽지 않은 일이다. 뉴욕증권거래소에 상장되어 있는 국내기업도 포스코나 한국전력, 한국통신 등 그야말로 우리나라를 대표하는 대기업 중의 대기업이라고 할 수 있다.

또한 직접 자금을 조달하는 가장 중요한 수단으로 채권발행을 통한 방법이 있다. 하지만 이 방법 역시 발행회사의 신용도 등 채권발행의 성공 여부를 결정하는 변수가 도사리고 있기 때문에 그리 간단하지만은 않다.

채권은 그 발행하는 방식에 따라 고정금리부 채권(보통채)과 변동금리부 채권, 그리고 주식과 연계된 주식연계 채권으로 구분한다. 고정금리부 채권은 사전에 약정된 이자로 지급하는 방식이고 변동금리부 채권은 국제금리의 변동에 따라 이자가 수시로 변동한다. 주식연계 채권은 채권을 주식으로 바꿀 수 있는 권리 혹은 새로 발행하는 주식을 매입할 수 있는 권리가 주어진 채권이다. 국내에서의 채권발행과 전혀 다를 바가 없다. 하지만 해외에서의 발행이기 때문에 고려해야 할 점이 분명히 있다.

우리나라 최고의 기업인 삼성전자가 미국 뉴욕에서 채권을 발행한다고 가정해 보자. 우선, 삼성전자는 채권발행을 주선할 주간사를 선정해야 한다. 주간사는 당연히 현지에 있는 금융기관을 선정해야 한다. 그리고 채권을 발행했을 때 발행물량을 소화해 줄 수 있는 인수단을 구성해야 한다. 인수단은 주간사가 주동이 되어 구성한다.

주간사가 선정되고 인수단이 구성되고 금리수준과 발행물량이 결정되면 발행회사와 주간사는 로드쇼(설명회)를 열어 물량이 완전히 소화될 수 있도록 최선의 노력을 기울인다. 이때 채권발행이 성공을 거둘 수 있는가의 여부는 순전히 발행회사의 신용도, 금리수준에 달려 있다고 볼 수 있다. 특히 발행회사의 신용도는 물량소화에 결정적인 영향을 미친다. 아무리 높은 금리를 준다 하더라도 발행회사의 신용도가 낮으면 채권을 사고자 하는 사람이 없기 때문에 채권발행이 성공을 거둘 수 없다. 금리가 아무리 높다 하더라도 발행회사가 만일 부도라도 나게 된다면 그 채권은 아무 쓸모가 없는 것이다. 따라서

 경제가 쉽다
경제학이 즐겁다

발행회사의 신용도가 채권발행 성공의 열쇠가 되는 것이다.

국제금융시장에서 채권발행이 힘든 것도 바로 이 때문이다. 여간 신용도가 높지 않고서는 채권발행을 할 수 없을 뿐더러 성공을 거둘 수가 없다. 1990년대 이후 IMF 이전까지는 금융기관 및 일반 대기업들의 채권 발행규모가 급격히 늘었었다. 하지만 IMF 이후 국제신용도가 급격히 하락하면서 채권 발행 규모도 크게 줄었다. 높은 금리로 발행하려고 해도 잘 소화가 되지 않았다.

최근 국제 신용평가기관들이 우리나라의 신용등급을 점차 상향조정함에 따라 국내 금융기관 및 기업들의 국제적인 인식이 점차 좋아지면서 채권발행 규모도 점차 증가하고 있다. 뿐만 아니라 채권발행에 따른 금리수준도 크게 낮아지고 있다. 금융기관이나 기업들이 값싼 이자로 자금을 조달할 수 있게 된 것이다.

결국 국제시장에서의 채권발행은 국내시장과는 달리 그 나라의 신용도도 무시 못할 요인으로 작용하고 있음을 알 수 있는 것이다.

주식투자, 손해만 본다?

케인즈는 자타가 공인하는 유명한 경제학자이다. 경제학자이면서 그는 주식으로 큰 돈을 벌었다. 경제의 흐름을 누구보다 잘 아는 경제학자가 주식으로 돈을 번 것이 무슨 새삼스러운 일이냐고 의문을 갖는 사람도 있을 것이다. 그런데 이상하게도 그의 말을 듣고 주식을 산 사람들은 별 재미를 보지 못했다.

어느 날 동료 교수들은 그에게 그 원인을 물었다. "아니, 자네는 주식으로 큰 돈을 벌었는데 자네 말을 듣고 산 우리들은 왜 이 꼴인가?" 이 때 케인즈의 대답이 걸작이었다. "자네들이야 내 말을 듣고 주식을 샀지만, 나야 우리 마누라 말을 듣고 샀으니 그렇지. 나는 주식투자만은 늘 우리 마누라 말만 듣는다네."

아주 재미있는 일화가 아닐 수 없다. 이처럼 주식시장은 예측하기가 어렵다. 그러나 역설적으로 표현하면 예측이 어렵기 때문에 주식시장이 성립한다고 볼 수 있다. 만일 주식시장에 대해 정확한 예측이 가능하다면 모든 투자자들은 주식시장으로 몰려들 것이다. 그리고 그 중에서 가장 수익률이 높은 종목에만 투자자금이 몰려들고 나머지는 전혀 거래가 이루어지지 않을 것이다. 이렇게 된다면 주식시장은 어떻게 될 것인가? 아마 주식시장은 마비가 되고 결국 문을 닫는 수밖에 없을 것이다. 따라서 주식시장이 예측하기가 어렵다는 것은 당연한 이치이다.

필자도 가끔 주변 사람들로부터 주식시장이 어떨 것이냐는 질문을 받는 경우가 있다. 그럴 때마다 "당신이 모르는데 내가 어떻게 알 수 있겠나"라고 대답하곤 한다. 그 사람으로서는 '경제학 전공자이다 보니 무엇인가 좀 감을 잡겠지' 하는 마음에서 질문을 했겠지만 어디 경제상황이 이론대로만 움직이는가. 오히려 요즘에는 이론과 전혀 상반되는 상황으로 전개되는 경우도 허다한 것을 느낄 수가 있다.

경제는 경제변수에 의해 움직이는 것이 원칙이다. 과거에는 늘 그랬다. 따라서 경제예측이 비교적 쉬웠다. 하지만 오늘날에 와서는 경제가 경제변수가 아닌 다른 대외적인 변수에 의해 더 영향을 받고 있다. 그러다 보니 경제이론으로 설명할 수 없는 현상이 많이 일어나고 있다. 예를 들어보자.

주가는 금리 및 경기에 따라 움직인다. 즉, 금리가 하락하면 주가는 상승하고 금리가 올라가면 주가는 하락한다. 마찬가지로 경기가 좋아지면 주가는 상승하고 경기가 나빠지면 주가는 하락한다. 그러나 실제로 이 원칙이 제대로 지켜지는 경우가 그리 많지 않다. 주가에 미치는 대외적인 변수가 너무 많기 때문이다. 근래에 9.11테러나 이라크전쟁이 그랬고 요즘에는 북한 핵이 그렇다. 이들 요인들이 경제에 급격한 변화를 주고 있는 것이다. 따라서 경제가 경제변수를 의식하는 것이 아니라 이들 대외적인 변수를 더 의식해야 하는 상황이 된 것이다.

경제가 경제 외적인 변수에 영향을 받다 보니 주식투자도 그만큼 더 어려워졌다고 말할 수 있다. 과거에는 투자자가 경제변수만을 고려하면 되었지만 이제는 경제 외적인 변수까지 챙겨가면서 주식투자를 해야 하기 때문이다. 그런 면에서 보면 주식투자에 관해서는 경제학자 혹은 경영학자도 크게 도움이 되지 못한다고 볼 수 있다.

특히 주식투자에서 이익을 내기 힘든 이유가 또 있다. 투자자들이 이익을 남겼을 때 쉽게 빠져나오지 못하는 습성 때문이다. 이익을 남겼는데도 혹시나 하는 욕심에 쉽게 미련을 버리지 못하는 것이다. 필자가 아는 사람 중에 P라는 투자자가 있다. 그는 5,000여만 원을 가지고 주식투자를 하고 있다. 코스닥 열풍이 한창이던 1999년에서 2000년 초에 걸쳐 그는 5,000여만 원이 무려 10억을 훨씬 웃도는 금액으로 불어난 적이 있었다고 한다. 그런데 지금은 2,000여만 원이 채 안된다고 하소연하는 것이었다. 그는 무척 후회하고 있었다.

이처럼 대부분의 사람들이 이익을 남겼는데도 불구하고 쉽게 주식시장에서 빠져 나오지 못하는 것이다. 증시 격언에 "무릎에서 사서 어깨에서 팔아라"라는 말이 있다. 아주 합당한 말이라 생각한다. 하지만 실제로 이 투자원칙을 지키는 사람이 과연 몇 명이나 되는지 되묻고 싶다. 아마 거의 없을 것이라 생각한다. 꼭 맞는 말이라고 생각하면서도 실제로는 실천하지 못 한다. 그 이유는 바로 "혹시나" 하는 욕심 때문이다. 만일 주식을 팔고 빠져나오기라도 한 다음 주가가 폭등하면 억울하지나 않을까 하는 무리한 욕심이 투자자들의 발길을 쉽게 돌리지 못하게 하는 것이다.

주식투자를 하고자 한다면 먼저 마음을 다스려야 한다. 욕심을 내지 않고 기대수익이 나면 미련 없이 털고 나온다는 마음가짐을 먼저 가져야 한다. 주식은 한없이 기회를 주는 것이 아니다. 한두 번 기회를 준 다음 떠나버리는 게 주식이다. 기회를 줬을 때 그것을 놓치지 않는 사람이 현명한 투자자이다. 뿐만 아니라 주식을 투기로 생각하면 안 된다. 주식은 어디까지나 투자이다. 주식을 투기로 생각하는 나머지 욕심이 생기는 것이다. 따라서 투기가 아닌 투자로 생각하는 현명한 투자자가 되기를 바란다.

 경제가 쉽다
경제학이 즐겁다

채권투자, 반드시 안정적이지만은 않다

일반적으로 투자자들은 주식은 수익성, 채권은 안정성이라는 고정관념을 가지고 있다. 따라서 투자자들이 안정성보다는 수익성을 우선하기 때문에 주식투자에 더 많이 몰리고 있다. 그러나 꼭 그런 것만은 아닌 듯하다.

몇 년 전 한 연구기관이 과거 15여 년 간 우리나라의 자산별 투자수익을 분석한 결과 회사채, 주식, 아파트, 정기예금 순으로 수익률이 높았다는 것이다. 물론 최근의 아파트 값 급등으로 이 순위에 어떤 영향을 줄 것인지는 모르지만 주식투자만을 고집하는 투자자들로서는 쉽게 수긍할 수 없는 결과일 수도 있다.

일반적으로 채권투자는 주식투자보다 안정성이 있지만 수익성이 낮다고들 한다. 하지만 채권의 경우에도 세후 수익률이 20%가 넘는 상품도 수두룩하다. 그저 만기 때까지 들고 있다가 이자만 받아먹는 시대가 아니다. 채권투자로 큰 돈을 번 사람들이 수두룩하다. 미국의 조지 부시대통령도 채권투자를 통해 2000년도에만 그의 재산을 160%나 증가시켰다는 언론의 보도가 있었다. 또한 미국의 경제대통령으로 불리던 앨런 그린스펀 전 연방준비제도이사회 의장도 주식투자는 절대 하지 않고 채권투자만 고집한다는 이야기가 있다.

이처럼 채권은 수익성을 겸비하고 있는 매우 유리한 투자 상품이다. 만기 때까지 보유했다가 이자나 받아먹는 그런 소극적인 투자대상이 결코 아니다. 만기가 되기 전이라도 사고팔아 주식처럼 시세차익을 남길 수 있는 것이다. 따라서 채권이 점차 수익성을 겸비하는 상품으로 주식처럼 바뀜에 따라 증권처럼 무조건 안정적이라는 인식은 매우 곤란하다.

채권이 물론 주식보다는 안정적인 상품임에는 틀림이 없다. 하지만 채권을 발행한 발행회사가 파산이라도 한다면 휴지조각이나 다름없는 큰 손해를 볼 수 있다. 그런 측면에서 채권도 안정적인 상품이 아니라 위험상품이 될 수 있다.

우선 채권에 투자할 때에는 그 발행기관의 신용도를 살펴보는 것이 무엇보다 중요하다. 특히 기업이 발행하는 회사채의 경우 더욱더 그렇다. 회사채는 정부가 발행하는 국채나 지방자치단체가 발행하는 지방채보다 신용도가 떨어진다. 그런 의미에서 회사채에 투자할 때에는 각별히 조심하여야 한다. 물론 위험도가 높은 채권이 수익률 면에서 유리한 것도 사실이다. 위험이 따르는 대신 수익률로 보전해 주기 때문이다. 회사채를 발행하기 위해서는 여러 가지 조건이 붙어 있기 때문에, 회사채를 발행하는 기업은 비교적 신용도가 있다고 할 수 있다. 하지만 회사채를 발행한 기업이 파산이라도 한다면 이야기는 달라진다. 따라서 투자자는 매우 신중한 자세가 필요하다.

펀드에 가입하는 간접투자의 경우에는 펀드운용회사가 안정적인 채권과 위험이 있는 채권을 적절히 조절해 주기 때문에 어느 정도 위험을 회피할 수 있다. 하지만 직접투자의 경우에는 순전히 본인의 판단에 따라 거래를 해야 하기 때문에 상당히 위험이 따른다.

채권에 투자할 때 발행회사의 신용도와 아울러 또 살펴보아야 할 것은 금융 기관 등이 보증하고 있는지의 여부이다. 만약 발행기업의 신용도가 높고 금융기관 등이 보증하고 있다면 안심해도 좋을 것이다. 왜냐하면 최악의 경우 발행기업이 파산하더라도 보증기관인 금융기관이 대신 변제해 주기 때문이다. 하지만 한 가지 짚고 넘어갈 일은 지나치게 안정성만 따지다 보면 수익률이 떨어질 수 있다는 점이다. 따라서 안정성과 수익성을 적절히 조절하여 투자하는 것이 바람직할 것이다.

채권에 투자할 때 알아 두어야 할 것이 중도에 환매가 가능한지의 여부를 꼭 챙겨 보는 일이다. 갑자기 중간에 돈이 필요한데 중도환매가 되지 않는다면 여간 난처한 일이 아니다. 투자하기 전에 반드시 중도에 환매가 가능한지의 여부를 확인하는 것이 좋다.

또한 경우에 따라서는 채권세일도 한다는 점을 염두에 둘 일이다. 일부 증권사의 경우 보유하고 있는 채권물량을 조절하기 위해 월말쯤에 부정기적으로 시가보다 싸게 세일을 하는 경우가 있다. 따라서 채권에 관심이 있다면 수시로 증권사에 문의하여 이 같은 계획이 있는지를 확인하는 것도 수익률을 높이는 데 도움이 될 것이다.

 ## 착시효과, 투자자는 안 속는다

과거 우리나라 주식 중에서 황제주라고 하면 단연 SK텔레콤이었다. 주가가 무려 1주 만에 300만 원을 넘보는 때도 있었다. 따라서 일

반 투자자들이 SK텔레콤을 산다는 것은 그림의 떡이었다. 그런 SK텔레콤이 액면분할을 실시한 적이 있다.

당시 SK텔레콤은 주식 액면가를 5,000원에서 500원으로 낮췄다. 이에 따라 300만 원에 가깝던 주가가 10분의 1 가격으로 떨어졌다. 대신 전체 주식수는 종전보다 10배로 늘어났다. 그 덕분에 일반투자자들도 SK텔레콤 주식을 손에 쥘 수 있었다.

이처럼 비싼 주식의 액면가를 쪼개 한 장의 주식을 여러 장으로 만드는 것을 액면분할이라고 한다. 주식은 보통 액면가가 5,000원이다. 당시 증권시장에서 300만 원을 오가며 황제주로 군림하던 SK텔레콤도 액면가는 5,000원이었다. 액면가 5,000원짜리 주식을 500원짜리로 만들면 액면가는 10분의 1이 되지만 주식 수는 10배로 늘어난다. 하지만 액면분할을 하더라도 이론상 기업가치나 주주들에게 미치는 영향은 없다.

액면분할을 하는 것은 주가를 싸게 보이게 함으로써 투자자를 끌어모으려는 목적이 가장 크다고 볼 수 있다. SK텔레콤만 하더라도 액면분할 하기 전의 300만 원은 투자자들에게 너무 비싸게 보였다. 10주만 사더라도 3,000만 원이라는 거액의 돈이 필요하다. 개미투자자들에게는 그림의 떡일 수밖에 없는 것이다. 이것을 10분의 1로 액면분할하여 30만 원 수준으로 만들면 투자자들에게는 그만큼 싸게 보이는 것이다. 일종의 '착시효과'인 셈이다.

일반적으로 액면분할은 주식시장이 좋을 때 많이 이루어진다. 주식시장이 한창 활황이던 1999년과 2000년에 액면분할이 절정을 이뤘던 것도 그 때문이다. 특히 코스닥 등록기업들이 더욱 심했다. 코스닥 등록기업들은 주로 벤처기업들로, 대부분 중소기업이었다. 따라서 발행 주식수가 비교적 적었기 때문에 유통물량수도 충분치 못하였다. 이를 타개하는 수단으로 너도나도 액면분할에 나선 것이다.

액면분할을 함으로써 유통물량수도 확보하고, 주가가 싸게 보이게 함으로써 투자자를 끌어들여 주가를 띄우고자 하는 2중 포석이었다. 이러한 의도는 주식시장의 활황 속에 그대로 먹혀들었다. 액면분할이 호재가 되는 경우도 많았다. 어느 기업이 액면분할을 한다고 공시를 하면 그 즉시 주가에 반영되어 며칠 동안 상한가 행진을 벌이곤 하였다.

사실 액면가를 10분의 1로 분할하면 주식시세도 10분의 1로 떨어지는 것이 정상이다. 하지만 그렇지가 않았다. 예를 들면 액면가가 5,000원이고 현시세가 1만 원인 어떤 주식이 있다고 하자. 이 주식의 액면가를 10분의 1인 500원으로 분할하면 현시세도 10분의 1인 1000원이 되어야 한다. 하지만 실제로는 2,000원 혹은 3,000원이 되었다. 액면 분할은 생각하지 않고 1만 원짜리 주식이 갑자기 1,000원으로 되자 값이 싸 보이는 '착시효과'로 투자자들이 몰려들었기 때문이다. 결국 1만 원짜리 주식이 갑자기 2만 원 혹은 3만 원으로 급등한 것과 같은 의미이다.

앞에서도 말한 바와 같이 주식시장이 활황일 때는 이런 착시효과가 어느 정도 먹혀든다. 하지만 주식시장이 침체를 보일 경우 문제가 생긴다. 액면분할에 의해 주식 수가 늘어난 만큼 부담이 되는 것이다.

즉 주식시장이 침체되어 수요기반이 취약한 데다 주식 수마저 늘어나면 주가에 부담이 되지 않을 수 없는 것이다.

주식시장이 침체되어 수요기반이 취약할 때 액면분할이 아닌 액면병합이 나타나는 경우가 많이 있다. 예를 들어 주가가 500원짜리라면, 10주를 묶어 5,000원짜리로 만드는 것이다. 다시 말하면 500원짜리 10주를 5,000원짜리 1주로 바꾸는 것이다. 주식 수도 당연히 10분의 1로 줄어든다. 결국 액면병합은 액면분할의 반대개념이라고 할 수 있다.

액면분할을 하거나 액면병합을 하거나 이 모든 것이 투자자를 기만하는 행위이다. 기업 가치를 올려 주가가 상승하도록 하는 것이 아니라 단지 눈속임을 통해 주가가 올라가도록 하려는 속셈이다. 하지만 투자자들도 인식이 많이 변했다는 점을 직시해야 한다. 과거와는 달리 그러한 눈속임에 크게 현혹되지 않고 있다.

최근 들어 기업들의 액면분할이나 액면병합이 별로 눈에 띄지 않고 있다. 과거의 요란했던 것과는 크게 다른 모습이다. 투자자들의 인식을 반영한 것이 아닌가 생각을 한다.

기업가치, 주주를 생각하는 것으로부터 시작된다

불과 몇 년 전 유럽의 투자은행인 크레디 리요네(CLS)증권이 한국 투자 전략보고서에서 "한국증시가 매우 저평가돼 있어 매수추천을 하고 싶지만, 여러 가지 저평가 될 수밖에 없는 위험요소들이 상존하기 때문에 조심스런 입장을 견지한다"고 밝힌 바 있다. 마찬가지로 크레디 리요네증권 서울지점 제임스 패터슨 상무는 〈싼 이유가 있다〉라는 제목의 보고서에서 "대기업들이 투명하지 못하고 주주를 배려하지 못하고 있지만, 현 시점에서 이에 대한 개선을 기대하기는 힘들다는 점이 저평가의 주요 요인"이라고 지적했다. 보고서는 또 "현재 한국증시에서는 배당에 대한 관심이 고조되고 있지만, 한국의 배당성향(순이익 중 배당금으로 나눠주는 비중)은 다른 국가들에 비해 크게 낮은 수준"이라고 밝혔다.

국내 투자분석가 혹은 외국 투자분석가들이 한국증시에 대해 앵무새처럼 하는 말들이다. 외국 투자자들의 이야기처럼 역시 한국증시는 저평가돼 있는 것이 사실이다. 우리의 경제력에 비해 종합주가지수는 턱없이 낮은 수준에 머물러 있다. 주가가 저평가되고 있다는 것은 기업 가치에 비해 주가가 싸다는 의미이다.

기업 가치를 반영하는 것이 바로 주가이다. 따라서 기업 가치에 비해 주가가 싸다면 당연히 투자자들이 몰려들어 주가는 올라가야 한다. 상식적으로는 맞는 말이다. 그런데 저평가되었다고 말은 하면서도 정작 사려고 선뜻 나서지를 않는 것이다.

그 이유에 대해서는 앞서 언급한 크레디 리요네증권의 전략보고서가 해답을 제시해 주고 있다. 한마디로 기업이 주주를 무시한다는 것이다. 누구나 알고 있는 바와 같이 우리나라 기업들의 주주에 대한 대접은 한마디로 형편없다. 이익이 나면 자기 자신들의 배 채우기에 혈안이 되어 있다.

매년 회계연도 말이 되면 각 기업들은 결산을 하게 된다. 이때가 되면 각 기업들은 이익에 대한 배당을 하게 된다. 물론 적자를 기록한 기업들은 배당을 하지 않지만 흑자를 기록한 기업들은 특별한 사정이 없는 한 배당을 한다. 하지만 배당성향을 보면 형편없기 그지없다. 이익이 났기 때문에 배당을 하지 않을 수 없어 억지로 하는 모습이 역력하다. 쉽게 표현하면 시늉만 내고 있다.

외국 투자자 입장에서 볼 때 한국 기업들의 이런 태도가 도저히 이해가 되지 않는 것이다. 기업이 이익을 냈으면 그에 합당한 배당을 주주에게 되돌려주는 것은 당연한 것이다. 그런데 우리나라 기업들은 주주에게 배당하는 것을 아무런 대가 없이 기부하는 것쯤으로 인식하고 있다.

주주란 그 기업의 주인이다. 즉 그 기업의 일정부분의 지분을 갖고 있는 주인이다. 이익이 생기면 그 주인에게 이익의 일정부분을 배당하는 것은 너무나 당연한 일이다. 그런데도 불구하고 우리나라 기업들은 주주를 똑같이 취급을 하지 않는다. 지분을 많이 보유한 대주주만을 주인으로 생각한다. 지분을 적게 소유한 소액주주는 전혀 주인으로 취급을 하지 않는다. 따라서 지분을 많이 보유한 그들만의 잔치를 벌인다. 외국 선진국에서는 흔히 찾아볼 수 없는 모습이다. 이런 모습이 외국 투자자들에게 긍정적으로 보일 리가 없는 것이다.

외국인 투자자들이라면 한결같이 얘기하는 단골메뉴가 "한국기업들은 투명성이 부족하다"는 말이다. 이 뜻 속에는 여러 가지 의미가 함축되어 있음을 알아야 한다. 예를 들면 분식회계와 같이 회계처리가 불투명하다든지 혹은 이익을 주주들에게 제대로 분배하지 않고 자기네들끼리만 배를 채운다든지 하는 것들을 모두 함축하고 있는 것이다.

최근 들어 국내기업들이 이런 비판을 많이 의식하고 있는 것으로 나타나고 있다. 과거와는 달리 이익의 상당 부분을 주주들에게 되돌려주려는 의지가 많이 담겨 있다. 따라서 이들 기업들의 주가는 주식시장에서 점차 그 가치를 인정받고 있다. 여간 다행한 일이 아니다. 하지만 아직도 일부 기업들은 자신들의 책임은 생각하지 않은 채 주식시장에서 제대로 평가받지 못하고 있다고 늘 불만이다. 왜 제대로 평가받지 못하고 있나 하는 것은 전혀 생각하고 있지 않다.

외국인 투자자들이 한국 기업들이 주주를 제대로 대접하지 않는 것이 주식시장에서 제대로 대접받지 못하는 이유 중의 하나로 지적하고 있음을 알아야 한다. 남을 제대로 대접하지 않으면서, 남으로부터 대접을 받기를 원한다는 것은 어불성설이다. 남을 제대로 대접하고, 그런 다음 대접받기를 원하는 것이 순서일 것이다.

좋은 직장이 반드시 좋은 회사는 아니다

해마다 연말이면 모든 샐러리맨들의 관심의 대상이 되는 회사가 있다. 바로 삼성전자이다. 삼성전자는 우리나라를 대표하는 기업일 뿐만 아니라 세계를 주름잡는 세계적인 기업이기도 하다. 샐러리맨들이 이 회사에 대해 관심을 갖는 것은 이런 대표성이라는 이미지 때문이 아니다. 해마다 어마어마하게 지급되는 임원들의 보수와 성과급 잔치 때문이다.

얼마 전 신문기사에 삼성전자의 임원급 연봉이 화제가 된 적이 있다. 2005년도 삼성전자의 등기이사들의 연평균 보수는 약 100억 원에 가깝고, 비상근인 사외이사의 연평균 보수도 상당한 것으로 알려졌다. 물론 회사 측에서는 임원들의 연봉이 인센티브를 포함한 것이기 때문에 과대포장된 것이라고 주장하고는 있으나, 그것을 감안하더라도 엄청난 액수임에는 누구도 부정할 수 없다. 따라서 우리나라의 연간 수입이 가장 많은 인물의 상위 랭킹도 이들이 주로 차지하고 있다. 다른 기업에 근무하는 사람의 입장에서 보면 부럽기 짝이 없는 일이다. 성과급 분배도 마찬가지이다.

삼성전자는 해마다 50,000여 명에 이르는 임직원들에게 기본급의 수백%를 성과급으로 분배한다. 이 외에 생산성 향상의 명목으로 생산성 인센티브도 나눠준다. 여기에다 사업부별로 연봉의 수십%에 해당하는 초과이익 분배금도 나눠준다. 해마다 연말이면 삼성전자 전 임직원은 한마디로 대박을 터뜨리는 것이다. 올해에도 삼성전자는 막대한 이익을 내고 있어 성과급 잔치는 계속될 전망이다. 삼성전자의 돈 잔치 때문에 그렇지 못한 샐러리맨들이 부인들의 바가지극성에 시달리는 경우가 많다는 우스갯소리도 들린다.

물론 이익을 많이 냈을 때 그것을 수고한 직원들에게 나눠주는 것은 당연하다. 그리고 그것을 탓할 필요가 없다. 회사 입장에서도 "사상

 경제가 쉽다
경제학이 즐겁다

최대 실적을 냈으니 사상 최대의 성과급은 당연한 것이 아니냐"고 반문한다. 맞는 얘기이다. 하지만 그 잔치에서 소외되고 있는 사람들이 있다면 그것은 분명 문제가 있다. 그렇다면 그 잔치에서 누가 소외되고 있는가.

당연히 삼성전자 주식을 소유하고 있는 소액주주들이다. 삼성전자는 기껏해야 주당 몇 천 원을 배당하는 것이 일반화되어 있다. 물론 올해에는 아직 결정된 것이 없다. 하지만 큰 변화는 없을 것으로 판단된다. 다른 회사들도 이와 비슷한 수준이다. 그런데 삼성전자 주가는 주당 60만 원을 넘고 있다. 삼성전자 주식 100주만 사더라도 6,000만 원이라는 거액이 들어간다. 과연 소액주주들에게 돌아가는 몫이 얼마나 될 것인지 의문이 아닐 수 없다. 사상 최대의 실적에 비할 때 초라하기 그지없다. 성과급 잔치를 벌이는 임직원들에게 돌아가는 몫에 비하면 한심하기 그지없다. 한마디로 주주들에게는 생색내기에 불과하다고 볼 수 있다. 그동안 회사에서는 "주주배당을 사상 최대로 했다"고 항변하고 있다.

비단 삼성전자뿐만이 아니다. 이런 현상이 우리나라 기업들의 현실이다. 앞에서도 이미 언급했듯이 외국인들의 눈에는 우리나라 기업들이 주주들에 대해 지나치게 인색한 것으로 비춰지고 있다. 그리고 그것이 기업 가치를 제대로 평가받지 못하는 원인으로 지적하고 있다. 이제 기업들이 사회적 책임을 다할 때가 되었다. 이익이 나면 끼리끼리 나누는 것이 아니라 같이 동참한 모든 구성원들에게 고루 돌아가도록 하는 노력이 있어야 한다. 모 일간신문에 이런 기사내용이 있어 소개한다.

「직원들에게 잘해 주는 곳은 '좋은 직장'이고 주주나 사회적 공헌도가 높은 곳을 '좋은 회사'라고 한다. 그렇다면 이 중 어느 것이 우리에게 더 필요할 것인가. 당연히 우리 사회에서 둘 다 필요하다.

직원들을 소홀히 해서도 안 되고, 그렇다고 해서 주주들을 소홀히 해서도 안 된다. 좋은 직장이면서도 좋은 회사가 될 때 사회로부터 인정을 받게 된다. 나아가 그 기업의 가치도 제대로 평가를 받게 된다. 좋은 직장에만 안주할 것이 아니라 좋은 회사가 되도록 노력해야 한다.」

자신들의 회사가 주식시장에서 제대로 평가받지 못한다고 불평만 할 것이 아니다. 제대로 평가받도록 노력해야 한다. 자기 회사의 주가가 내려갈 때 단지 자사주 취득이나 하는 고전적인 방법은 구시대적 발상이다. 실질적으로 기업 가치를 평가받을 수 있는 노력이 필요하다.

분식회계, 피해는 결국 자신

지금 수감 중에 있는 전 대우그룹회장 김우중 씨가 과거 도피 중에 기자회견을 가진 적이 있다. 그는 당시 김대중 대통령이 해외에 잠깐

나갔다 들어오면 대우자동차를 다시 경영할 수 있도록 해 주겠다고 약속했다며 강한 불만을 토로했다. 그런데 여기서 눈여겨 볼 만한 대목이 또 하나 있었다. 대우의 분식회계 얘기가 나오자 그는 대수롭지 않다는 듯 "당시 대부분의 회사들에 그 정도의 분식회계는 있었지 않았느냐"고 반문하는 것이었다.

기업이 존재하는 이유는 당연히 돈을 벌기 위해서이다. 다시 말하자면 이익을 얻기 위해서이다. 이익이 바로 기업이 추구하는 목표이며, 기업의 입장에서는 이익이 크면 클수록 좋은 일이다. 하지만 아무리 이익을 추구하려 해도 때로는 손해를 볼 수 있다. 기업 내부적인 이유이건 혹은 외부적인 환경에 의한 것이건, 때로는 손해를 보는 경우가 있을 수 있다.

이익을 얻든 혹은 손해를 보든 기업들은 매년 그 경영에 대한 결과를 공개한다. 그 결과를 통해 투자자들의 심판을 받게 되는 것이다. 이익이 많이 났을 경우에는 투자자들의 긍정적인 평가에 의해 그 기업의 주가는 상승하게 되고, 따라서 자금조달 면에서 매우 유리하게 된다. 반면 이익이 적거나 손해가 났을 경우에는 그 기업의 주가는 하락하고, 자금조달 면에서 불리하게 된다. 당연히 기업으로서는 이익이 적을 경우에도 많이 난 것처럼 발표하고 싶고, 적자가 났을 때에도 이익이 난 것처럼 발표하고 싶을 것이다. 하지만 기업의 가치라는 것이 있다.

기업은 이익극대화라는 목표 못지않게 사회적 혹은 윤리적 책임도 생각해야 한다. 기업이 자기 자신을 속임으로써 피해를 입게 되는 사회 다수의 구성원들을 생각해야 한다. 투자자들에게는 엄청난 피해를 주게 된다. 대우가 망함으로써 그 회사에 투자한 투자자들은 그야말로 엄청난 피해를 입었다. 대우뿐만이 아니다. 과거 기아자동차, 동아건설, 한보철강, 진로, 해태 등 수없이 많다. 이들 주식을 보유했던 사람들은 같은 신세를 겪었다.

그런데 이들 대기업들의 한결같은 공통점이 있다. 바로 분식회계 때문에 망한 회사들이라는 점이다. 적자가 매년 계속되었는데도 불구하고 흑자가 난 것처럼 조작하여 투자자를 끌어들였다. 유상증자를 통해 이자 한 푼 안들이고 공짜 돈을 끌어다 쓰고, 흑자인 양 행세하여 은행을 안심시켜 거액을 대출해 쓰는 행태를 보여준 것이다. 그야말로 사기도 보통 사기가 아니다. 그런데 이런 사기가 그동안 흔히 있는 일이었다니 말문이 막힐 뿐이다.

미국과 같은 선진국에서는 이런 행태들은 도저히 용납이 되지 않는다. 분식회계는 물론 부실정보만 제공하더라도 철저한 처벌이 주어진다. 몇 년 전 뉴욕 주 법무부가 투자자들을 속인 월가 금융기관들에게 벌금 14억 달러라는 엄청난 처벌을 내린 적이 있다. 그것도 분식회계와 같은 무거운 범죄가 아니라 투자자들에게 단지 잘못된 정보를 제공한 것과 같은 단순한 내용들이 그 이유였다.

이처럼 이들 선진국에서는 투자자들을 속일 경우 가차 없이 그에 따른 제재가 가해진다. 만일 분식회계가 있을 경우 그 회사는 사형선고나 다름없는 처벌이 기다린다. 특히 시장에서 이를 용납하지 않는다. 과거 월가에도 한창 분식회계에 대한 공포가 엄습하기도 하였다. 분식회계 의혹이 있던 기업들의 주가는 폭락을 거듭해 반 토막이 난 기업들이 속출하기도 하였다. 그 여파로 뉴욕주가가 한동안 회계 의혹에서 벗어나지 못하고 침체의 장에서 허덕인 적이 있다.

물론 우리나라의 경우에도 분식회계는 용납이 되지 않는다. 그런데 좀처럼 쉽게 분식회계가 드러나지 않는다. 그 회사가 쓰러지고 난 후에야 비로소 분식회계가 드러나는 경우가 대부분이다. 따라서 손해는 고스란히 투자자의 몫이 될 수밖에 없다. 투자자들은 어떤 회사에 투자할 것인지 막막하기만 할 따름이다.

앞에서도 수차 지적했듯이 외국 금융기관 등 많은 전문가들이 늘 하는 말이 있다. "한국 주식시장 저평가의 가장 큰 이유는 바로 기업의 투명성이 부족하기 때문"이라는 것이다. 곧 기업들의 분식회계 가능성을 염두에 둔 발언이라고 볼 수 있다. 실제로 정부에서도 기업들의 회계투명성을 제고한다는 차원에서 과거의 분식회계에 대해서는 불문에 붙이도록 하고 이를 시정하도록 한 바 있다. 그러자 수많은 기업들이 이를 시정하겠다고 나섰다. 많은 기업들이 분식회계를 하고 있을 것이라는 예상이 그대로 적중한 셈이었다.

물론 시대의 변화에 따라 기업들의 분식회계가 많이 사라진 것은 사실이다. 뿐만 아니라 과거와 달리 이런 부도덕한 기업들에 대해서는 처벌도 무척 강화가 되고 있다. 예를 들면 분식회계가 적발될 경우 최고경영자에게 민사상, 형사상의 책임은 물론 오너에게도 민사상의 책임을 묻도록 하고 있다. 하지만 제도가 중요한 것이 아니다. 보다 중요한 것은 기업을 경영하고 있는 최고경영자들의 의식이다. 기업이 분식회계를 했을 때 결국 피해가 누구한테 돌아갈 것인가를 생각하는 기업가의 정신이 중요하다. 그 피해는 결국 투자자, 나아가 기업 자신이 입는다는 사실을 알아야 한다.

 소액주주들의 반란, 만만치 않다

지난 1994년 실리콘 보형물을 이용한 유방확대 수술의 부작용으로 피해를 본 몇 명의 미국 여성들이 제조회사인 미국 다우코닝 사를 상대로 집단소송을 제기했다.

8년을 끈 재판에서 결국 여성 측이 승리했고, 패소한 다우코닝은 전 세계 피해여성 38만 명에게 32억 달러(약 3조 8,400억 원)의 배상금을 지급하였다. 소송은 몇 명의 여성이 제기했지만 그에 따른 보상 혜택은 전 세계 여성이 함께 누리게 된 것이다.

다우코닝 사는 이 집단소송의 패소로 회사가 거의 망하는 지경에 이르러 결국 법원에 파산신청까지 냈으며, 이후 생리식염수를 넣는 보형물이 실리콘 젤 보형물을 대체하게 되었다. 몇 명의 여성이 낸 소송 하나가 거대한 다국적 기업을 쓰러뜨리고, 유방수술 방식까지 변화시킨 것이다.

지난 1997~98년에도 미국의 흡연자들이 담배로 인해 폐암에 걸리는 등 건강을 해쳤다는 이유로 담배 제조회사를 상대로 집단소송을 제기하여 엄청난 보상금을 지급받은 바 있다. 최근에는 미국의 10대

청소년들이 세계적 햄버거 회사인 맥도날드를 상대로 집단소송을 제기하였다. 이들 10대 청소년 8명은 맥도날드의 햄버거와 감자튀김을 먹고 비만, 당뇨병, 고혈압에 걸렸다며 소송을 제기한 것이다.

외국에서는 이러한 사례에서 보듯이 피해를 준 회사를 상대로 한 집단소송이 심심치 않게 벌어지고 있다. 국내에서도 이와 비슷한 사례가 나타나고 있다. 기업이 분식회계나 주가조작, 허위공시 등에 따른 주가하락으로 엄청난 손해를 입었다며 회사를 상대로 하는 집단소송을 제기하는 경우가 심심치 않게 벌어지고 있다. 이와는 차원이 다르지만 얼마 전에는 베스트셀러로 선풍적인 인기를 끌던 모 출판사에서 나온 책이 방송인인 저자가 직접 번역한 것이 아니라는 이유로 일부 네티즌들이 소송을 제기하기도 하였다.

물론 처음 집단소송제가 도입될 당시에는 많은 이해 당사자들이 이의를 제기한 것은 사실이다. 특히 이의를 제기한 사람들은 집단소송이 기업 활동을 크게 위축시킴은 물론 소송이 남발될 것이라며 크게 반대한 바 있다. 그렇다면 집단소송이란 과연 무엇을 의미하는가?

사전적 의미를 보면 "다수의 피해자 중에서 그 집단을 대표하는 당사자가 소송을 수행하지만, 판결의 효력은 피해자 전체에게 미치게 하는 집단 구제 제도이다"라고 되어 있다. 예를 들면 피해자가 100명인데 피해자 중 몇 사람만이 소송을 제기하여 승소할 경우 보상은 100명 전체에게 돌아가도록 하는 제도가 바로 집단소송제이다. 미국에서는 한 사람이 대표로 소송을 내면 나머지 소송 당사자들도 재판 결과에 따라 똑같은 손해배상을 받을 수 있도록 하고 있다.

사실 손해배상 소송을 걸려면 변호사 선임료 등 소송비용이 만만치 않다. 더구나 소송을 여러 명이 함께 하려면 엄청난 소송비용을 마련해야 한다. 물론 재판에 지면 돈을 돌려받을 수도 없다. 따라서 아무리 손해가 있다 하더라도 일반인들에게 있어서 소송이란 멀게만 느껴졌던 것이 사실이다.

집단소송제는 힘이 약한 소액주주를 보호하는 차원 혹은 소비자가 대주주나 기업에 맞서 자신의 권익을 보호할 수 있는 가장 강력한 수단이 되고 있다. 미국에서는 증권분야, 소비자 권리보호, 기업의 불법행위나 시장독점문제, 노동분쟁 등 거의 전 분야에서 집단소송을 인정하고 있다.

우리나라는 모든 분야에서 집단소송을 도입할 경우 그 부작용이 만만치 않을 것이란 얘기이다. 시기상조라고 판단하고 있는 것이다. 미국의 경우에는 1938년부터 집단소송제를 도입하였기 때문에 어느 정도 노하우가 축적되어 있다고 볼 수 있다. 따라서 전 분야에 걸쳐 도입하더라도 큰 문제가 없으나, 우리나라는 사정이 다르다고 할 수 있다. 그렇기 때문에 우선 미국과 달리 증권분야에만 한정해 도입하고 있다. 회계장부를 거짓으로 꾸며 소액주주를 속이는 소위 분식회계나 주가조작, 소액주주들에게 기업의 정보를 거짓으로 알리는 허위공시 등으로 소액주주가 손해를 입었을 때 집단소송을 인정하고 있다.

집단소송제 하에서는 오너(대주주)가 자신의 이익을 위해 주가를 조작한다거나 혹은 분식회계를 한다는 것은 매우 어렵게 된다. 만일 그러한 일이 발생한다면 미국에서 보는 것처럼 회사의 문을 닫아야 하는 상황이 올 수도 있다. 기업들로서는 부담이 되지 않을 수 없다. 하지만 기업가들이 인식해야 한다. 도덕적인 기업이 바로 좋은 기업이라는 사실을 알아야 한다.

 ## 역사 되짚어 보기, 증권파동

「大證株(대증주)라야 자본금 6억 환에 12억 주밖에 안 됐고 기타 주식은 모두 국영기업체 성격이어서 정부가 매각하지 않으면 증권시장에 나오지 않았다. 그 중에선 한전주가 수량이 좀 많은 편이었다. 매수가 계속되자 大證株는 3환선을 넘어섰고 연일 증권시장으로 돈이 몰렸다. 살 주식은 없고 공급은 달렸으니 주가가 치솟는 것은 당연했다. 남대문시장과 동대문시장의 쌀장수 돈까지 증권시장으로 몰려들었다.」

1962년 당시 증권시장이 한창 달아오르던 때의 모습이다. 사실 증권파동이 일어나기 직전인 1961년까지만 하더라도 우리나라 증권시장은 매우 미약한 수준이었다. 1961년의 총 거래액이 140억 환으로 한 달 평균 10억 환 남짓이었다. 거래도 주로 국채 위주여서 주식거래는 거의 없었다.

이 같은 상황이 1962년에 들어서자 갑자기 뒤바뀌기 시작하였다.

증권시장의 거래액이 9,920억 환에 이르렀고, 거래의 대부분은 주식거래였다. 당시 주식거래액은 9,840억 환으로 1961년의 40억 환에 비해 무려 246배나 증가하였다. 그리고 거래방식이 투기적 성격인 청산거래(오늘날의 신용거래) 형식으로 주로 이루어졌다. 누군가가 개입됐을 가능성을 풍기는 대목이었다.

나중에 드러난 사실이지만 증권시장에 투기적인 불을 지핀 사람은 다름 아닌 윤응상(尹應相) 씨였다. 윤 씨는 당시 군정에서 민정으로 이양하는 과정에서 중앙정보부 강 모 씨와 모의, 정치자금을 조성할 목적으로 증권시장을 이용하였다. 당시 증권시장에 상장된 주식은 은행주(銀行株), 대증주(大證株), 미창주(米倉株) 등 10여 개의 종목에 불과하였다. 그러나 대부분이 국영기업체여서 시장에서 거래되는 주식의 수는 극히 적었다.

윤 씨가 매수타깃으로 삼은 것은 비교적 유통물량이 많던 대증주였다. 윤 씨가 불을 붙인 대증주는 뛰기 시작하였다. 1962년 1월 초 90전이던 대증주는 3월 말에 9환 20전으로 10배 이상 폭등하였다. 대증주만이 아니었다. 증권시장에 상장된 모든 주식이 투기의 대상이었다.

그러나 문제가 있었다. 거래 자체가 실물거래(주식과 현금을 즉각 맞바꾸는 방식)보다는 주로 청산거래에 의해 이루어지고 있었다. 청산거래는 오늘날의 신용거래와 마찬가지여서 소정의 증거금만 내면 실물이나 현금이 없어도 얼마든지 거래를 할 수 있는 방식이었다. 결제시점이 되어 결제를 하지 못할 경우 엄청난 파장을 몰고 올 수 있다는 점에서 매우 위험스러운 거래였다. 그런데 이러한 우려가 현실

 경제가 쉽다
경제학이 즐겁다

로 다가오고 있었다.

　대중주의 경우 1962년 1월 초 90전에서 3월 말 9환 20전, 그리고 4월 말에는 60환으로 폭등하였다. 연초에 비해 무려 66배나 뛰어오른 것이다. 다른 주식도 마찬가지였다. 거래량은 연일 사상 최대치를 갱신하였다. 어쩌다 공모주가 나오면 청약하려는 사람들로 북새통을 이루었다. 이 같은 열기에서 나중에 증권파동으로 주가가 폭락할 것을 예상한 사람은 아무도 없었다. 하지만 거래금액의 약 90%가 청산거래보다도 더 투기적인 보통거래(현금 없이 무턱대고 사고파는 일종의 공매매)로 이루어지고 있다는 사실에서 결제능력을 의심하지 않을 수 없었다.

　결국 그러한 예상은 그대로 적중하였다. 4월 말 결제시간이 다가왔음에도 불구하고 결제를 하지 못하는 상황이 벌어진 것이다. 가까스로 금융통화위원회의 결정으로 4월의 고비를 넘긴 증권시장은 5월이 되자 더욱더 기세 좋게 타오르고 있었다. 한마디로 붙은 불은 꺼질 줄을 몰랐다. 경제개발에 필요한 산업자금 및 정치자금을 은밀히 조성하기 위해 지펴놓은 불길이 오히려 서서히 정부를 압박하고 있었다. 배보다 배꼽이 커지는 사태로 발전되고 있었다.

　5월의 주식거래량은 65억 주, 거래대금은 무려 2,510억 환이었다. 사상 최대를 기록했던 전 달의 2배를 넘는 수치였다. 특히 거래액 2,510억 환 중 약 90%가 실물거래가 아닌 투기적 성격의 보통거래와 청산거래였다. 결제를 하지 못하는 상황이 또 오리라는 것을 뻔히 예견해 주고 있었다. 이런 예견을 맞추기라도 하듯 5월 말이 되어 다시 결제를 못하는 상황이 실제로 연출되고 말았다. 이 문제를 해결하기 위해 금융통화위원회가 열린 것은 당연한 일이었다.

금융통화위원회는 격론 끝에 증권거래소가 요청한 230억 환을 승인하였다. 하지만 230억 환의 증권금융으로도 결제를 하지 못하는 사태가 벌어졌다. 이것이 바로 그 유명한 '5월 파동' 이었다.

월말 결제가 불발에 그쳤다는 소식은 증권시장을 강타하였다. 증권시장이 이제는 파탄으로 가고 있었다. 정부로서는 이러지도 저러지도 못하는 진퇴양난에 빠지고 말았다. 증권시장을 그대로 방치해 문을 닫을 경우 그 파장이 어떠하다는 것은 누구나 짐작할 수 있는 일이었다. 하지만 이미 230억 환에 가까운 자금을 쏟아 부은 상태에서 또다시 추가자금을 조성한다는 것이 쉬운 문제가 아니었다. 투입된 돈만 하더라도 당시 국내 전체통화량에서 차지하는 비중이 9%에 가까울 만큼 엄청난 큰 돈이었다.

그렇지만 어쩔 도리가 없었다. 증권시장 문을 닫을 경우 투자가든 투기꾼이든 그 손해는 이루 말할 수 없을 뿐더러 경제는 물론 사회적으로도 엄청난 파장이 올 것은 뻔한 일이었다. 결국 증권시장의 수습은 곧 국가정책이라는 정부의 방침에 따라 100억 환을 추가 조성키로 결론을 내렸다.

이렇게 해서 5월 파동은 표면적으로는 일단락되는 듯 했다. 하지만 6월 말이 기다리고 있었다. 5월 파동을 우여곡절 끝에 겪고 나니 6월 파동이 기다리고 있었던 것이다. 이 같이 연속되는 증시위기는 거꾸로 주가폭락으로 나타났다. 종목에 관계없이 폭락의 연속이었다.

 경제가 쉽다
경제학이 즐겁다

증권파동 이후 증시가 거의 빈사상태에 빠진 가운데 6월 9일 오후 10시 예기치 않은 통화개혁이 발표되었다. 통화개혁의 발표는 증권시장에 잠시나마 숨을 돌릴 수 있는 시간적 여유를 주었다. 그렇지 않아도 증시가 침체 속에서 활로를 찾지 못한 가운데 무언가 계기가 필요했던 시점이었다. 하지만 통화개혁이 증권파동을 수습하기 위해 단행된 것은 아니었다. 이미 전년도부터 하나하나 준비해 온 결과였다. 다만 우연의 일치인지는 몰라도 발표시점이 증권파동이 일어난 시점과 비슷했던 것뿐이었다.

통화개혁으로 증권시장은 휴장에 들어갔다. 그 후 40여 일 만인 7월 13일에 재개되었으나, 빈사상태에 빠진 증권시장이 특별히 개선될 리 없었다. 오히려 주가는 계속 폭락하였다. 증권시장에서 대중주 가격은 8월 2일 18전, 8월 23일 13전 등 계속 하락하였다. 한창 고공 행진을 하던 5월 말 5원 51전(통화개혁 전의 가격으로 환산하면 55환 10전)에 비하면 한마디로 휴지조각이나 다름없었다. 증시폭락을 막기 위한 정부의 어떠한 대책도 먹혀들지 않았다.

드디어 투자자들의 분노가 폭발하고 말았다. 증권거래소 이사장이 납치됐다가 풀려났는가 하면 증권회사에서 난동을 부리다가 부상자가 속출하기도 하였다. D일간 신문은 당시의 상황을 이렇게 표현하고 있다.

「한편에서는 군소 투자가는 모이라는 비라가 난무하고 수일 전에는 방인영 거래소 이사장이 여자도 섞인 군중들에게 납치되어 메트로호

텔까지 갔다가 증권시장 육성에 선처하겠다는 약속으로 겨우 풀려났
다고 전해지며, 또 27일에는 일부 투자자라는 사람들이 모 증권회사
에서 행패를 부려 부상자가 났다는 등등 시장은 마비되어 거래가 없
고 증권가는 공포에 감싸여 교통순경 외에도 수사기관원들이 동원돼
있는 것 같다는 것이다.」

　이렇듯 분쟁이 그칠 날이 없는 증권시장에 대해 정부의 대응은 의외
로 강경하였다. 정부는 증권거래소를 공영제로 전환하고 주가안정을
위해 증권업자로 하여금 주식을 강제 보유케 하는 행정명령을 내렸
다. 그리고 이에 따르지 않는 증권업자에 대해 무기한 영업정지 처분
을 내렸다. 그 후에도 정부의 강경한 대책은 계속되었다. 암묵적으로
정치자금의 조달창구로 이용하려 했던 증권시장이 예기치 않은 증권
파동으로 결국 정치자금은커녕 경제에만 부담을 지운 채 한 해가 가
고 있었다.

미국 경제지표, 주가가 보인다

　국내 주가가 어떨 것인지를 알려면 새벽에 마감하는 미국 주가를 보
라는 말이 있다. 새벽에 마감하는 미국 주가가 오르면 국내 주가도
오르고, 미국 주가가 내리면 국내 주가도 내리는 것이 일반적이다.
이런 현상을 '주가 동조화' 라고 한다.

최근 2000년대 이후에 부쩍 나타나는 현상으로 미국의존도가 커지면서 심해지고 있다. 한 연구기관에 의하면 양국간 주가의 상관관계를 분석해 본 결과 상관계수가 0.9를 넘는 경우도 있었다고 한다. 이는 미국 주가가 오르면 한국의 주가도 오를 가능성이 90%가 넘는다는 얘기이다. 그러다 보니 국내투자자들은 미국 주가에 온 신경을 써 밤잠을 설치는 경우도 많이 일어나고 있다. 물론 요사이 이 같은 동조화현상이 다소 줄어드는 모습도 보이고는 있으나 여전히 무시 못할 상황인 것만은 틀림없다.

 주가가 동조화 현상을 보이다 보니 미국의 경기흐름을 나타내는 경제지표에도 관심을 갖지 않으면 안 되는 상황이 되었다. 미국의 경제지표가 미국 주식시장의 향방은 물론 국내 주식시장에 투자하는 외국인들의 동향을 좌우하기 때문이다. 특히 미국의 경제지표들은 수시로 발표되기 때문에 늘 긴장 속에서 지표의 움직임을 살펴보아야 한다. 이들 지표 중에서 증시에 영향력이 큰 지표들을 살펴보기로 한다.

 우선 전미구매관리자협회(NAPM)지수라는 것이 있다. 이 지수는 신규수주, 생산, 고용 등의 항목에 대해 제조업자들의 응답을 가중·평균해 산출한다. 매월 셋째 주 설문조사를 실시한 뒤 다음 달 첫 영업일에 발표된다. 이 지수가 50 이상이면 경기확장, 50 미만이면 경기후퇴로 해석한다. 제조업의 활동여부를 판단하는 핵심지표로서 경기의 추세판단에 유용하게 이용된다. 특히 FRB가 금리를 올릴 것인지 혹은 내릴 것인지를 결정하는 데에도 유용한 지표로 활용되고 있다.

또한 소비자자신감지수라는 것이 있다. 이 지수는 민간 연구기관인 컨퍼런스보드와 미시간대학에서 각각 발표한다. 컨퍼런스보드는 매월 마지막 화요일, 미시간대학은 매월 2~3주째 금요일에 잠정치, 마지막 금요일에 확정치를 발표한다. 이 지수는 현 경기상황과 전망에 대해 소비자의 판단을 지수화한 것으로, 양 기관은 표본으로 선정한 소비자에 대해 5개항의 설문을 실시한 후 각 항목별로 점수를 단순 평균해 지수를 산출한다. 지수가 높아지면 경기전망이 긍정적인 것으로 판단하고, 지수가 낮아지면 경기전망이 부정적인 것으로 해석한다.

그 밖에 경기선행지수가 있다. 이 지수는 경기의 방향 등을 포착하기 위한 경기종합지수의 하나로, 컨퍼런스보드가 매월 조사해 다음 달 말일께 발표한다. 대체로 이 지수가 3개월 연속 하락하면 경기침체를 예고하는 것으로 인식하고, 침체 이후 3개월 연속 상승하면 이와 반대로 인식한다. 역시 이 지표도 FRB의 금리결정에 영향을 주고 있다.

한편 소비자물가지수(CPI)가 있다. 이 지수는 노동부가 매월 집계해 다음 달 중순께 발표하는 물가지수로, FRB가 인플레이션 가능성을 판단하는 하나의 기초 자료가 된다. 따라서 이 지수는 금리인상 혹은 금리인하의 가능성도 점칠 수 있는 하나의 지표가 되고 있다.

이 밖에 생산자물가지수(PPI)가 있다. 이 지수는 매월 제조업 부문의 생산품, 전기, 가스, 일부 광산물 및 농산물에 대한 생산자 출하가격을 조사한 물가지표로서, 소비자물가지수와 마찬가지로 노동부가 매달 중순 이전에 발표한다. 생산자물가지수는 소비자물가지수의 선

 경제가 쉽다
경제학이 즐겁다

행지표로서 매월 전월비와 전년 동월비 수치가 제시되지만 전문가들은 오히려 후자에 더 주목한다. 생산자 물가지수가 예상보다 높을 경우에는 소비자물가지수와 마찬가지로 인플레이션이 우려되어 금리인하 가능성이 그만큼 낮아지게 된다.

마지막으로 고용보고서라는 것이 있다. 고용보고서는 금융시장이 가장 관심 있게 보는 통계 중의 하나이다. 고용보고서는 미 노동부에서 발표한다. 고용보고서에는 주당 평균 노동시간, 시간당 평균임금 등이 조사되는데, 여기에서 노동시간의 증감은 경기에 선행하는 성격이 있고 주당 평균 노동시간은 산업생산과 개인소득을 결정하는 주요 지표가 된다. 이 고용보고서도 역시 FRB의 금리결정에 주요 참고자료가 되고 있다.

이와 같이 미국 주식시장에 영향을 주는 경제지표는 많이 있다. 이들 지표를 보면 미국 증시, 나아가 우리나라 증시의 앞날을 어느 정도 예측해 볼 수 있는 것이다.

해외주식도 사고 팔 수 있다

매일 새벽이면 어김없이 텔레비전 자막과 함께 발표되는 경제관련 지표가 있다. 바로 미국의 다우지수와 나스닥지수의 간밤 동향이다. 물론 이 지수들이 그날의 우리 주식시장을 가늠해 볼 수 있다는 측면에서 관심이 가는 것은 사실이다. 그런데 우리의 시선을 끄는 또 다

른 내용이 있다. 바로 미국 주식시장에 상장되어 있는 국내 주식의
가격동향이다.

미국 주식시장에 상장되어 있는 국내 주식으로는 한국전력, 포스코,
KT 등 몇 종목이 있다. 물론 많은 숫자는 아니다. 하지만 국내기업의
주식이 미국 주식시장에서 거래되고 있다는 사실이 중요하다. 그렇
다면 우리도 외국의 주식을 살 수 있을까 하는 점이다. 이에 대한 해
답은 '예스'이다. 특히 우리나라의 주식시장이 해외증시에 영향을 많
이 받다 보니 투자자들 중에는 해외증시에 관심을 갖는 사람들이 많
이 늘어나고 있다. 하지만 정작 해외증시에 투자하는 것에 대해서는
엄두를 내지 못하고 있다. 아니 투자가 가능한지 여부도 모르는 사람
이 많이 있다.

분명히 말하지만 투자가 가능하다. 얼마든지 주식을 사고 팔 수 있
다. 현행 규정상 기관투자가들은 외국증권에 투자하는 것에 대해 전
혀 제한을 두고 있지 않다. 기관투자가들이라면 증권회사나 투자신
탁, 보험회사 등과 같이 대규모 투자자금을 동원할 수 있는 투자가들
을 말한다.

이들 기관투자가를 제외한 개인 등 일반투자자들도 원칙적으로는
외국증권에 투자하는 데 전혀 지장이 없다. 투자금액에도 제한이 없
다. 다만 투자대상 증권이 정해져 있다는 한계가 있다. 즉, 개인들이
투자할 수 있는 투자대상 외국증권은 외국증권거래소에 상장된 증권
으로 한정되어 있다.

구체적으로는 외국증권시장에 상장 또는 거래되는 증권으로서, 증

 경제가 쉽다
경제학이 즐겁다

권거래법에서 정한 주식, 국채, 지방채, 사채, 주식예탁증서, 수익증권 등이 있다. 또한 외국금융기관이 발행한 무기명양도성예금증서(CD), 외국기업이 발행한 기업어음(CP), 국내기업이 외국에서 발행한 전환사채, 신주인수권부사채, 교환사채, 주식예탁증서 등도 가능하다.

한마디로 뉴욕증권거래소(NYSE)나 나스닥(NASDAQ)에 상장된 기업들의 주식은 마음대로 사고 팔 수 있다는 이야기이다. 물론 외국 증권거래소에 상장된 국내주식도 살 수 있다. 예를 들면 뉴욕시장에 상장되어 있는 한국전력이나 포스코 주식도 살 수 있다는 이야기이다.

외국증권에 투자하기 위해서는 먼저 국내증권사에 외국증권투자 전용계정을 개설하고, 투자자금을 입금하면 된다. 입금 후에 국내증권사에 매매주문을 내면 국내증권사는 다시 외국증권사로, 외국증권사는 해당국 증권거래소에 주문을 내게 된다. 매매계약이 체결되면 외국증권사는 국내증권사에 매매계약 체결을 통보해 주고 국내증권사는 개인투자자에게 그 내용을 통보한다. 매매계약이 체결된 후 국내증권사는 입금된 투자자금을 외국증권사로 송금하면 거래는 끝을 맺게 되는 것이다.

그런데 개인투자자들이 해외증시에 투자할 때 고려해야 할 점이 있다. 우선 국내증권사를 통해 주문을 내야 한다는 점이다. 다시 말하면 국내에 진출해 있는 외국증권사를 통해서는 주문을 할 수 없다는 점이다. 또한 중요한 문제가 바로 환전문제이다. 증권회사에 원화로

입금하면 통상 두 번이나 환전해야 하는데 환전에 따른 수수료를 부담해야 한다. 물론 국내증권투자와 마찬가지로 거래수수료도 물어야 한다.

외국증권에 투자할 때 가장 큰 어려움은 역시 국내증권투자와는 달리 쉽게 정보를 입수할 수 없다는 점일 것이다. 국내증권투자의 경우에는 경제신문 혹은 증권사 객장에 비치된 정보지 등 투자하고자 하는 기업의 정보를 얼마든지 입수할 수 있다. 하지만 외국증권투자의 경우에는 투자하고자 하는 기업에 대한 다양한 정보를 입수한다는 것이 사실상 불가능하다. 물론 인터넷을 통해 실시간으로 제공되는 정보를 입수할 수 있다고는 하지만 그리 간단한 문제가 아니다. 따라서 투자하고자 하는 기업에 대한 충분한 정보 없이 주식들을 사게 되는 경우도 발생할 수 있다.

뿐만 아니라 외국증권 투자 시 문제가 될 수 있는 것이 바로 시차(時差)를 무시할 수 없다는 점이다. 시차라는 것이 있기 때문에 시황변화에 신속히 대처할 수 없는 불리한 점을 감수해야 하는 것이다. 결국 개인투자자들이 해외증권에 직접 투자한다는 것은 여러 가지 면에서 불리한 점이 많이 있다. 따라서 개인이 굳이 해외증권에 투자하고자 한다면 해외펀드 가입 등 간접적인 방법으로 투자하는 것이 보다 현명한 방법이 아닌가 생각한다.

해외펀드를 이용하라

개인이 해외증권에 직접 투자한다는 것은 여러 가지 면에서 불리한 점이 많이 있다. 물론 개인이라고 해서 규제가 따르기 때문에 그런 것은 아니다. 정보입수 등 아무래도 개인에게는 불리한 점이 많이 있다. 이런 점을 보완해 줄 수 있는 것이 바로 해외펀드 가입 등 간접적인 투자방법이다.

최근 투자자들의 관심증대와 더불어 증권사 등 금융회사들이 여러 가지 해외펀드 상품을 많이 내놓고 있다. 국내에서 투자수익률을 올리는 데 한계가 있기 때문에 시야를 해외로 돌리고 있는 것이다. 경우에 따라서는 환차익까지 기대할 수 있어 꾸준한 인기를 끌고 있다.

우선 해외펀드에 투자하려면 투자계좌를 개설해야 한다. 기존에 거래하고 있는 국내펀드 투자용 계좌가 있다면 해외펀드로 전환하면 된다. 투자금액을 원화로 납입하면 펀드판매증권사가 달러화 혹은 유로화 등으로 바꿔 해외펀드운용사에 보내게 된다. 환매할 때에도 펀드판매증권사를 통하면 된다.

해외펀드라고 해서 국내펀드와 크게 다를 것이 없다. 국내펀드와 마찬가지로 주식과 채권에 주로 투자하지만, 다만 투자지역이 국내가 아닌 해외의 주식과 채권에 투자하는 것이 다를 뿐이다. 또한 투자자금이 원화가 아닌 달러나 유로화 등 외화로 투자한다는 점이 다를 뿐이다.

현재 국내에서 판매되고 있는 해외펀드는 수를 헤아릴 수 없을 만큼 많다. 종류도 주식형, 채권형, 혼합형 등 매우 다양하다. 이들 펀드들은 국내증권사 혹은 은행들이 위탁·판매하고 있다. 대표적인 펀드로는 슈로더펀드, 피델리티펀드, 템플턴펀드 등 매우 많다.

이들 펀드들의 최대 강점이라 한다면 세계적인 명성을 얻고 있는 외국 전문투자기관이 운용하고 있다는 점이다. 뿐만 아니라 이들 운용기관에는 세계적인 펀드매니저들이 즐비해 있다. 따라서 비교적 높은 수익과 안정성을 어느 정도 보장할 수 있다는 점이 장점이다. 국내펀드들처럼 1년에 몇 차례씩 펀드매니저가 바뀌는 불안한 모습은 찾아볼 수 없다.

하지만 역시 해외펀드상품에 투자할 때에도 고려해야 할 점은 분명히 있다. 우선 고려해야 할 점으로서는 올바른 투자운용회사의 선정이다. 해외펀드상품을 판매하는 판매회사와 그 상품을 실제로 운용하는 운용회사가 서로 다르다. 그런데 해외펀드상품의 수익률은 운용회사의 운용능력에 의해 결정된다. 따라서 운용회사를 선정할 때에는 운용자산규모, 펀드운용실적 등 여러 가지를 고려해서 결정하여야 한다.

또한 고려해야 할 점이 해당 펀드상품의 평가등급이다. 대개 해외펀드상품들은 S&P 등과 같은 펀드평가사로부터 평가등급을 받고 있다. 이 평가등급은 비슷한 종류의 펀드상품 가운데 어느 정도의 위치에 있는지를 알려주는 것이기 때문에 좋은 등급의 펀드상품을 고르는 것이 유리하다.

이밖에 펀드상품에 투자할 때 고려해야 할 것이 선물환거래를 적극 활용해 환율변동에 대비하여야 한다는 점이다. 해외펀드상품은 달러나 유로화로 투자되므로 투자실적이 아무리 좋더라도 환율이 불리하게 움직이면 손실을 볼 수 있다. 따라서 가능하면 선물환거래를 통해서 환율 변동위험을 사전에 제거해 주는 것이 좋다. 물론 이러한 점들은 펀드판매회사에서 어느 정도 스크린해 주고 있다. 즉 다양한 방법으로 펀드상품을 평가하고 검증하여 엄선된 펀드상품만을 투자자에게 제공하고 있다. 그렇기 때문에 투자자는 크게 걱정할 필요는 없다. 다만 모든 펀드판매회사가 그런 노력을 한다고 볼 수는 없기 때문에 좋은 펀드판매회사를 고르는 지혜도 필요하다.

9장

환율이 경쟁력이다

무역, 서로가 이익이다

과거 수퍼 301조 발동, 반덤핑관세 부과 등 무역과 관련한 분쟁이 늘 있어 왔다. 최근에도 한국철강에 대한 미국정부의 반덤핑관세 부과, 그에 따른 한국정부의 WTO 제소, 반도체를 둘러싼 인텔 등 미국과 일본 회사들과의 마찰 등 우리 주변에서 무역과 관련된 분쟁이 끊임없이 일어나고 있다.

세계경제가 지구촌화가 되다 보니 과거와는 달리 그만큼 관련 국가 간에 분쟁이 심화되고 있다. 분쟁이 일어날 때마다 왜 우리만 당해야 하는가 하는 의구심도 가질 수 있으나, 이것은 우리만의 문제가 아닌 전 세계적인 현상이다.

분쟁이 일어날 때마다 필요로 하는 물건을 스스로 만들어 쓰면서 자급자족하면 어떨까 하는 생각을 한번쯤 안 해 본 사람이 없을 것이다. 그렇게 되면 구태여 이웃국가 간에 분쟁을 할 필요가 없으므로 속이 편할 것 아니냐는 생각을 할 것이다. 물론 단순히 생각하면 그럴 수도 있다. 하지만 분명한 사실은 스스로 만들어 쓰는 것보다 이웃국가 간에 서로 팔고 사다 쓰는 것이 더 이익이 된다는 점이다. 이처럼 필요로 하는 물건을 서로 간에 사고파는 것을 무역이라고 한다.

그렇다면 무역이 서로 간에 왜 이익이 되는지를 설명해 보기로 하겠다. 한국과 일본의 예를 들어보자. 누구나 알다시피 한국과 일본은 전통적으로 견제관계이면서도 무역에 있어서 만큼은 서로에게 아주 중요한 존재이다. 우리에게 일본이란 존재는 없어서는 안 될 무역상대국일 만큼 아주 중요하다. 그러면서도 우리의 무역적자폭이 워낙 크기 때문에 우리 제품을 더 많이 사가야 될 것이 아니냐는 등 신경전도 대단하다.

어쨌든 한국과 일본이 텔레비전과 냉장고를 만들어 판다고 가정해 보자. 이때 한국은 텔레비전을 일본보다 싸게 만들 수 있고, 일본은 냉장고를 한국보다 싸게 만들 수 있다고 하자. 그러면 한국은 경쟁력이 있는 텔레비전을 수출하고 경쟁력이 떨어지는 냉장고를 수입해서 쓰면 된다. 반면 일본은 경쟁력이 있는 냉장고를 수출하고 경쟁력이 떨어지는 텔레비전을 수입해서 쓰면 이익이 된다. 이처럼 경쟁력이 있는 제품을 만들어 수출하고 반면 경쟁력이 떨어지는 제품을 수입해 쓰면 서로에게 이익이 된다는 것이다. 이를 경제학에서는 '절대 우위'라고 한다. 즉 한국은 텔레비전, 일본은 냉장고에 절대 우위가 있는 것이다.

이처럼 절대 우위에 있는 제품을 수출하고 대신 절대 열위에 있는 제품을 수입해 쓰면 서로에게 이익이 되는 것이다. 그런데 문제는 두 제품 모두 한국이 일본보다 싸게 만드는 경우이다. 이때도 과연 서로에게 이익이 되는 것일까?

예를 들어 한국이 일본보다 텔레비전과 냉장고 두 제품 모두 싸게 만들 수 있다고 하자. 그런데 텔레비전은 20%, 냉장고는 10% 정도 더 싸게 만든다고 하면 과연 어떻게 되겠는가? 상식적으로 보면 한국은 두 제품 모두를 수출하고 일본은 두 제품 모두를 수입해 쓰는 것이 이익이 될 것이라는 생각을 할 것이다. 하지만 그렇지 않다.

이때도 역시 한국은 텔레비전을 만들어 일본에 수출하고, 일본은 냉장고를 만들어 한국에 수출하면 서로에게 이익이 된다. 그 과정은 이렇다. 한국의 입장에서 보면 텔레비전과 냉장고 모두를 국내에서 생산하는 것이 유리하다. 왜냐하면 두 제품 모두 일본에 비해 절대 우위에 있기 때문이다. 하지만 상대적으로 텔레비전이 냉장고보다 더 싸게 만들 수 있는 것을 알 수 있다. 반면 일본의 경우 두 제품 모두 한국에 비해 비싸게 만들고 있다. 하지만 상대적으로 냉장고를 덜 비싸게 만드는 것을 알 수 있다. 이것을 경제학에서는 '비교 우위'라고 한다.

한국은 상대적으로 텔레비전에 비교 우위가 있고 일본은 상대적으로 냉장고에 비교 우위가 있다. 따라서 서로 비교 우위에 있는 제품을 수출하고, 비교 열위에 있는 제품을 수입함으로써 서로에게 이익이 되는 것이다. 왜냐하면 한국은 냉장고 생산에 쓰일 자본과 인력을 텔레비전 생산에 집중하면 훨씬 큰 이익을 낼 수 있기 때문에 비싼 냉장고를 사서 쓰더라도 텔레비전 생산에 집중하게 된다. 반면 일본은 텔레비전 생산에 쓰일 자본과 인력을 냉장고 생산에 집중함으로써 생산효율성을 높일 수 있다.

결국 어떤 경우라도 무역은 서로에게 이익이 된다. 그렇기 때문에 무역마찰 등 각종 분쟁이 발생함에도 불구하고 무역확대를 위해 세계가 노력하고 있다. WTO와 같은 무역기구도 국가 간의 자유로운 무역확대를 위해서 생긴 국제기구이다.

 ## 교역조건이 나빠지면 실질소득이 줄어든다?

미국 모건스탠리증권의 스티븐 로치(Roach) 수석연구원은 지난 2002년 10월말 "세계경제의 축이 버블붕괴에 따른 과잉부채와 과잉설비로 인해 디플레로 이동하고 있다"며 "중국 상품의 저가공세는 아

시아와 유로권에 차례로 디플레 압력으로 작용할 것"이라고 주장하였다. 당시 장기 디플레이션에 시달리고 있던 일본 재무성의 구로다 하루히코 재무관도 "중국의 수출이 증가하고 미 달러화에 대한 위안화의 고정환율제로 인해 디플레이션이 전 세계로 확산되고 있다"며 중국의 디플레 수출을 곱지 않은 시선으로 바라보았다. 이에 대해 당시 중국 당국은 "중국 디플레 수출론은 현상의 표면만 보고 구조적 원인을 파악하지 못한 주장이며, 중국 상품이 싸진 근본 원인은 세계의 자본과 기술이 중국에 모여들기 때문"이라고 반박하고 나섰다.

누구의 말이 옳고 그른지를 떠나, 만일 중국이 국제시장에서 저가공세를 펴고 있다면 교역조건 측면에서는 결코 바람직하다고 볼 수 없다. 가끔 TV뉴스 등에서 우리의 교역조건이 악화되어 국제수지에 비상이 걸렸다는 등, 점점 교역조건이 악화되고 있다는 등 알 수 없는 말을 하는 경우가 있다. 그렇다면 교역조건이란 무엇을 말하는지를 음미해 볼 필요가 있다.

쉽게 말해 교역조건이란 한 국가가 수출하는 수출품 1단위와 외국으로부터 수입하는 수입품 단위와의 교환비율을 말한다. 즉 상대국 간에 수출상품과 수입상품을 서로 교환하는 비율을 의미한다. 이때 한 국가가 수출하는 수출품 1단위와 교환되는 수입품의 양이 증가한다면 교역조건은 유리해졌다고 말할 수 있다. 반면, 교환되는 수입품의 양이 줄어든다면 교역조건은 불리해졌다고 말한다. 예를 들어 보자.

과거에 우리나라가 승용차 1대를 수출하여 벌어들인 돈으로 바나나

1톤을 수입할 수 있었으나, 현재는 승용차 1대를 수출한 돈으로 바나나 0.5톤밖에 수입할 수 없다면 교역조건은 그만큼 불리해진 것이다. 반면, 승용차 1대를 수출한 돈으로 바나나 2톤을 수입할 수 있게 되었다면 교역조건은 유리해진 것이다.

즉, 과거나 현재 모두 자동차 1대를 수출하는 것은 같다. 그런데 자동차 1대 수출한 돈으로 수입할 수 있는 바나나의 양은 다르다. 이것이 바로 교역조건의 차이인 것이다.

이처럼 교역조건이 불리해지거나 유리해지는 것은 제품의 수출단가 혹은 수입단가가 변동하기 때문이다. 수출단가가 전혀 변동이 없는데도 수입단가가 변동하면 교역조건이 변화한다. 마찬가지로 수입단가가 변동이 없는데도 수출단가가 변동하면 역시 교역조건이 변화한다.

그런데 교역조건은 우리가 무역을 통해서 얼마나 실질소득을 변화시켰는지를 알게 해주는 중요한 지표이기도 하다. 한 국가가 수출하는 물건의 가격이 비싸져서 교역조건이 개선되면 같은 양의 물건을 만들고도 소득이 증가한다. 반대로 교역조건이 아주 나빠지면 더 많은 물건을 생산하고도 실질소득이 줄어드는 경우도 있을 수 있다. 이를 '궁핍화 성장(immiserizing growth)'이라고 한다. 다시 말해 국내총생산(GDP)이 증가해 성장은 됐지만 국민총소득(GNI)이 감소해 궁핍해질 수 있다는 이야기이다.

이처럼 궁핍화 성장은 교역조건의 악화로 인한 부정적 효과가 성장에 따른 긍정적 효과를 압도, 성장에도 불구하고 실질소득이 감소하는 결과를 가져오는 것이다.

IMF 이후 우리나라의 교역조건은 지속적으로 악화되어 온 것으로 밝혀지고 있다. 여기에는 물론 유가인상 등 수입물가의 오름세도 원인이 있지만 주된 이유는 주력상품인 반도체, 통신장비 등의 공급과잉으로 가격이 크게 하락하고 경쟁력이 크게 떨어졌기 때문으로 풀이할 수 있다. 이에 따라 실질GNI증가율이 실질GDP증가율에 못 미치는 결과로 나타나고 있다. 자칫 궁핍화 성장이 고착되는 것은 아닌가 하는 우려를 지울 수가 없다.

환율에 울고 웃는다

IMF 당시 사업부도 내지 실직이라는 고통을 겪는 와중에 드러내놓지 못하고 고민하는 또 다른 사람들이 있었다. 바로 외국에 자녀를 유학 보낸 부모들이었다. 이들은 하루하루 폭등하는 환율을 근심어린 눈으로 바라보기만 할 따름이었다.

당시 미국에 유학하고 있던 많은 국내 학생들이 속속 귀국하는 사태가 발생했다. 그들은 IMF 때문에 도저히 유학생활을 지속할 수가 없어 귀국한 것이다.

물론 IMF가 각 가정의 소득에 영향을 준 것만은 사실이지만 자녀들의 유학생활을 포기하도록 할 만큼 큰 영향을 주었느냐 하는 점을 생각해 볼 때 의아스러운 면이 좀 있을 것이다. 집안의 사업이 망해 하루아침에 길거리로 내몰리는 경우에는 어쩔 수 없다 하더라도 그 외의 경우에는 자녀를 귀국토록 할 만큼 소득이 줄었느냐 하는 점에 대해서는 의문이 아닐 수 없을 것이다. 자녀를 유학 보낼 때에는 어느 정도 계획이 있었을 것이 아니냐는 것이다. 하지만 여기에는 환율이라는 복병이 도사리고 있었던 것이다.

IMF 외환위기 이전만 하더라도 달러에 대한 원화의 환율은 대략 800원 수준이었다. 따라서 미국에 있는 자녀에게 유학비용으로 1만 달러를 송금하는 데 대략 800만 원 정도 소요되었다. 하지만 IMF 외환위기 직후 달러에 대한 원화환율이 1,500~1,800원 수준을 오르내렸다. 환율이 급등한 것이다. 1만 달러를 송금하는 데 무려 1,500만 원 내지 1,800만 원 수준이 필요하게 된 것이다. 종전보다 2배 이상 늘어난 것이다.

유학을 보낼 때에는 돈이 어느 정도 소요될 것인가 하는 것을 잘 계획해 그에 맞도록 설계를 하였을 것이다. 하지만 예기치 않은 환율급등으로 계획에 차질을 빚은 것이다. 따라서 어쩔 수 없이 학업을 중도에서 포기하고 귀국하는 경우가 속출한 것이다. 이처럼 환율은 개인에 따라서 울리기도 하고 웃기기도 하는 역할을 한다.

그렇다면 환율이란 무엇인가? 환율이란 자국통화와 외화(외국통화)와의 교환비율이라고 할 수 있다. 하지만 대개 달러화에 대한 교환비율을 의미하는 경우가 일반적이다. 결국 우리나라의 원화와 달러화가 어떻게 교환되고 있는가를 나타내 주는 것이 바로 환율(exchange rate)이다.

환율이 상승한다는 것은 달러가치는 올라가고 대신 원화가치는 하락하는 현상이다. 예를 들면 1달러에 1,000원 하던 것이 1달러에 1,200원으로 올라가는 것이 바로 환율상승이다. 1달러를 사는 데 종전에는 1,000원을 주고 샀지만 이제 1달러를 사는 데 1,200원을 줘야 한다. 그만큼 원화가치가 하락한 셈이다. 이를 원화가치의 '평가절하'라고도 말한다.

환율이 상승하면 여러 가지 효과가 나타난다. 우선 생각할 수 있는 것이 수출의 증가이다. 환율상승은 수출업자에게 웃음꽃을 가져다준다. 환율이 상승하면 수출업자는 달러로 표시한 수출가격을 종전보다 낮출 수가 있어 수출이 늘어난다. 외국인의 입장에서 보더라도 우리나라 제품가격이 그만큼 싸진다. 예를 들어 600만 원짜리 승용차가 있다고 하자. 환율이 1달러에 1,000원 일 때는 6,000달러가 된다. 그런데 환율이 1달러에 1,200원으로 오를 경우에는 5,000달러가 된다. 수출업자 입장에서는 전혀 손해가 없으면서 물건값이 싸지니까 수출이 잘 될 수밖에 없다. 수출이 잘 되면 경제성장도 빨라지고 고용사정도 좋아져 경제에 긍정적으로 작용한다.

반면, 환율이 상승하면 원화가치가 하락하므로 자연히 원화로 표시한 수입품가격이 환율상승분만큼 비싸지게 된다. 예를 들어 6,000달러짜리 미국 승용차가 있다고 하자. 환율이 1달러에 1,000원일 때는 승용차의 국내가격이 6,000만 원이 된다. 그런데 환율이 1달러에 1,200원으로 오를 경우에는 승용차의 수입가격은 7,200만 원으로 비싸진다. 따라서 환율이 상승하면 외국산 제품의 국내가격이 비싸지게 되므로 수입이 감소한다. 마찬가지로 환율이 상승하면 수입품 가격이 비싸지므로 국내물가가 상승할 수 있다. 가끔 원유나 원자재 등이 상승할 때마다 수입물가의 상승으로 국내물가의 불안이 예상된다는 등의 뉴스보도를 접하는 경우가 있을 것이다.

한편 환율이 하락한다는 것은 우리나라 원화가치는 올라가고 대신 달러가치는 내려가는 현상을 말한다. 예를 들면 1달러에 1,200원 하던 것이 1달러에 1,000원으로 하락하는 것이 바로 환율하락이다. 1달러를 사는 데 종전에는 1,200원을 줬으나 이제 1달러를 사는 데 1,000원이면 되는 것이다. 그만큼 원화가치가 올라가는 셈이다. 이를 원화가치의 '평가절상'이라고 말한다.

환율이 하락할 경우에도 여러 가지 효과가 나타난다. 쉽게 말해 환율상승의 반대로 생각하면 된다. 앞에서 환율이 상승했을 경우를 여러 가지 가정을 통해 살펴보았는데, 이를 역으로 잘 생각하면 쉽게 이해가 될 것이다. 환율이 하락하면 달러로 표시한 수출품가격이 비싸지므로 수출은 감소한다. 반면 수입품가격은 싸지므로 수입이 늘어난다. 따라서 경상수지가 악화될 가능성이 있다.

환율이 하락할 경우에는 기업 등 수출업자들은 비상이 걸린다. 이런 경우 기업들은 정부에 대해 대책을 수립해 달라고 아우성이다. 환율하락이 기업가들로 하여금 울상을 짓도록 하는 것이다. 하지만 환율이 하락할 경우 수입품 가격이 싸게 되므로 국내물가 안정에는 도움이 된다. 가끔 국내물가가 불안할 경우 환율하락을 용인해야 된다는 주장이 나오는 것도 이 때문이다.

한편 환율이 변동될 때마다 꼭 등장하는 말이 있다. "눈덩이처럼 환차손이 늘어났다"거나 혹은 "가만히 앉아서 수십 억의 환차익을 입었다"는 등이 바로 그것이다. 그렇다면 '환차익'과 '환차손'이란 무엇인가?

환차익이란 쉽게 말하면 환율이 변동함으로써 생기는 이익을 말한다. 그렇다면 환차손은 쉽게 결론이 나온다. 환차손은 환율이 변동함으로써 생기는 손해를 말한다. 예를 들어 보자.

달러에 대한 원화환율이 1,000원일 때 수출업자가 상품을 수출하고 수출대금으로 1달러를 2개월 후에 받기로 하였다고 하자. 2개월 후에 1달러를 들고 원화로 바꾸기 위해 은행의 외환계에 갔더니 원화환율이 1,200원으로 상승해 있었다. 결국 수출업자는 1,000원을 받을 것으로 예상했으나 환율상승으로 200원의 이익을 얻게 된 셈이다. 이것이 '환차익'이다.

이런 경우도 있다. 달러에 대한 원화환율이 1,200원일 때 상품을 수출하고, 수출대금으로 받은 달러를 2개월 후에 원화로 바꾸기 위해 은행 외환계에 갔더니 환율이 1,000원으로 하락해 있었다. 이때 수출업자는 달러 당 1,200원을 받을 것으로 예상했으나 환율하락으로 오히려 200원의 손해를 보게 된 것이다. 이러한 경우를 '환차손'이라 한다.

환차익이나 환차손은 가만히 앉아서 이익을 본다든가 아니면 손해를 보는 경우이다. 대개 외화부채가 많은 기업이나 원자재 수입비중이 높은 기업들이 환차익 혹은 환차손을 입는 경우가 많이 있다.

환율을 사수하라!

대개 환율이 하락할 때 이를 달갑게 여기는 경우는 그다지 많지 않다. 따라서 환율이 하락하면 그것이 지나치지 않도록 정부당국이 개입하는 경우가 많다. 반면, 환율이 상승할 경우에는 그것이 지나치지 않다면 정부 당국은 대개 방관으로 일관한다. 이는 어느 나라든지 마찬가지이다.

환율문제로 국제적으로 알력을 드러내는 경우도 많다. 바로 중국과 미국과의 관계가 그렇다. 미국과 일본은 중국으로 하여금 위안(元)화를 절상하라는 압력을 꾸준히 제기해 왔다. 하지만 중국 당국은 위안(元)화를 평가절상하라는 미국, 일본 등 국제적 압력을 지속적으로 거부해 오다 최근에야 절상하는 제스처를 보였다. 하지만 미국은 이것으로 만족하지 못하고 중국으로 하여금 성의 있는 태도를 보이라고 지속적으로 압박을 가하고 있다.

지금 중국은 물론 한국, 일본 등 세계 각국이 암암리에 '환율전쟁'을 벌이고 있다. 세계경제의 불확실성 속에서 가능하면 자국의 통화가치를 안정시켜 무역수지 흑자 내지 악화를 막아 보려는 시도를 하고 있다. 더구나 미국의 재정적자의 확대와 더불어 이라크와의 전쟁 등으로 미 달러화 약세가 지속되자 각국이 자국통화의 평가절상 압력에 골머리를 앓고 있다.

우리나라도 달러화에 대한 원화의 가치가 지속적으로 올라가 수출에 비상이 걸린 상태이다. 한마디로 기업들은 초비상 상태이다. 그렇다고 정부가 마음대로 외환시장에 개입할 처지도 아니다. 외환도 역시 수요공급의 원칙에 따라야 하고 언제까지 정부가 개입하는 데에도 한계가 있기 때문이다. 마찬가지로 국제사회의 동향도 역시 무시할 수 없다.

이처럼 각국이 환율안정에 나서는 이유는 수출 감소에 따른 무역수지의 악화 가능성을 미연에 방지하고자 하기 때문이다. 앞에서도 설명했듯이 환율이 하락할 경우 즉, 달러화에 대해 자국 통화가치가 상승할 경우에는 수출이 감소하고 대신 수입이 늘어난다. 따라서 무역수지가 악화될 수 있다. 그렇지 않아도 세계경제가 불확실한 상황 속에서 무역수지마저 악화된다면 경제침체를 가져올 수 있다. 이런 가능성을 미연에 방지하고자 각국이 적극 환율방어에 나서는 것이다.

앞으로도 미 달러화가 약세를 지속한다면 각국의 통화가치 절상압력은 계속될 것으로 보인다. 특히 우리의 원화가치의 상승은 더욱 탄력을 받을 것이다. 따라서 수출을 생명으로 하는 우리 경제에도 부정적으로 작용할 것이다. 따라서 환율방어가 필요한 것이다.

중국은 미국, 일본 등으로부터 디플레 수출 의혹을 받아가며 위안화의 평가절상 압력을 받고 있음에도 불구하고 위안화 약세정책을 지속할 뜻임을 분명히 밝히고 있다. 중국이 고성장을 지속하는 배경에는 환율이 한몫하고 있음은 부인할 수 없다. 우리나라 등 다른 나라에 비해 상대적으로 위안화가 저평가가 되어 있는 것이 사실이다. 따라서 수출이 급신장하고 있다. 하지만 세계경제 속에서 독불장군은

 경제가 쉽다
경제학이 즐겁다

없다. 자신의 경제수준에 맞는 환율유지도 중요한 것이다.

어쨌든 지금 세계 각국은 보이지 않는 환율전쟁을 벌이고 있다. 세계경제의 불확실성 속에서 살아남기 위한 발버둥이다. 가격이 아니라 품질로 승부해야 한다는 지적은 한가로운 소리가 되고 있다. 하지만 너무 조급한 마음을 가질 것이 아니라, 이때를 경쟁력을 확보하는 기회로 삼는 것이 어떤가 하는 생각이 든다.

환율이 국가경쟁력이다

"지구촌의 모든 자금이 달러를 사들이려고 미국으로 밀려들고 있다."

과거 한때 미국경제가 인플레 없는 고성장을 지속하면서 유행했던 달러화에 대한 높은 인기도를 빗댄 말이다.

돈의 가격도 상품과 마찬가지로 수요와 공급에 의해 결정된다. 따라서 공급보다 수요가 많은 나라의 돈의 가치는 올라가고 수요보다 공급이 많은 나라의 돈의 가치는 떨어진다. 예를 들면 원화에 대한 수요가 많으면 원화의 가치는 올라가고 달러화에 대한 수요가 많으면 달러가치가 올라간다.

한 국가의 돈의 가치는 그 나라의 경제력(경쟁력)을 나타낸다. 일본의 엔화가치가 한국의 원화가치보다 높은 것은 그만큼 그 나라의 경제력이 강하다는 것을 의미한다. 마찬가지로 미국의 달러화 가치가 일본의 엔화가치보다 높은 것도 결국 양국의 경제력 차이에서 비롯된다.

역사적으로 보더라도 경제력에 따라 세계의 중심통화가 되기도 하고 중심통화에서 밀려나기도 하는 경우를 수없이 볼 수 있었다. 20세기의 화폐가 달러화였다면 19세기에는 영국의 파운드화가 있었다. 해가 지지 않는 나라에 걸맞게 파운드화는 "돈 중의 돈"으로 국제금융시장에서 절대 강자로 군림했었다. 당시 영국의 수도 런던은 막강한 국제금융센터로 자리 잡고 있었으며 지금까지 그 명성을 이어오고 있다. 그 덕분에 영국 런던의 우량은행들끼리 단기자금을 거래할 때 적용하는 금리인 리보(LIBOR)는 국제간 금융거래에서 단기금리 추이를 판단하는 하나의 기준금리가 되고 있다. 나아가 리보는 은행 등 금융기관이 외화지금을 빌려올 때 기준으로 삼는 금리가 되고 있다.

20세기에 들어와 미국의 막강한 경제력에 밀려 파운드화는 달러화에게 세계 중심통화로서의 자리를 넘겨주었다. 국제금융시장에서의 주도권도 런던에서 뉴욕으로 넘어가고 말았다. 전 세계적으로 모든 거래에서 달러화 결제가 절대적인 이유도 바로 이 때문이다.

IMF에 따르면 미국에서 발행되는 달러의 현금 중 절반 이상이 국외에서 통용되고 있는 것으로 밝혀지고 있다. 이렇듯 돈의 힘은 한 나라의 경제력, 나아가 경쟁력과 직결되고 있는 것이다.

달러화가 국제금융시장에서 독보적인 존재로서 맹위를 떨치고 있는 동안 이에 대응하는 대항마로서 유럽연합(EU)을 중심으로 '유로화'

가 1999년 1월 출범하였다. 그리고 2002년 1월부터 유로화가 시중에 전면 유통되고 있다. 출범 당시 유로에 참여한 11개국의 규모를 보면 인구수 약 3억 명, 전 세계 GDP의 19.5%, 세계무역량의 18.5%를 차지하는 그야말로 세계 최대의 단일통화권을 형성하고 있다. 이 규모는 세계경제를 이끌고 있는 미국과 견줄 수 있는 대등한 수준이다.

유로화의 출범으로 달러 중심의 국제금융체계가 달러·유로의 2각 체제로 변모하고 있다. 세계 각국들도 대외결제 시 달러 중심에서 유로화를 병행하는 쪽으로 점차 선회하고 있다. 뿐만 아니라 우리나라 등 많은 나라들이 역시 달러 중심의 외환보유에서 유로화를 병행하거나 병행할 움직임을 보여주고 있다.

21세기 세계 중심통화는 달러·유로화의 2각체제로 당분간 유지될 공산이 크다. 일본이 세계경제의 중심에서 점차 멀어지는 상황에서 엔화는 당분간 고전을 면치 못할 것으로 보인다. 세계경제를 미국이 이끌고 있는 한 달러화는 일시적인 흔들림이 있을지언정 중심통화로서의 그 역할에는 전혀 이상이 없을 것이다. 마찬가지로 미국경제의 늪에서 빠져나오려는 유럽연합(EU)의 그 위세도 무시 못할 존재로 부각될 수 있을 것이다.

달러화와 유로화, 과연 최후의 승자는 누가 될 것인가 관심이 아닐 수 없다.

환율, 외환보유고에 물어 봐!

직통전화 울리면 주문 개시!

이것은 농수산물 경매시장의 모습도 아니요, 더구나 백화점 바겐세일 모습은 더욱 아니다. 숨 가쁘게 돌아가는 외환시장의 모습이다.

외환당국의 외환시장 개입은 딜러로 지정돼 있는 외국환 은행에 직통전화의 벨이 울리면서 시작된다. 미국 FRB가 각 은행에 설치해 둔 직통전화는 빨간색이라고 알려져 있지만 우리나라에서는 이 사실이 철저히 비밀에 가려져 있다. 시장개입은 재정경제부와 한국은행이 긴밀한 협의를 통해 결정한다.

외환시장 개입은 우선 외환당국이 입장을 표명하는 '구두개입'으로부터 시작된다. 구두개입을 통해 환율이 안정되지 않을 경우에는 국책은행 등을 통해 외환공급물량을 조절하는 간접개입이 동원된다. 그래도 신통치 않을 경우에는 한국은행이 직접 개입하게 된다.

한국은행은 외환시장 개입을 대신할 대행은행(agent bank)을 지정해 놓고 있다. 그리고 이들 딜러에게만 주문을 낸다. 특정 대행은행 한곳에 주문을 낼 수도 있고, 상황에 따라 여러 은행에 나누어 주문을 낼 수도 있다. 물론 철저한 비밀이 요구되는 것은 당연하다. 예를 들어 보자.

한국은행이 대행은행인 K에 매도주문을 내면 대행은행은 서울외국환 중개주식회사, 한국자금 중개주식회사 등 외환 중개회사에 다시 주문을 낸다. 외환중개회사가 K은행으로부터 의뢰받은 거래를 다른 외국환 거래은행 H와 연결시켜 매매를 체결해 준다. 매매가 완결되면 한국은행은 K은행의 '환거래은행'에 달러를 지급하고 K은행의 지준계좌에서 BOK와이어(한국은행이 운영하는 금융결제망)를 통해 원화를 인출한다.

이처럼 한국은행이 외환시장에 개입할 수 있기 위해서는 일정량의 외환을 확보해 두어야 한다. 이것을 '외환보유고'라고 한다. 외환을 확보해 두었다가 필요할 경우에 이용하는 것이다. 예를 들면 환율이 급격하게 변동할 경우 외환을 시장에 내다 팔거나 혹은 사들이거나 함으로써 환율을 안정시킨다. 따라서 한국은행이 보유하고 있는 외환보유량이 외환시장의 안정여부에 크게 기여한다고 볼 수 있다.

한국은행이 외환을 보유하는 방법으로는 크게 두 가지 형태가 있다. 하나는 자체 은행을 비롯해 국내 금융기관이나 해외 금융기관에 예치하는 경우, 또 하나는 쉽게 현금화할 수 있는 해외채권에 투자하는 경우로 나눠 볼 수 있다. 그러나 외화보유고 가운데 당장 필요하다고 하더라도 쉽게 동원할 수 없는 경우가 있다.

예를 들면 국내 금융기관의 해외지점에 예치한 외환은 해당 지점에서 대출 등으로 운용하기 때문에 쉽게 회수가 어려울 수 있다. 따라서 외환보유고 가운데 쉽게 동원이 불가능한 이런 외환을 뺀 개념으로 '가용외환보유고'라는 것이 있다. 이 가용외환보유액이 실질적으로 한국은행이 당장 동원할 수 있는 외환보유액이 된다. 과거에는 외환보유고 개념을 외환보유액과 가용외환보유액으로 구분하여 발표해 왔으나 1999년 8월부터는 실질적으로 외환보유고 역할을 수행할 수 있는 가용외환보유액 개념으로 일원화해 공식통계로 발표하고 있다.

외환보유고가 얼마만큼 중요한가 하는 것은 IMF 과정을 겪으면서 절실히 느낀 바가 있다. IMF 직전 우리의 외환보유고는 30억 달러였다느니 혹은 70억 달러였다느니 하는 말들이 무성했다. 30억 달러였든 혹은 70억 달러였든 우리의 경제수준에 비해 외환보유고가 터무니없이 적었다는 점은 누구나 동감하는 사실이다. 이렇게 외환보유고가 거덜 난 상태에서 아무리 구두개입을 외쳐봤자 허공을 가르는 메아리에 불과했던 것이다.

기업들은 쓰러지고, 외환은 바닥나고, 외국인투자자들은 빠져나가고, 근로자들은 쫓겨나고, 국민들은 허탈하고, IMF만이 우리를 기다리고 있었던 것이다.

 ## 외환보유고, 많을수록 좋다?

「그때까지만 해도 아직 외환위기라는 생각이 머릿속에 없었습니다. 대통령은 정치인답게 주가하락만 걱정했고 장관들은 예산철이라 그랬는지, 어떻게 하면 이 틈에 예산을 더 따낼까에 대해서만 궁리하는 것 같았어요.」

이상은 IMF 외환위기 한 달 전 대통령 주재로 열린 긴급확대장관회의 분위기를 전한 내용이다.

이 당시만 하더라도 위기의식은 별로 없었던 것 같다. 하지만 해외의 반응은 달랐다. 10월 28일 미국의 모건스탠리는 '아시아를 떠나라'라는 한통의 보고서를 띄웠고, 이는 즉각 증시에 영향을 미쳐 심리적 지지선으로 여겨졌던 500선이 붕괴되고 외환거래가 중단되는 충격으로 나타났다. 그로부터 10일도 채 안 돼 더 충격적인 보고서가 날아들었다.

홍콩의 페레그린증권은 한술 더 떠 '지금 즉시, 한국을 떠나라'라는 보고서를 띄웠다. 마침 세계 주요 언론들도 한국의 외환보유액이 20억 달러에 불과하다는 등 만기도래하는 외채가 800억 달러에 달한다는 등 출처불명의 내용까지 연일 보도하고 있었다.

IMF 직전 국내 분위기와 해외 분위기가 얼마나 달랐는지를 잘 알 수 있는 대목들이다. 정부가 상황인식을 제대로 했더라면 그 결과가 어땠을까 하는 아쉬움이 남는 것도 그 때문이다. 세계은행(IBRD)이 만든 '한국 위기'라는 보고서에서도 "한국의 외환위기는 충분히 예측이 가능했지만 정부의 대응이 안이했다"라고 지적하고 있다. 어쨌든 우리나라는 외화가 부족해서 IMF에 갔다. 따라서 국내경제를 안정적으로 이끌고 가기 위해서는 충분한 외화가 확보되어야 한다. 그렇다면 외화가 어느 정도가 되어야 하는가?

한마디로 '외환보유액이 어느 정도가 되어야 적정수준이다'라는 딱 부러진 해답은 없다. 국제환경이 그만큼 급변하게 돌아가고 있기 때문이다. 과거 국제통화기금(IMF)이 제시하는 외환보유액의 적정 수준은 3개월 치 수입금액이었다. 이는 위기가 닥쳤을 때 3개월 정도의 수입으로 버티면 어느 정도 해결책이 나오지 않겠느냐는 믿음 때문이었다. 하지만 오늘날에 와서는 이것이 큰 의미가 없다.

과거와는 달리 근래의 외환위기라는 것이 실물보다는 헤지펀드 등 금융부문에서 투자자금이 갑작스럽게 빠져나감으로써 생기는 경우가 많기 때문이다. 따라서 수입액은 큰 의미가 없게 되었다.

최근에 와서는 종래와 같은 수입액보다는 외채구조가 어떤가에 따라 달라지는 외환보유액 기준이 등장하고 있다. 이에 따르면 외환위기에 대처하기 위해서는 각 나라가 1년 이내에 돌아오는 외채원리금을 갚을 수 있을 정도의 외환은 보유하고 있어야 한다는 것이다. 다른 한편에서는 1년 이내에 돌아오는 외채원리금에다 수입액을 합한 금액을 외환보유액 기준으로 제시하기도 한다.

어느 기준을 적용하든 외환보유액 개념은 외채구조가 어떤가에 따라 크게 달라진다. 중·장기 외채가 많은 나라보다는 단기 외채 비중이 많은 나라가 그만큼 외환보유액을 많이 쌓아야 한다는 결론이 나온다. IMF 당시 우리나라는 단기 외채 비중이 중·장기보다 압도적으로 많았기 때문에 외환보유액을 그만큼 많이 쌓았어야 했다. 지금은 어떠한가?

위에서 열거하고 있는 어떤 기준을 적용하더라도 외환보유액은 적정하다는 생각이다. 일부에서는 외환보유액이 너무 많은 것이 아니냐는 의견도 있으나 그것은 지나친 과신이다. 물론 지나치게 외환보유액을 많이 쌓을 경우 비용면도 생각하지 않을 수는 없다. 하지만 불안하게 움직이고 있는 국제금융시장의 흐름을 생각하면 외환보유액은 많을수록 좋다는 생각이다. 외환보유액을 단지 비용으로만 생각할 것이 아니라 경제안정의 지름길이라는 시각으로 봐야 할 것이다.

10장

세계가 변하고 있다

표정관리에 바쁜 중국

"일본은 희망이 없다. 대신 중국은 표정관리에 바쁘다."

극명하게 드러나고 있는 일본과 중국경제의 현주소이다. 실제로 일본경제를 들여다보면 희망이라는 불빛은 별로 찾아볼 수가 없다. 소비부진은 물론이고 부실채권 등 일본경제는 과거에는 상상도 할 수 없는 상황에 처해 있다. 물론 최근에 들어와 어느 정도 경제가 회복되는 모습을 보여주고는 있으나 좀 더 지켜볼 일이다. 그것은 일본경제의 아킬레스건이 해결된 결과라기보다는 세계경제의 전반적인 회복에 편승한 면이 없지 않기 때문이다. 이는 일본이 쉽게 제로금리를 탈피하지 못하는 데서도 찾아볼 수 있다. 영 자신이 없는 것이다.

특히 문제가 되고 있는 것이 바로 자율적인 경기회복의 관건이라고 할 수 있는 민간소비의 부진이다. 일본 국민들은 소비 대신 안전한 보호망만 찾아다니고 있다. 몇 년 전 일본정부가 개인을 대상으로 판매한 국채가 하루도 못돼 품귀현상을 빚은 것이 좋은 예라 할 수 있다. 경제가 불안한 탓에 상대적으로 안전한 국채에 투자하려는 사람들이 많았기 때문이다. 일본경제의 한 측면을 보여주는 것이다. 물론 국채금리가 높았던 것도 아니었다.

지금 일본 은행들의 예금금리는 거의 제로(0)이다. 다시 말하면 은행에 예금을 맡겨봤자 거의 원금 그대로 돌려받는다는 뜻이다. 이처럼 제로금리를 택한 것은 민간소비를 살려보자는 취지에서이다. 은행에 돈을 들고 올 것이 아니라 물건을 좀 사라는 것이다. 그래야만 경기회복도 기대할 수 있기 때문이다. 하지만 이것마저도 별로 신통치가 않다. 여전히 민간소비는 깨어날 줄을 모르고 있다.

금융부문에서는 아직도 엄청난 규모의 부실채권이 도사리고 있고, 국가재정부문에서도 수백 조 엔에 달하는 국채발행 잔고가 재정을 압박하고 있다. 일본은 과거의 일본이 아닌 것이다.

이에 반해 중국은 지금 표정관리에 온통 신경을 쓰고 있다. 해마다 8%가 넘는 경제성장을 하고 있다. 경기과열을 걱정할 정도이다. 신화 사통신 등 매스컴들은 경제전문가들의 말을 빌려 이구동성으로 "전 부문의 성적이 좋다"라고 연일 보도하고 있다. 세계경제가 불확실한 가운데에서도 중국경제는 이에 아랑곳하지 않고 있는 것이다.

우리는 기억한다. IMF 당시 중국의 저력이 어느 정도였는가를 똑똑히 기억하고 있다. 당시 아시아 국가 중에서 IMF 위기에서 비교적 자유로웠던 국가는 중국과 대만 정도였다. 특히 중국은 전혀 미동도 없었다. 오히려 위기에 처한 홍콩에 총알을 공급하기도 하였다. 이 덕분에 홍콩은 소로스 등 헤지펀드의 집중공격에도 버틸 수가 있었다.

당시 IMF 위기에 따라 동남아 국가들의 화폐가치는 형편없을 정도로 폭락한 상태였다. 따라서 이 위기에서 비켜 서 있었던 중국의 화폐가치가 상대적으로 높았었다. 이에 따라 중국이 가격경쟁력 면에서 불리했음은 물론이었다. 중국으로서는 가격경쟁력을 회복하기 위해 자국통화인 위안화를 평가절하할 수도 있었다. 하지만 그러한 조치를 취하지 않았다. 만약 그 당시 중국이 그러한 조치를 취했더라면 외환위기에 처했던 국가들은 더욱더 큰 타격을 입었을 것이다. 물론 우리나라도 마찬가지였다.

많은 아시아 국가들이 중국이 어떤 행동을 할 것인가를 우려의 눈으로 보았던 것도 그 때문이었다. 중국은 이런 우려를 알고 있었기 때문에 위안화를 평가절하(화폐가치 인하)하지 않고 위안화의 가치를 고수했던 것이다. 이는 아마도 중국 역시 어느 정도 자신감이 있었기 때문인지도 모른다.

중국은 지금 미국과 일본으로부터 디플레 수출국이라고 시샘을 받고 있다. 세계 모든 나라들이 어려움을 겪고 있는데 유독 중국만이 잘 나가자 시샘하고 있는 것이다. 많은 전문가들은 머지않아 중국이 미국을 따라잡을 것이라는 충격적인 전망도 하고 있다. 이미 아시아 지역에서는 일본과 경제패권을 놓고 쟁탈하는 수준까지 와 있다. 특히 자유무역협정(FTA)을 놓고 아시아지역에서 일본과 치열한 주도권 다툼을 벌이고 있다.

중국 국민들은 자신감에 넘쳐 있다. 그동안 숙원이던 WTO에도 가입했다. 올림픽도 치르게 된다. 그들 앞에는 거칠 것이 없다. 과거 그 어둡던 모습은 전혀 찾아볼 수 없다. 우리나라나 홍콩의 관광수입의 상당한 부분이 중국관광객들 덕분이다. 이제 중국은 아시아는 물론 세계경제에서 차지하는 비중이 급속도로 높아지고 있다. 세계 6대 경제대국이다. 앞으로도 경제가 엄청난 성장을 할 것이라는 데에는 누구도 이견을 보이지 않는다.

중국경제가 성장함에 따라 국제시장에서 우리와의 경쟁은 더욱 치열해질 것이다. 특히 중국이 WTO에 가입함으로써 이런 현상은 더욱 가속화될 것이다. 또한 통상압력도 예상해 볼 수 있다. 우리나라는 중국에 대해 많은 무역흑자를 기록하고 있다. 중국은 자신들이 우리나라에 대해 지나치게 많은 무역적자를 기록하고 있다고 늘 불만이다. 가끔 무역마찰이 생기는 것도 이 때문이다.

이런 상황을 고려해 볼 때 중국이 황금시장이라는 막연한 기대보다

는 앞으로 국제시장에서 더욱 어려운 경쟁을 해야 한다는 냉철한 판
단이 필요하지 않은가 생각한다.

 ## 미국의 독주는 끝나는가?

"어떻게 감히 프랑스가 잊을 수 있느냐!"

이라크전쟁 당시 이라크 공격을 적극 반대하고 나섰던 프랑스를 향
한 미국의 포문이었다. 뉴욕포스트는 프랑스가 2차대전 때 미국의 도
움으로 나치 독일지배를 벗어난 사실을 상기시키면서 미국의 이라크
공격을 반대하는 프랑스를 맹비난했다. 스티브 딘리비 기자는 2차대
전에서 숨진 10만여 미군의 유해가 안치된 프랑스 노르망디 지방의
미국묘지에서 "바깥공기가 차지만 분노의 불길이 느껴진다. 프랑스
의 엉덩이를 걷어차 버리고 싶다"며 프랑스에 대한 미국인의 감정을
노골적으로 드러냈다.

 당시 이라크 전을 놓고 미국과 프랑스, 독일과의 신경전이 날카롭게
대립하고 있었다. 미국의 이라크 공격에 대해 프랑스와 독일이 반대
하고 나선 것이다. 미국은 프랑스와 독일을 자신들의 울타리에 계속
묶어두고 싶어 하지만 프랑스와 독일은 그 울타리를 벗어나고 싶어
한다. 그렇게 되고 보니 미국과 이들 국가들 간의 관계가 매끄럽지
못하고 늘 신경전을 벌이고 있는 것이다.

 사실 유로화의 출범도 과거부터 이어져 온 신경전의 산물이라고 볼

수 있다. 상당수 유럽 국가들은 미국에 대항하는 강한 유럽을 만들기 위해서는 경제통합에 이은 통화통합이 불가피하다는 데 동의하고 있었다. 그 중에 중심이 되는 국가들이 바로 프랑스와 독일이었다. 이들 프랑스와 독일이 통화통합에 앞장섰다고 볼 수 있다.

1980년대 말 통화를 통합하자는 움직임이 본격적으로 시작될 때만 해도 그리 쉬운 일이 아닐 것이라는 의견이 지배적이었다. 유럽경제의 상당부분을 차지하는 영국이 지극히 소극적이었기 때문이다. 따라서 거대한 유럽대국을 하나의 통화로 묶는다는 것 자체가 다소 무모하다는 지적도 있었다. 그러나 그것은 기우에 불과하였다. 1995년 12월 마드리드 정상회담에서 각국 정상들이 새로운 단일통화의 명칭을 '유로(Euro)'로 한다는 데 합의함으로써 역사적인 통화통합의 첫걸음을 내딛었던 것이다. 당시 참여한 국가들은 독일, 프랑스 등 11개국이었다. 그러나 영국은 끝내 가입하지 않았다.

유럽의 자존심이라고 할 수 있는 단일통화 유로화는 1999년 1월 정식으로 출범하여 드디어 2002년 1월 1일 시중에 전면 유통되기에 이르렀다. 유로화의 출범은 세계 중심통화(기축통화)의 경쟁이 본격적으로 시작됐음을 알리는 신호였다. 한마디로 유로화의 출범은 미국경제에 억눌려 온 유럽경제를 복원해 보겠다는 강한 의욕의 표현인 동시에 달러 중심의 국제금융체제를 달러 · 유로의 2각체제로 돌려놓겠다는 유럽인들의 강한 의지의 표현이었다고 볼 수 있다.

출범 당시 유로화와 달러화의 가치는 1유로=1.17달러에서 출발하였다. 그 후 유로화와 달러화의 가치가 서로 엎치락뒤치락 하는 등 경쟁적인 관계로서의 역할을 톡톡히 해내고 있다. 이제 유로화가 달러의 위상을 뒤흔들 수 있는 유일한 국제통화라는 데에 이의를 다는 사람은 아무도 없다.

출범 첫 해 유로화 표시 채권의 발행액은 5,888억 달러로, 달러 표시 채권의 발행액 5,858억 달러를 무려 30억 달러나 앞질렀다. 유럽은 물론 미국, 아시아의 기업들이 자금마련을 위해 유로시장으로 몰려든 것이다. 이는 세계시장에서 '달러독주체제'가 '달러-유로 양강체제'로 전환됐음을 상징적으로 보여주는 것이었다. 뿐만 아니라 각국들이 자국의 외환보유고에서 '유로화'의 비중을 점차 확대하는 추세로 나가고 있다. 맨 먼저 홍콩이 이미 외환보유고에서 차지하는 유로화의 비중을 크게 확대한 바 있고, 다른 나라들도 속속 유로화의 비중을 늘리고 있다.

'유로화'에 참여하는 국가들도 늘었다. 당초 유로화에 가입할 수 있는 조건을 충족치 못해 출범멤버가 되지 못했던 그리스가 2001년 1월 1일 부로 공식 편입됐다. 다만 영국이 문제이다.

유럽경제의 상당부분을 차지하고 있는 영국이 '유로화'에 가입하지 않고 있는 점은 부담이 되지 않을 수 없다. 유로가치를 확실하게 붙잡아 줄 수 있는 카드가 바로 영국의 유로가입이다. 일부에서는 유로화의 마무리는 결국 영국이 가입하는 것이라고 말하기도 한다. 현재 영국의 공식적인 입장이 구체적으로 밝혀진 것은 없다. 다만 유로가입을 결정할 때는 국민투표로 하겠다는 것이 정부의 입장이다.

최근에 들어오면서 유로에 가입해야 한다는 의견이 조심스럽게 대두되고 있다. 그들은 외국으로 여행을 떠날 때 환전비용이 들지 않고, EU 내에 가격투명성이 높아져 소비자들로 하여금 상품에 대해 다양한 선택을 할 수 있도록 하고, 환 위험을 없애줄 수 있다는 점을 들고 있다. 뿐만 아니라 영국기업들의 상당수가 대금결제를 유로로 하고 있다는 점도 유로가입을 부채질하고 있다. 유로가입을 반대하는 보수당 내에서도 찬성자가 없었던 것은 아니다. 보수당 거물인 크리스 패튼 EU집행위원도 "영국이 계속 고집을 부릴 경우 경제성장과 국제적 영향력이라는 두 마리 토끼를 모두 잃게 될 것"이라고 주장한 바도 있다.

하지만 반대하는 여론도 만만치 않다는 점이 부담이 되고 있다. 가입여부를 국민투표에 부칠 경우 통과여부도 매우 불투명하다. 과거 덴마크가 유로가입여부를 국민투표에 부쳤다가 부결된 적이 있다. 영국정부의 입장에서 이것이 마음에 걸리지 않을 수 없다. 덴마크의 재판이 되지 않으리라는 보장이 없기 때문이다. 다만 최근 들어 이들 논란이 다소 소강상태에 접어든 느낌이다.

유로화의 위상을 확고히 하고자 하는 가입국들의 손짓을 영국이 마냥 지켜만 볼 것인지 관심이 아닐 수 없다.

미국과 한 배를 타자

한쪽에서는 유로화를 출범시켜 달러에 도전하겠다고 나오는 반면 다른 한쪽에서는 역시 믿을 건 달러밖에 없다면서 공식통화로 사용하고 있다. 소위 '달러라이제이션(dollarization)'이다.

달러라이제이션은 경제위기가 고조될 때마다 단골메뉴로 등장한다. 우리나라도 외환위기 직후 일부 학자들을 중심으로 이 논의가 제기되기도 하였다. 미국 하버드대학의 로버트 베로 교수는 위기재발 방지 차원에서 원화를 포기하고 달러화를 공식통화로 삼을 것을 제안하기도 하였다.

현재 중남미 국가는 달러화 사용이 보편화돼 있다. 파나마가 이미 100년 전부터 달러를 사용해 왔고, 에콰도르는 2000년 9월부터 자국통화인 '수크레화'를 버리고 달러만을 공식통화로 사용하고 있다. 2001년 1월에는 엘살바도르가 자국통화인 '콜론'과 함께 달러를 공식통화로 인정하였다. 2001년 5월에는 과테말라 정부가 달러를 공식통화로 사용할 수 있도록 하는 법안을 제정, 시행한 바 있다. 이 밖에 많은 남미 나라들이 달러라이제이션을 검토하고 있다.

이들 국가들이 달러화를 공식통화로 인정하면서 한결같이 내건 이유는 "인플레를 진정시키고 외국인 투자를 끌어들인다"는 것이었다. 미국 달러화는 세계 중심통화로서 화폐가치가 안정돼 있다. 뿐만 아니라 달러화를 도입하면 사실상 독자적인 화폐발행이 불가능해진다. 따라서 달러화를 공식통화로 사용하면 환율이 안정돼 고질적인 물가불안을 막을 수 있다. 나아가 투기적인 요인이 줄어들면서 경제 전반의 안정성과 대외신인도가 올라가는 효과가 있다.

또한 미국경제와 한 배를 타는 효과가 있어 외자도입이나 채권발행이 유리해질 수 있다. 고질적인 외환위기 가능성에 시달리고 있는 개도국들이 자국통화를 포기하고 미 달러화를 도입하는 달러라이제이션에 계속 미련을 두고 있는 것도 이 같은 이유 때문이다. 만성적인 물가불안 등 경제위기에 시달리고 있던 여러 중남미 국가들이 달러화를 공식통화로 도입한 이후 경제여건이 크게 개선되고 있는 점은 주목할 만한 일이다.

그렇지만 달러라이제이션이 달콤한 이점만 있는 것은 아니다. 그 뒤에는 보이지 않는 불리한 점도 있음을 생각해야 한다. 가장 신경이 쓰이는 부분이 바로 경제주권을 포기한다는 국민들의 비난을 감수해야 한다는 점이다. 달러화를 공식통화로 도입할 경우 달러화의 종주국인 미국의 입김에 얽매여 독자적인 통화·금리정책을 수행할 수 없게 된다. 스스로 돈을 찍어낼 수 없기 때문에 중앙은행의 역할이 크게 줄어든다. 중앙은행의 기능이 사실상 없어지는 셈이 되는 것이다. 예를 들어 은행 등 금융기관이 위기에 빠지더라도 정부가 나설 수 없는 등 특별한 대책이 없다. 결과적으로 이들 국가의 통화·금리정책을 FRB가 좌우하게 되는 것이다. 달러라이제이션이 경제주권을 뺏기는 행위라고 비난하는 것도 이 때문이다.

또한 달러라이제이션을 도입했을 때 문제가 될 수 있는 것이 바로 미국경제가 불황일 경우이다. 미국경제가 호황일 때는 전혀 문제가 없다. 하지만 미국경제가 좋지 않을 경우에는 상황이 달라진다. 미국경제가 불황이라도 겪게 된다면 그 충격파가 곧바로 달러 도입국에 영향을 미치게 된다. 같은 불황에 빠지게 되는 것이다.

결국 경제적으로 미국과 한 배를 탄다는 것이 마냥 좋은 것만은 아니다. 중남미 국가들이 달러라이제이션에 목숨을 건 것은 그만큼 그들이 절박하기 때문이다. 우리도 IMF 직후 달러라이제이션에 대해 일부 논의가 제기된 것도 같은 이유 때문이었다. 또 다시 IMF 같은 상황이 온다면 그때는 달러라이제이션이 공식적으로 제기되는 상황도 배제할 수 없다. 하지만 그러한 상황이 결코 와서는 안 될 것이다.

 세금이 없는 나라로 간다

세금이 없는 나라로 가자!

마카오는 1999년부터 '세금공짜'를 내걸며 다국적기업들의 조세 피난처를 자임하고 나섰었다. 따라서 홍콩정부가 재정적자를 만회하기 위해 세금 신설, 세율 인상 등을 손대려 하자 기업체들이 속속 마카오 행을 단행하기도 하였다. 즉, 정부가 세율인상 등 세금에 손대려 하자 절세를 목적으로 마카오로 이동한 것이다.

이처럼 세금이 없거나 명목상의 세금만을 유지하는 나라를 조세 피난처(Tax Haven)라고 한다. 전 세계적으로 조세 피난처가 수십여 개 국에 이르는 것으로 알려지고 있다. 그리고 그 중 상당수가 카리브연안에 위치해 있다. 이들 국가에서는 법인세, 소득세 등이 전혀 없거나 아주 낮고 회사설립이라든가 외국환 업무 등에 대한 규제가 거의 없다. 뿐만 아니라 금융거래도 비실명으로 할 수 있다.

다국적 기업들이 조세를 회피하거나 자금을 세탁할 목적으로 조세 피난처에 가공회사를 세우고, 이 회사를 통해 거래하는 경우가 많다. OECD도 "조세 피난처 국가들이 외국기업의 영업활동을 무제한 허용하고, 기업이 과세정보를 본국에 제공하지 않아 탈세, 돈 세탁의 천국이 됐다"고 비판한 바도 있다. 특히 몇몇 조세 피난처의 경우에는 외국기업들의 비밀거래를 보호해 주기 위해 법적인 장치까지 마련하는 등 탈세를 적극 지원하는 것으로도 알려지고 있다.

이들 조세 피난처에서 세금을 회피하거나 자금을 세탁할 목적으로 세워지는 가공회사는 서류로만 존재할 뿐이기 때문에 설립은 그야말로 '식은 죽 먹기'보다 쉽다. 그러다 보니 해괴한 일도 심심치 않게 벌어지고 있다. 동유럽 몬테네그로 공화국에서는 유령은행 설립면허증을 인터넷에서 9,999달러에 팔고 있는 것이 발견되기도 하였다.

미국 기업들이 조세 피난처를 통한 탈세로 미국 국세청이 손해 보는 세수가 연간 수백억 달러에 이르는 것으로 알려지고 있다. 나아가 세계 각국이 조세 피난처 때문에 눈뜨고 놓치는 세금이 연간 수천억 달러에 이른다는 것이 전문가들의 진단이다.

그런데 근본적인 문제는 다른 곳에 있다. 조세 피난처를 통한 탈세나 불법거래가 우리와 같은 개도국들에게 있어서 국민화합 분위기를 해치고 도덕적 해이를 촉진할 우려가 있다는 점이다. 대부분 개도국들의 경우 집권 후반기에 조세 피난처를 통한 자금거래가 늘어나는 것도 이 같은 사실을 입증해 주고 있다. 나아가 검은 돈이 많아질수록 과세기반을 잠식해 국가재정을 악화시키고 국가채무를 증가시키는 결과를 가져온다. 그렇게 되면 국가와 사회의 건전한 기반마저도 무너뜨리는 결과를 초래하게 되는 것이다.

더욱 심각한 것은 이 같은 불법거래가 정상적인 돈의 흐름을 왜곡시키고 경제 질서를 흔들어 놓는다는 사실이다. OECD도 "조세 피난처와 돈세탁으로 인해 정상적인 돈의 흐름이 왜곡되고, 국제 경제 질서가 교란되고 있다"고 우려를 표명한 바 있다.

이 같은 우려에 따라 조세 피난처를 규제해야 한다는 움직임이 국제사회에 널리 형성되고 있다. 이 움직임에 불을 붙인 것은 미국의 클린턴 전 행정부였다. 미국은 조세 피난처가 과세기반을 잠식하고 불법자금의 온상이 되고 있다며 이를 강력히 규제해야 한다고 나섰다. 이에 따라 OECD를 비롯한 국제기구와 선진국을 중심으로 한 세계 각국이 조세 피난처를 규제하는 방안을 마련하는 등 대책에 나서고 있다.

# 세계는 지금 한창 짝짓기 중이다

몇 년 전 외국인 최고경영자(CEO)들과의 간담회에서 당시 주한 미국상공회의소 제프리 존스 명예회장은 이런 말을 하였다. "길거리마다 백인과 흑인, 동남아인들이 함께 활보할 정도로 개방적인 문화가 만들어져야 한다."

그렇다. 지금 전 세계는 한창 짝짓기에 열을 올리고 있다. 지역 간

무역장벽을 허물고 시장을 통합하려는 움직임이 여기저기서 나타나고 있다. 이것이 바로 한창 유행하고 있는 자유무역협정(FTA)이다.

현재 전 세계적으로 200여 개에 이르는 자유무역협정(FTA)이 발효 중인 것으로 알려지고 있다. 하지만 우리나라는 칠레, 싱가포르를 제외하고는 이렇다 할 협정을 맺은 것이 없다. 미국과 자유무역협정을 위해 노력하고 있으나 성과는 미지수이다. 수출을 생명으로 하는 우리나라로서는 범세계적인 추세인 자유무역협정 바람이 부담으로 작용할 수밖에 없는 현실이다. 이 같은 세계적인 추세에 동참을 하지 못할 경우 국제사회에서 자칫 '왕따' 신세를 면하기 어렵게 된다.

정부에서도 시시각각으로 밀려오는 국제통상 압력을 극복하기 위해서는 자유무역협정(FTA) 체결이 유일하다는 판단 아래 적극 움직임을 보이고 있으나 성과는 크지 않다. 2002년 말 우여곡절 끝에 칠레와 FTA에 합의한 후 다음 상대로 싱가포르와 협정을 맺은 상태이다. 칠레와는 달리 싱가포르와는 비교적 쉽게 협정을 맺는 성과를 거두었다. 그것은 싱가포르가 농업국가가 아니기 때문에 협상에 걸림돌이 될 만한 이슈가 없었다는 것이 가장 큰 이유였다.

사실 우리나라가 다른 나라와 달리 FTA의 체결이 부진한 가장 큰 이유 중의 하나가 바로 농산물 때문이다. 농산물 개방문제가 FTA 체결 과정에서 핵심으로 떠오르는 현실에서 농민들의 피해를 생각하다 보니 FTA 체결이 부진할 수밖에 없었던 것이다. 칠레와의 FTA 협상도 농산물 개방문제로 3~4년 동안이나 지지부진했던 점을 생각할 때 결코 만만치 않음을 알 수 있다. 다행히 싱가포르는 농업국가가 아니라는 점에서 의외로 FTA 체결이 쉽게 이루어질 수 있었다. 나아가 싱가포르가 FTA 체결에 적극적인 이유도 한몫 했다. 다 아는 바와 같이 싱가포르는 중계무역을 중심으로 하는 전형적인 무역 국가이다. 따라서 생존전략 차원에서도 우리나라와의 자유무역협정이 절실했던 것이다.

현재 우리나라는 미국과의 FTA 협상이 진행되고 있다. 관심의 대상이 아닐 수 없다. 그러나 이에 못지않게 관심의 대상은 한국, 일본, 중국 간의 FTA 체결 가능성 여부이다. 만일 세 나라가 FTA 체결에 합의한다면 엄청난 파괴력을 가질 수 있을 것으로 보인다. 하지만 이들 각 나라의 속셈이 다르기 때문에 FTA의 체결까지 이르기에는 많은 시간과 노력이 필요하다.

일본은 한·일 양국간 FTA를 체결한 뒤 중국을 가입시키자는 입장이다. 반면 중국은 3국간 FTA 체결을 요구하고 있다. 우리나라는 이러지도 저러지도 못하는 어정쩡한 입장이다. 중국을 배제한 채 일본과 FTA를 체결하기도 난처한 입장이고, 그렇다고 해서 중국과 선뜻 FTA를 체결할 수도 없는 노릇이다. 중국과 FTA를 체결할 경우 중국으로부터의 값싼 농산물 수입을 막아낼 자신이 없기 때문이다.

분명한 메시지는 던져졌다. 전 세계적으로 점점 강화되고 있는 통상압력을 극복하기 위해서는 지역경제 블록화로 대응하는 수밖에 없으며, 그 방법의 하나가 FTA라는 사실이다. 그러나 유감스럽게도 우리나라는 이에 뒤지고 있다.

농산물 개방문제 때문에 FTA 체결이 부진하다고 일부에서는 주장

 경제가 쉽다
경제학이 즐겁다

하고 있다. 물론 맞는 말이다. 하지만 이를 전적으로 농산물 책임으로 돌리는 것은 변명에 불과하다. 농산물 개방문제는 일부국가를 제외하고는 거의 모든 나라가 직면한 문제이다. 단순히 우리나라만의 문제가 아니다. 지혜를 모아 해결하고자 하는 노력을 하면 해결책도 나올 수 있다. 단지 '어렵겠지' 하면 영영 해결되지 않는다.

농산물 개방문제 때문에 FTA 체결은 어렵다는 식으로 미리 겁부터 먹는다면 우리는 영영 국제시장에서 '왕따' 신세를 면할 길이 없다. 수출을 생명으로 하는 나라가 국제흐름을 따라가지 못한다면 그 결과는 뻔한 것이다.

경제학원론, 이준구

경제학개론, 장동학 외

경제학 읽을거리, 안국신 외

신경제학개론, 안국신

현대경제학 입문, 권오철

누구나 함께하는 경제여행, 장동학

경제가 쉽다 경제기사가 즐겁다, 장동학

살아있는 세계경제 생활 속의 지구촌경제, 장동학

매일경제신문

파이낸셜뉴스

조선일보

중앙일보

동아일보

한국일보